Daniel Boyarin

Die jüdischen Evangelien

JUDENTUM – CHRISTENTUM – ISLAM

INTERRELIGIÖSE STUDIEN

Herausgegeben
von

Klaus Bieberstein – Johann Ev. Hafner –
Patrick Franke – Heinz-Günther Schöttler –
Susanne Talabardon
Zentrum für Interreligiöse Studien
der Universität Bamberg

BAND 12

ERGON VERLAG

Daniel Boyarin

Die jüdischen Evangelien

Die Geschichte des jüdischen Christus

Mit einem Geleitwort
für die deutsche Ausgabe
von Johann Ev. Hafner

und einem Vorwort
von Jack Miles

Übersetzung
von Armin Wolf

———

ERGON VERLAG

Originalausgabe:
Daniel Boyarin
The Jewish Gospels. The Story of the Jewish Christ
New York: The New Press, 2012

Hinweise zur amerikanischen Ausgabe:

© 2012 Daniel Boyarin
Vorwort © 2012 Jack Miles
Alle Rechte vorbehalten.

Kein Teil dieses Buches darf – in jeglicher Form – ohne schriftliche
Einwilligung des Herausgebers reproduziert werden.

Anfragen zur Reproduktion einzelner Teile dieses Buches sind zu richten an:
Permission Department, The New Press, 38 Greene Street, New York, NY 10013

Herausgegeben in den Vereinigten Staaten von Amerika durch
The New Press, New York, 2012
www.thenewpress.com

───

Umschlagbild: Papyrus 𝔓[18] aus den Oxyrhynchus Papyri, VIII 1079, Fragment einer Abschrift (um 300 n. Chr.) der Offenbarung des Johannes 1,4-7, in der Egyptian/British Library, London (Papyrus 2053v; die Vorderseite des Papyrus 2053r, VIII 1075, mit dem Fragment einer Abschrift um 200 n. Chr. aus Exodus 40,26-32). Vgl. Arthur S. Hunt, The Oxyrhynchus Papyri, Part VIII, London 1911, 13f (bzw. 5f), auch unter https://archive.org/stream/oxyrhynchuspapyr08grenuoft#page/13/mode/2up sowie https://de.wikipedia.org/wiki/Papyrus_18 (17.04.2015). Bildquelle: https://upload.wikimedia.org/wikipedia/commons/6/63/Papyrus_18_POxy1079.jpg (17.04.2015).

Bibliografische Information der Deutschen Nationalbibliothek
Die Deutsche Nationalbibliothek verzeichnet diese Publikation in der
Deutschen Nationalbibliografie; detaillierte bibliografische Daten sind im
Internet über http://dnb.d-nb.de abrufbar.

© 2015 Ergon-Verlag GmbH · 97074 Würzburg
Das Werk einschließlich aller seiner Teile ist urheberrechtlich geschützt.
Jede Verwertung außerhalb des Urheberrechtsgesetzes bedarf der Zustimmung des Verlages.
Das gilt insbesondere für Vervielfältigungen jeder Art, Übersetzungen, Mikroverfilmungen
und für Einspeicherungen in elektronische Systeme.
Umschlaggestaltung: Jan von Hugo
Satz: Thomas Breier, Ergon-Verlag GmbH

www.ergon-verlag.de

ISBN 978-3-95650-098-5
ISSN 1866-4873

Für Aharon Shemesh
– נ״י, sein Licht möge leuchten! –,
in dem ich beide Weisungen unserer Weisen erfüllt habe:
Finde für dich einen Freund und gewinne dir einen Lehrer.

[Nach dem Babylonischen Talmud, Sprüche der Väter 1,6]

Inhalt

Die Seitenzahlen in eckigen Klammern beziehen sich auf das englische Original, die anderen auf die vorliegende deutsche Ausgabe.

Widmung	[V]	5
Inhalt	[VII]	7
Abkürzungen	[–]	9
Geleitwort von Johann Ev. Hafner	[–]	11
Vorwort von Jack Miles	[IX]	17
Danksagungen	[XXIII]	25
Einleitung	[1]	27
Checklisten und Familien: christliche und nicht-christliche Juden	[7]	30
Checklisten und Reichsreligion	[11]	33
Die jüdischen Evangelien	[22]	39
1. Vom Gottessohn zum Menschensohn	[25]	43
Der Messias Gottessohn als menschlicher König	[26]	44
Der Menschensohn als göttlicher Erlöser	[31]	46
Wer ist der Menschensohn?	[35]	48
Wie die Juden dazu kamen zu glauben, dass Jesus Gott wäre	[53]	62
Die Blasphemie des Menschensohns	[56]	65
„Der Menschensohn ist Herr auch über den Sabbat": Markus 2,28	[59]	67
2. Der Menschensohn in 1. Henoch und 4. Esra: Andere jüdische Messiasse im 1. Jahrhundert	[71]	81
Mose auf dem Thron Gottes bei Ezechiel dem Tragiker	[71]	81
Die Bilderreden Henochs	[74]	83

Die Bilderreden Henochs und die Evangelien	[74]	83
„Und Henoch wandelte mit Gott" (Gen 5,24): Die Apotheose Henochs	[82]	88
Henoch wird der Menschensohn	[84]	90
Henoch und der Christus Menschensohn	[91]	95
Das 4. Buch Esra und der Menschensohn	[95]	98
3. Jesus lebte koscher	[102]	105
Markus 7 und die Nicht-Trennung der Wege	[106]	107
4. Der leidende Christus als ein Midrasch zu Daniel	[129]	125
Sich des Menschensohns schämen: Markus 8,38	[135]	129
„Wie von ihm geschrieben steht": Markus 9,11-13	[145]	135
Jesajas „Leidender Gottesknecht" als Messias in jüdischen Traditionen	[150]	139
Nachwort: Das jüdische Evangelium	[157]	147
Zur deutschen Ausgabe	[–]	151
Zur Übersetzung	[–]	151
Weitere Danksagungen	[–]	153
Register	[191]	155

Abkürzungen

*	Fußnoten des Verfassers (zusätzlich zu den nummerierten)
(– D. B.)	(Klammer-)Bemerkungen des Verfassers
[*]	Erläuternde Fußnote des Übersetzers
{*}	Weiterführende Anmerkung zur Langform von Kurztiteln
[– Anm. d. Übers.]	Anmerkung des Übersetzers
[– Erg(g). d. Übers.]	Ergänzung(en) des Übersetzers
[– n. Ang. d. Vf.]	nach den zusätzlichen Angaben des Verfassers für die deutsche Ausgabe
pdig	digitale Seitenzählung in Online-PDF-Dokumenten
(s. Anm. …)	Rückverweise v. a. nach Kurztiteln (stets auf die vollständige Literaturangabe im jeweils *gleichen* Kapitel bezogen)
Zeitschriften- und Reihentitel	abgekürzt nach Siegfried M. Schwertner, IATG³ – Internationales Abkürzungsverzeichnis für Theologie und Grenzgebiete (s. unten 152 Anm. 3)

Geleitwort

von Johann Ev. Hafner

In der Weihnachtsausgabe 2012 veröffentlichte DIE ZEIT einen „Stammbaum der Religionen".[1] Entlang einer Zeitachse werden die Entfaltung und die Zusammenhänge von zehn Religionen illustriert. So instruktiv die Graphik ist, enthält sie doch einen alten Fehler: Das Judentum wird als dünne gerade Linie dargestellt, aus der im Jahr 30 ein Zweig, das Christentum, sprosst, welcher sich bald zu einem mächtigen Ast verbreitet und im Laufe der Geschichte immer weiter verästelt. Die Graphik wiederholt die landläufige Vorstellung, dass das Christentum vom Judentum abstamme, das heutige Judentum aber eine historische Kontinuität bilde. Dahinter steht ironischerweise eine Metapher, die bereits Paulus im Römerbrief benutzt: *„Wenn aber einige Zweige herausgebrochen wurden und wenn du als Zweig vom wilden Ölbaum in den edlen Ölbaum eingepfropft wurdest und damit Anteil erhieltest an der Kraft seiner Wurzel, so erhebe dich nicht über die anderen Zweige. Wenn du es aber tust, sollst du wissen: Nicht du trägst die Wurzel, sondern die Wurzel trägt dich."* (Röm 11,17f.) Zwar ist hier von einer gemeinsamen Wurzel die Rede, die einen Stamm mit Zweigen trägt; manche Zweige werden abgeschnitten, andere „wilde" Zweige werden eingesetzt, wobei sich Gott die Möglichkeit vorbehält, den verworfenen Verschnitt wieder zu verwenden. Aber hier ist nicht vom Christentum die Rede, das als Zweig aus dem Judentum entsteht. Vielmehr sieht Paulus drei Gruppen von Zweigen: die neu eingepfropften Heidenchristen, die am Baum bleibenden Judenchristen und die vom Baum abgeschnittenen Juden, welche nicht zum Glauben kamen. Sie stehen in dauerhafter Konkurrenz zueinander, weil erst Gott die Abgeschnittenen wieder einsetzen und die Eingesetzten wieder abschneiden kann. Die Wurzel aber sind die Verheißungen und der Bund, den Gott mit Israel geschlossen hat.

Daniel Boyarin gehört zu den Forschern, die mit ihren Untersuchungen dafür gesorgt haben, dass die religionsgeschichtlichen Abstammungsverhältnisse sachgemäßer gedacht werden. Das rabbinische Judentum und das paulinische Christentum sind zwei Bewegungen, die auf den Trümmern der von den Römern zerstörten Tempel-Religion Israels zwei neue, konkurrierende Interpretationsweisen aufgebaut haben. Wenn man im Bild bleiben möchte, dann sollte man von einer Astgabel und nicht von einer Ab-Stammung sprechen. Die Gabelung begann mit Jesus und v.a. Paulus und dauerte Boyarin zufolge mindestens zwei Jahrhunderte, bis sich beide Schulen eigene semantische und organisatorische Traditionen aufgebaut hatten, die einander mit Polemik bzw. Verschweigung ausgrenzten. Boyarin

---

[1] DIE ZEIT, 67. Jg. (2012), Nr. 52 v. 19.12.2012, S. 39, http://images.zeit.de/wissen/2012-12/s39-infografik-religionen.pdf.

lotet in seinen Büchern die Wechselbeziehungen der beiden aus. In „A Radical Jew"[2] weist er auch mittels soziologischer Theorien nach, dass der Apostel, der am schärfsten gegen das jüdische Ritualgesetz polemisierte, dies ganz im Rahmen des damaligen hellenistischen Judentums tat. Paulus verstand sich als radikaler Reformer und wollte die Hauptprobleme der israelitischen Religion lösen. Das erste ist ein theologisches: Wie kann es sein, dass Gott sein Gesetz nur den Juden gegeben hat, nicht aber den anderen Völkern? (vgl. ebd., 120) Wenn er der transzendente Gott, der Schöpfer der Himmel und der Erde ist, dann muss sich sein Heilsplan auf alle erstrecken, muss alle historischen Differenzen in einer letzten Einheit zusammenfassen. Ein anderes Problem ist exegetischer Natur: Es muss hinter den wörtlichen Auslegungen des Gesetzes eine Lesart geben, in der ein geistiges Gesetz unabhängig von Ethnizität, Geschlecht oder Nation gilt. Liest man die Wörter der Schrift als Buchstaben, erhält man nicht ihren Sinn und sie bleiben vieldeutig missverständlich. Sinn oder „Geist" kann nur eindeutig sein (vgl. ebd., 16). Religiöse und kulturelle Traditionen wie die Beschneidung können den Willen Gottes zeichenhaft wiedergeben, sie dürfen aber die Einheit der Berufung aller Menschen in den Abrahamsbund nicht unterminieren. Paulus wollte Jude bleiben, aber in einem universalen Sinn. Zur Entgrenzung des Judentums habe er die damals unter jüdischen Gelehrten gängige Methode der Allegorese verwendet, mit der kulturell und materiell Verschiedenes abstrakt vereinigt wird. Seine Abwertung der Beschneidung erfolgte in der Absicht, ein wahres, geistiges, Volksgrenzen übersteigendes Israel zu sammeln. Das mache ihn nicht zum Gegner, sondern zu einem konsequenten Verfechter *einer* Spielart des damaligen Judentums, in dem sich hellenistisch-philosophische mit rabbinisch-philologischen Auslegungen mischten.[3] Zwar kritisiert Boyarin Paulus' Universalismus, weil dieser auf lange Sicht dazu geführt hat, dass kulturelle und rituelle Differenzen nicht nur als heilsunerheblich (wie es Paulus wollte), sondern als Gefährdung gesehen wurden. Der anfänglich tolerante Universalismus wird selbst zum Rassismus, wenn er von Juden verlangt, sich einer spirituellen Lesart anzugleichen (vgl. ebd., 234). Die Indifferenz verhärtete sich immer mehr zur Intoleranz. Aber Boyarin zeigt auf, dass dies eine konsequente, wenn auch radikale Weiterentwicklung der israelitischen Religion war. Zeitgleich entwickelten die Rabbinen eine eigne Interpretationsweise der Schrift, mit der sie allegorisch-spirituelle Deutungen ablehnten und stattdessen den Text in

---

[2] Daniel Boyarin, A Radical Jew: Paul and the Politics of Identity (Contraversions 1), Berkeley/Los Angeles/London: University of California Press, 1994.

[3] „My thesis is that rabbinic Judaism and Pauline Christianity as two different hermeneutic systems for reading the Bible generate two diametrically opposed, but mirror-like, forms of racism – and also two dialectical possibilities of anti-racism."(!) Boyarin, A Radical Jew (s. Anm. 2), 232. [„Meine These lautet, dass rabbinisches Judentum und paulinisches Christentum als zwei verschiedenartige hermeneutische Systeme der Bibelinterpretation zwei gänzlich entgegengesetzte, aber spiegelbildliche Formen des Rassismus hervorbringen – und damit zwei dialektische Möglichkeiten des Anti-Rassismus." – Erg. d. Übers.]

seinem Wortsinn und all seinen Querbezügen entfalteten. Auch dies eine konsequente, radikale Weiterentwicklung. Anstatt sich gegenseitig zu kritisieren, haben sich beide Systeme in eine „unholy alliance" (ebd., 235) manövriert, die langfristig zur Feindschaft führte. Die Äste haben ihre Gabelung vergessen. Und hier beginnt das Buch, das dem Leser vorliegt.

„Die Jüdischen Evangelien" ist eigentlich ein Jesusbuch und setzt die Linie des Paulusbuches fort. Wie Boyarin sich gegen den populären Konsens wendet, Paulus sei der eigentliche Erfinder des Christentums, so wendet er sich mit dem vorliegenden Buch gegen die Meinung, die Idee eines menschgewordenen Gottes sei eine christliche Innovation. Der Buchtitel „*Jüdische* Evangelien" enthält bereits die These, dass das Neue Testament nicht neu ist. Gegen die althergebrachte Meinung, wonach die ersten Christen die „Schriften", d.i. die Hebräische Bibel als „Altes Testament" übernommen haben, zusätzlich aber eine ganz eigene Deutung der darin enthaltenen Bilder, Prophezeiungen entwickelt hätten, behauptet Boyarin, dass die zentralen Vorstellungen des Neuen Testaments vorchristlich waren. Nicht nur die Vorstellung eines Messias komme aus dem Judentum, sondern auch die Botschaft vom Gottessohn, der von Ewigkeit her göttlich war, der Mensch wurde, der leiden musste, der erhöht wurde und am Ende der Tage alle Völker richten wird. Das ist eine ziemliche Zumutung für Christen: Die Zentralbotschaft vom Erlöser, die als Proprium des Christentums gesehen wird und im Credo kondensiert ist („*Ich glaube an ... Christus, seinen eingeborenen Sohn, ... gelitten ..., gekreuzigt, gestorben und begraben, ... am dritten Tage auferstanden ..., aufgefahren in den Himmel; er sitzt zur Rechten Gottes, ... von dort wird er kommen, zu richten ...*"), stammt aus dem breiten Strom jüdischer Glaubensvorstellungen um die Zeitenwende.

Mittels einer bestechenden vergleichenden Analyse präpariert Boyarin ein mythisches Formular heraus: in der Zusammenschau von Dan 7 (worin der Prophet neben Gott als dem „Alten der Tage" eine jüngere, gottgleiche Gestalt namens „Menschensohn" sieht), von Gen 5 (worin die Aufnahme Henochs, dem siebten Nachfahren Adams, zu Gott angedeutet wird), von 1 Hen 70f. (worin Henoch, der Seher einer Menschensohn-Vision, selbst zu einer göttlichen Richtergestalt namens Menschensohn erhoben wird), von 4 Esra 13 (worin der Menschensohn als göttlicher Krieger und Davidide beschrieben wird) und mit Rückgriff auf die Entstehung des JHWH-'El-Gottes (aus einem alten Hochgott und einem jungen Kriegergott). Dieses Formular enthält ein göttliches Double (Binitarismus), das sich trotz der – seit dem 5. Jh. v. Chr. wachsenden – Betonung des israelitischen Monotheismus subkutan (in einigen Psalmen, apokalyptischen Texten, den Engel-Texten) durchgehalten hat: Gott ist nicht allein, sondern hat ein Wesen neben sich, eine Mittlerfigur, die als Gott-Mensch gedacht wurde. Sie vereint den davidischen König als ersehnten Messias mit einer göttlichen Erlösergestalt. Sie ist zugleich Mensch, der Gottes Offenbarung entgegennimmt, als auch göttliches Wesen, das ein kosmisches Richteramt ausübt und dem Verherrlichung gebührt. All dies sieht Boyarin auch in den Selbstbezeichnungen Jesu als Menschensohn, wie sie im Markusevangelium (zeitgleich mit den Bilderreden Henochs in 1 Hen 37-71 und der Apokalypse in 4 Esra entstanden) überliefert sind.

Boyarin greift eine Debatte auf, die seit Beginn der neuzeitlichen Bibelexegese von Erasmus über Bruno Bauer bis zu Carsten Colpe wogt.[4] Über kaum einen anderen biblischen Begriff ist so viel Tinte vergossen worden. Das Thema „Menschensohn" ist deshalb so umstritten, weil es den Kern des christlichen Bekenntnisses zum Gottessohn berührt, zweitens zum Selbstbewusstsein des historischen Jesus zu führen scheint, drittens in engem Zusammenhang mit nicht-kanonischen Texten steht und damit viertens einen Überschneidungsbereich zur Bibelauslegung zur Zeit Jesu darstellt. Im Laufe der Forschungsgeschichte sind eine Reihe von Deutungen vorgeschlagen worden: ein einfacher Mensch, der Urmensch, der davidische Messias, ein gottgleiches Himmelswesen oder einfach eine Umschreibung von „ich". Meist wurde die Frage mitverhandelt, ob „Menschensohn" erst eine Zuschreibung der frühchristlichen Gemeinde (Gemeindebildung) oder bereits eine Selbstbezeichnung Jesu gewesen sei. Es ist eine Ironie der Geschichte, dass die konservativsten Theologen, die im Menschensohn-Titel bereits das messianische Selbstbewusstsein Jesu und das Dogma von seiner menschlich-göttlichen Natur biblisch nachweisen wollten und dafür von liberalen Theologen heftig als Supranaturalisten bekämpft wurden, von einem jüdischen Gelehrten rehabilitiert werden.

Mit Boyarin meldet sich der dritte prominente jüdische Gelehrte zu diesem Thema. Der erste war Leo Baeck (1873-1956), der zwischen dem hebräischen Wortgebrauch (*bar enosch* als „ein Mensch") und dem griechischen Wortgebrauch in den Evangelien als „menschlicher Sohn" keine Verbindung sehen konnte.[5] Die frühen Christen hätten das Wort benutzt, um die Menschlichkeit Jesu gegen die gnostische Christologie zu verteidigen, in der dieser ausschließlich als Himmelswesen galt. Die zweite Stimme war Geza Vermes (1924-2013), er wies mit philologischen Studien nach, dass „Menschensohn" nie eine messianische Würdebezeichnung war, sondern nur als Form der Selbstbezeichnung eines Sprechers verwendet wur-

---

[4] Gute Übersichten über die Geschichte der Debatte bieten Delbert Burkett, The Son of Man Debate: A History and Evaluation (Society for New Testament Studies: Monograph series [MSSNTS/SNTSMS] 107), Cambridge: University Press, 1999 [Nachdr. 2007]; Maurice Casey, The Solution of the ‚Son of Man' Problem (The Library of New Testament Studies [LNTS] 343), London/New York: T & T Clark, 2007 [Nachdr. 2009]; Mogens Müller, The Expression ‚Son of Man' and the Development of Christology: A History of Interpretation (Copenhagen international seminar 3), London; Oakville, CT: Equinox Publishing, 2008 [London: Routledge, 2014; und vorher (in Deutsch) ders., Der Ausdruck „Menschensohn" in den Evangelien. Voraussetzungen und Bedeutung (Acta theologica Danica – AThD/ATDan 17), Leiden: E. J. Brill, 1984; – Erg. d. Übers.].

[5] Vgl. Leo Baeck, Der „Menschensohn", in: Monatsschrift für Geschichte und Wissenschaft des Judentums (MGWJ) 81 [N. F. 45,1] (1937), 12-24 [Nachdrucke in: Ders., Aus drei Jahrtausenden. Wissenschaftliche Untersuchungen und Abhandlungen zur Geschichte des jüdischen Glaubens, Tübingen ²1958, 187-198; sowie in: Ders., Aus drei Jahrtausenden: Das Evangelium als Urkunde der jüdischen Glaubensgeschichte (Werke, Bd. 4, hg. v. Albert H. Friedlander), Gütersloh: Gütersloher Verlagshaus, 2000 (= Sd.-Ausg. 2006), 193-203; – Erg. d. Übers.].

de.⁶ Boyarin überholt mit dem vorliegenden Buch alle rechts: Die Idee eines messianischen Gottmenschen war nicht nur Jesus von Nazareth gegenwärtig, sondern habe sich schon lange vor ihm entwickelt und sei im 1. Jahrhundert eine veritable Denkmöglichkeit gewesen. Damit ebnet er zwei scharfe Fronten ein: Zum einen die christliche Polemik, die behauptet, erst mit dem Christentum sei die Idee eines Gottes, der Mensch wird und daraufhin göttlich erhöht wird, in die Welt gekommen. Präexistenz, Inkarnation, Inthronisation – all diese Elemente waren schon vorhanden. Zum anderen entkräftet er die jüdische Polemik, dass das Christentum eine Deformation der israelitischen Tradition sei. „Wenn Daniel die Prophezeiung ist, so sind die Evangelien die Erfüllung" (ebd., 62).

Im Schlussteil des Buches will Boyarin auch die Theologen widerlegen, die daran festhalten, dass die Figur eines *leidenden* Messias erst und erstmals anlässlich des Schicksals des Jesus von Nazareth von den ersten Christen formuliert und geglaubt wurde. Die Art und Weise, wie Jesus im Markusevangelium das Leiden des kommenden Menschensohnes mit den Danielsvisionen in Verbindung bringt, zeige, wie sehr er in der damaligen Auslegungstradition des Midrasch stehe, und dies beweise – in einem recht gewagten Umkehrschluss –, dass damaliges Auslegen zu solchen Ideen führte. „*Abermals: wir erblicken hier die Bestätigung, dass die Vorstellung eines leidenden Messias den jüdischen Empfindungen ganz und gar nicht befremdlich gewesen sein dürfte, die ihre überaus messianischen Hoffnungen und Erwartungen aus solchen Methoden der textnahen Auslegung (close reading) der Schrift herleiteten, genau wie Jesus es tat.*" (ebd., 139; kursive Hervorhebung – J. Ev. H.) Das ist ein bestreitbares Argument für eine so starke These, zumal Boyarin keinen vor- oder außerchristlichen Beleg für die Verbindung von „Menschensohn" mit „leidender Gottesknecht" vorlegt. Dass diese Verbindung *später* im rabbinischen Judentum des 2. Jahrhunderts und danach erörtert wird, ist selbstverständlich, lag doch diese Idee dann als christliche Alternative vor und musste Diskussionen provozieren. Daher ist dieser – historisch vorgreifende – Hinweis kaum dienlich, eine *bereits in der Antike* beginnende Kontinuität der Vorstellung vom „leidenden Messias" anzunehmen. So dürfte es weiterer Forschung vorbehalten bleiben, einen solch frühen Beleg zu finden und darzubieten.

Daniel Boyarin ist es mit dem vorliegenden Buch gelungen, die von beiden Seiten so gern zugespitzte Entzweiung von Judentum und Christentum auf viel tiefer gehende Verbindungen zurück zu führen. Beide Äste der Gabel führen den Stamm fort, nur jeweils anders. Die christlichen Theologen und Konzilien mögen die feinen Verästelungen der Zwei-Naturen-Lehre fünf Jahrhunderte lang entwi-

---

6   Vgl. Geza Vermes, The ‚Son of Man Debate', in: Journal for the Study of the New Testament (JSNT) 19 (1978,1), 19-32 [und desgl. zuletzt ders., Christian Beginnings: From Nazareth to Nicaea, AD 30-325, London/New York/Toronto u.a.: Penguin Books, 2013, 121: „an oblique third-person reference to the speaker" (ein indirekter Rückbezug in der dritten Person auf den Sprecher); – Erg. d. Übers.].

ckelt haben, aber die Idee eines Gott-Menschen war zur Zeit Jesu in der israelitischen Religion bereits vorbereitet. Und dies mit vielen Details: Präexistenz vor Erschaffung der Welt, Leben als Mensch, Erwartung als Messias, Erhöhung durch Gott, endzeitliche Richterfunktion. Die Hohe Christologie[*] ist also keine späte Erfindung des Christentums, sie lag geradezu in der Luft des 1. Jahrhunderts. Und nur weil diese Figur als Motiv bekannt war, kann Jesus sie zitieren und auf sich beziehen, ohne sie auch nur einmal zu erklären. Boyarin geht mit Joel Marcus so weit zu sagen, dass die Idee einer göttlichen Christusgestalt derart zwingend war, dass man darauf kommen musste, auch wenn es die apokryphen Texte nie gegeben hätte! (Vgl. ebd., 102 A. 31) Vielleicht kann man Boyarins spannende Ausführungen zur Jüdischkeit der Evangelien so lesen: Der Gabelung von Judentum und Christentum liegt eine geschichtliche Zwangsläufigkeit zugrunde, die weder von der einen noch von der andere Seite ganz für sich reklamiert werden kann, sondern von beiden als Logik eines Höheren akzeptiert werden muss.

Als einer der ersten Leser der deutschen Übersetzung möchte ich Armin Wolf danken. Er hat den Text sorgfältig übertragen und um Begriffserklärungen ergänzt. Wo Daniel Boyarin die Quellenkenntnis einfach voraussetzt, hat er Hinweise auf Bibelstellen, Talmudtraktate und Internetquellen für schwer zugängliche außerkanonische Texte eingefügt.

Potsdam, September/Oktober 2014

---

[*] [Vgl. 62, 63 Anm. [*]]

Vorwort

von Jack Miles

„Daniel Boyarin", so vertraute mir ein prominenter konservativer Rabbiner unlängst an, „ist einer der zwei oder drei größten rabbinischen Gelehrten in der Welt", und – die Stimme ein wenig senkend – „möglicherweise sogar der größte". Die Feststellung wurde vertraulich mitgeteilt, weil es den Rabbiner ganz ohne Frage beunruhigte zu glauben, dass jemand mit Boyarins Ansichten tatsächlich gelehrte talmudische Gründe für sie haben könnte. Lassen Sie mich als Christ bekennen, dass seine Ansichten gleichermaßen beunruhigend für Christen sein können, die die ebenso begründete Originalität seiner Auslegung unseres Neuen Testamentes schätzen.

Boyarins Brillanz beunruhigt, weil sie ein Paar wechselseitig befestigter Identitäten (reciprocally settled identities) [wieder] unscharf und verworren werden lässt. Seine Leistung besteht darin, die begriffliche Kontrolle über diese Wechselseitigkeit übernommen und sie dann in einer kühnen, neuen Auslegung der Rabbinen und der Evangelisten gleicherweise angewendet zu haben. Deren Ergebnisse sind derart überraschend, dass Sie selbst die vertrautesten Abschnitte Ihrer Hausbibel unversehens in einem neuen Lichte lesen, sobald Sie – Sie als Jude oder Sie als Christ – bemerken, worauf er hinaus will.

Ich kann diesen Gesichtspunkt, glaube ich, am besten mit einem recht persönlichen Beispiel aus jüngster Zeit veranschaulichen, doch lassen Sie mich zuerst das Feld mit einer kleinen Parabel bereiten, indem ich untersuche, was ich mit „wechselseitig begründeten Identitäten" meine. Es gibt in unserer Nachbarschaft eine Familie mit Zwillingssöhnen, Benjamin und Joshua. Weil sie zweieiige, nicht identische Zwillinge sind, sehen Sie sich nicht ähnlich, und sie sind auch in anderer Hinsicht unterschiedlich. Ben ist ein Athlet, ein rauflustiger Kämpfer, der im Gedränge wettmacht, was immer ihm an Derbheit abgeht. Josh ist ein Liedermacher mit Schlafzimmerblick, dessen zweite Liebe, nach seiner derzeitigen Freundin, seine Gitarre ist. Ihre Mutter, die aus einer Familie von Athleten stammt, sagt über Ben liebevoll: „Ein ganzer Kerl." Ihr Vater, aus einer Familie von Musikern und Schriftstellern, schwärmt von Josh.

Als Zwillinge, die das Kinderzimmer teilen, seit sie Kleinkinder waren, kennen Ben und Josh einander ziemlich gut. Ben weiß – wie kein anderer sonst –, dass Josh ihn in einem Einzel im Basketballspiel schlagen kann. Josh weiß, dass Ben im Duett mit einer schmelzenden, außerhalb ihres Zimmers niemals vernommenen Sopranstimme singen kann. Aber was sie übereinander wussten, war von immer geringerer Bedeutung im Laufe der Zeit und für das gewohnte Bild, das sich in ihrem erweiterten Familienkreis etabliert hatte. Ben ist der Athlet und Kämpfer, wie jeder in der Familie beistimmt; Josh ist der Sänger und Liebhaber, und das war's. Nach und nach waren die Brüder selbst den Definitionen der Familie erlegen. Ben hatte praktisch vergessen, dass auch er singen kann. Josh hatte aufgehört, Sport zu treiben und war nicht einmal zu den jährlichen Ehemaligentreffen an der Schule mit ihren Heimspielen gegangen. Wechselseitig, aber mit Unterstützung der Familie, hatten sie die vereinfachten Bilder von sich als feststehende Identitäten übernommen.

Es traf sich aber, dass diese Zwillinge einen Lieblingslehrer, Mr. Boyarin, hatten, der beide von der Schule her kannte und einmal eine Einladung zum Abendessen am Erntedankfest in ihrem Haus annahm. Nach dem Abendessen wurde, wie es bisweilen bei solchen Gelegenheiten geschieht, das Familienalbum zur Erbauung des Besuchers herausgeholt. Mr. Boyarin, der beide Jungen mag, bemerkte ein Foto des Fünftklässlers Josh – Josh, nicht Ben – in Fußballkleidung und erkundigte sich danach. Später fiel ihm ein Foto von Ben – Ben, nicht Josh – auf, der auf der Schuleröffnungsfeier die Nationalhymne singt, auserwählt für diese Ehre, weil Mrs. Pignatelli, die Musiklehrerin, seinen wunderbaren Knabensopran erkannte, als sie ihn hörte. Die Familie schmunzelte bei diesen völlig aus dem gewohnten Rahmen gefallenen Momenten, Mr. Boyarin hingegen nahm's still zur Kenntnis und beschloss – da sich die Gelegenheit wie von selbst ergab –, derjenigen Seite, die er als vernachlässigten, wenn nicht gänzlich unterdrückten Teil jedes der beiden Jungen wahrnahm, ein kleines Betätigungsfeld einzuräumen.

Daniel Boyarin nimmt Judentum und Christentum wie Josh und Ben wahr; doch stehen weder Sport noch Musik zur Debatte. Was vielmehr zur Diskussion steht, ist die Frage – die stets folgenreich war, aber vielleicht niemals in einem höheren Maße als nach der Zerstörung des jüdischen Tempels im Jahre 70 u. Z. –, wie sich die Juden zu ihrem Gott und zur heidnischen Mehrheit der Menschheit verhalten sollten. Vor der Zerstörung des Tempels gab es hinsichtlich dieser Kernfrage verschiedene widerstreitende Denkschulen. Nach der katastrophalen Zerstörung waren die beiden Schulen, die überlebten, die rabbinische und die christliche. Theologisch hatten sie ihre Differenzen, aber beide waren sie jüdisch, so gewiss wie Josh und Ben Brüder in derselben Familie sind. Ihre Differenzen lagen, wie wir sagen, ganz in der Familie, und sie blieben ganz in der Familie – nicht nur für wenige Jahrzehnte, sondern, wie Boyarin kühn behauptet, für die ersten Jahrhunderte unserer Zeitrechnung. Es dauerte so lange bis zu schrittweise eskalierenden gegenseitigen Polemiken, um einem zugrunde liegenden Sinn der Brüderlichkeit auf beiden Seiten ein Ende zu bereiten und zwei wechselseitig unanfechtbare Identitäten zu schaffen, wo es zuvor nur eine Identität gegeben hatte, wenngleich ungefestigt. Was Boyarin bedauert ist, dass diese beiden Identitäten polemisch vereinfacht und vergröbert wurden. Und dass (als ob dies auf innersten Prinzipien, Praktiken und Glaubensüberzeugungen beruhen würde) jede Seite lernte, das zu verwerfen, was beide Seiten – zunächst – unproblematisch als ihr Eigen anerkannt hätten. Es ist so, als würde Bens Urenkeln als eine Frage des Identitätskerns gelehrt werden zu glauben, dass „wir niemals Gitarre spielen; *sie* spielen Gitarre, so sind sie eben", während Joshs Nachkommen andererseits gelehrt würde, ihr Leben an die selbstverständliche Wahrheit zu binden, dass „wir niemals einen Fußball anrühren; *sie* spielen Fußball, so sind sie halt".

Lebte Jesus koscher? Hielt er die Speisegebote? Wäre das un-christlich von ihm gewesen? Im Kapitel 3 des Buches, das Sie gerade lesen, mit dem Titel „Jesus lebte koscher", schreibt Boyarin [105f]:

> Die meisten (wenn nicht alle) Vorstellungen und Gebräuche der Jesusbewegung des ersten und beginnenden zweiten Jahrhunderts – und auch später – können offenkundig verstanden werden als ein Teil der Vorstellungen und Gebräuche, die wir als das betrachten, was das „Judentum" ...[*] ausmacht. Die Vorstellungen der Trinität und der Inkarnation, oder sicherlich die Keime jener Ideen, waren bereits unter jüdischen Gläubigen gegenwärtig, längst bevor Jesus die Bühne betrat, um – sozusagen – in sich selbst jene theologischen Auffassungen zu inkarnieren und seiner messianischen Berufung nachzukommen.
>
> Allerdings ist der jüdische Hintergrund der Vorstellungen der Jesusbewegung nur ein Teil des neuen Bildes, das ich hier entwerfe. Der überzeugendste Beweis für die Jüdischkeit der frühen Jesusgemeinschaften kommt überwiegend aus den Evangelien selbst. ...
>
> Den meisten Ansichten in dieser Frage zuwider hielt Jesus nach dem Markusevangelium die Speisevorschriften ein, d. h., dass er sich nicht als jemanden ansah, der die Tora außer Kraft setzt, sondern sie verteidigt. Es gab mit einigen anderen jüdischen Oberhäuptern eine Auseinandersetzung, wie das Gesetz am besten zu halten ist, aber keine darüber – so wende ich ein –, *ob* es eingehalten werden muss. Nach dem Markus- (und mehr noch dem Matthäus-)Evangelium war Jesus – weit entfernt davon, die Gesetze und Gebräuche der Tora außer Kraft zu setzen – ein überzeugter Verfechter der Tora gegen das, was er als Gefährdungen seitens der Pharisäer wahrnahm.
>
> Die Pharisäer waren eine Art von Reformbewegung innerhalb des jüdischen Volkes, die hauptsächlich auf Jerusalem und Judäa hin orientiert war. Die Pharisäer versuchten, andere Juden zu ihrer Denkweise hinsichtlich Gottes und der Tora zu bekehren, eine Denkweise, die augenfällige Veränderungen an den schriftlich fest-[106]gelegten Verhaltensweisen der Tora einschloss, Verhaltensweisen, die vorgeschrieben wurden durch etwas, das die Pharisäer „die Tradition der Ältesten" nannten. ... Es ist daher durchaus einleuchtend, dass andere Juden, wie z. B. der Galiläer Jesus, diese Vorstellungen als einen Angriff auf die Tora und als einen Frevel erbost zurückweisen würden.

Boyarins Auslegung von Markus 7 – in der er das, was das Christentum traditionell als einen Angriff auf die jüdischen Speise- und Reinheitsgesetze interpretiert hat, in eine deutliche Art umkehrt, sie zu verteidigen – ist eine der vielen, erstaunlich überzeugenden, aber völlig überraschenden Auslegungen dessen, was in seinen Händen wirklich zu einem „überzeugenden Beweis für die Jüdischkeit der frühen Jesusgemeinschaften..." wird, „[der] von den Evangelien selbst [kommt]" [105]. Es ist unbestritten – auch Boyarin bestreitet es nicht –, dass Jesus die Pharisäer angreift: die Vorläufer, wenn nicht die Begründer des rabbinischen Judentums. Aber wenige christliche Kommentatoren haben erkannt, wie deutlich Jesus eine Unterscheidung zwischen ihnen und Mose macht und wie sehr er sich be-

---

[*] [*eigentlich:* das Judentum dieses Zeitraums, vgl. unten 105; – Erg. d. Übers.]

müht, Mose und damit auch die Tora zu verteidigen. Indem Boyarin diese Unterscheidung betont, bringt er den Streit zurück, d. h.: er verortet ihn wieder in der jüdischen Familie.

Nun zu dem persönlichen Beispiel. Am 30. Oktober 2011 hörte ich den folgenden Abschnitt aus dem Evangelium, der in meiner Kirche (der Messias-Kirche, Santa Ana, Kalifornien) gelesen wurde:

> [1] Da redete Jesus zu dem Volk und zu seinen Jüngern [2] und sprach: Auf dem Stuhl des Mose sitzen die Schriftgelehrten und Pharisäer. [3] Alles nun, was sie euch sagen, das tut und haltet; aber nach ihren Werken sollt ihr nicht handeln; denn sie sagen's zwar, tun's aber nicht. [4] Sie binden schwere und unerträgliche Bürden und legen sie den Menschen auf die Schultern; aber sie selbst wollen keinen Finger dafür krümmen. [5] Alle ihre Werke aber tun sie, damit sie von den Leuten gesehen werden. Sie machen ihre Gebetsriemen breit und die Quasten an ihren Kleidern groß. [6] Sie sitzen gern obenan bei Tisch und in den Synagogen [7] und haben's gern, dass sie auf dem Markt gegrüßt und von den Leuten Rabbi genannt werden. [8] Aber ihr sollt euch nicht Rabbi nennen lassen; denn einer ist euer Meister; ihr aber seid alle Brüder. [9] Und ihr sollt niemanden unter euch Vater nennen auf Erden; denn einer ist euer Vater, der im Himmel ist. [10] Und ihr sollt euch nicht Lehrer nennen lassen; denn einer ist euer Lehrer: Christus. [11] Der größte unter euch soll euer Diener sein. [12] Denn wer sich selbst erhöht, der wird erniedrigt; und wer sich selbst erniedrigt, der wird erhöht. (Matthäus 23,1-12; New Revised Standard Version [– im engl. Orig., hier Luther 1984])

Jesus war gewiss einer der größten Polemiker aller Zeiten. Dank ihm hat eben jenes Wort „Pharisäer" als zweite Definition in *Webster's College Dictionary* „eine frömmelnde, selbstgerechte oder heuchlerische Person". Und es ist deutlich, nicht wahr, dass in diesem Abschnitt des Evangeliums von Matthäus die frömmelnden, selbstgerechten, heuchlerischen Personen, die Jesus hier in sein Visier nimmt, einander „Rabbi" nennen. Doch alle Texte, die Bibel eingeschlossen, werden durch den Filter dessen gelesen, was man „schon kennt". Die Episkopalen, die ihre Priester „Vater" nennen, und die römischen Katholiken, die ihren Papst „Heiliger Vater" nennen, gleiten leichthin vorbei an den Worten: „ihr sollt niemanden unter euch Vater nennen auf Erden; denn einer ist euer Vater, der im Himmel ist" [Mt 23,9], weil „jedermann weiß", dass der Ausdruck *Vater* in diesen christlichen Zusammenhängen unschuldig gebraucht wird. Wichtiger noch, die meisten christlichen Ausleger gleiten mit derselben Leichtigkeit an Jesu Aufforderung vorbei: „Auf dem Stuhl des Mose sitzen die Schriftgelehrten und Pharisäer. *Alles nun, was sie euch sagen, das tut und haltet.*" [Mt 23,2f] Ich selbst habe diesen Abschnitt jahrelang gelesen und gehört; aber erst am 30. Oktober 2011 – als ich über meinen Entwurf dieses Vorworts nachdachte – gab ich auf die Worte acht: *Alles, was sie euch sagen, das tut und haltet.* Nach Boyarin kann ich diesen Abschnitt ausschließlich als eine *Verteidigung* des nicht frömmelnden, nicht selbstgerechten, nicht heuchlerischen Festhaltens am Gesetz Moses deuten – gegen dessen frömmelnde, selbstgerechte, heuchlerische Ausbeutung.

So wiederhole ich also die Frage: hat Jesus die Speisegebote gehalten? Falls er nichts gegen das Gesetz hatte, weshalb konnte er nicht koscher leben? Und dahin gekommen, darüber nachzudenken: ist es nicht eine ziemlich absurde Vorstellung, dass der jüdische Messias es missachten sollte, wie ein Jude zu essen? Aber sollten Sie zufällig ein jüdischer Leser dieses Vorworts sein, gehen Sie jetzt bitte zurück und lesen noch einmal den zitierten ersten Absatz des dritten Kapitels bei Boyarin, insbesondere den Schluss: „Die Vorstellungen der Trinität und der Inkarnation, oder sicherlich die Keime jener Ideen, waren bereits unter den jüdischen Gläubigen gegenwärtig, eine gute Weile bevor Jesus die Bühne betrat, um in sich selbst – sozusagen – jene theologischen Auffassungen zu inkarnieren und seiner messianischen Berufung nachzukommen." [105] Die *Trinität* – eine jüdische Idee? Die *Inkarnation* – eine jüdische Vorstellung? Ja, in der Tat! Und wenn solche Gedanken wie diese undenkbar erscheinen, kann ich nur dringend bitten: Lesen Sie weiter! Sie könnten denkbarer erscheinen, nachdem Sie Boyarins gründlich informierte Analyse des jüdischen Hintergrundes für Jesu Bezug des seltsamen Titels *Menschensohn* auf sich selbst gelesen haben – eine Bezeichnung, die schlicht „menschliches Wesen" bedeuten dürfte, aber deutlich und paradoxerweise weitaus mehr die Göttlichkeit erkennen lässt, als es die zurückhaltendere, bloß königliche oder messianische Bezeichnung *Gottessohn* tut.

Die Herausforderung, vor die Daniel Boyarin die Christen stellt, besteht erstens darin, einige ihrer Ansprüche auf religiöse Originalität aufzugeben, und zweitens, mit ihm (nach- und mit-)zudenken – *nach* und *vorbei an* einem angeblich christlichen Glauben an das Vergessen-Machen bzw. die gedankliche Auslöschung (obliteration) der Nationalität innerhalb der erhabenen Universalität der Kirche. In einem früheren Buch, „*Ein radikaler Jude. Paulus und die Politik die Identität*", bittet er die Christen dringend zu erinnern, dass derselbe Paulus, der schrieb:

> 28 Hier ist nicht mehr Jude noch Grieche, hier ist nicht mehr Sklave noch Freier, hier ist nicht mehr Mann noch Frau; denn ihr seid allesamt einer in Christus Jesus. 29 Gehört ihr aber Christus an, so seid ihr ja Abrahams Kinder und nach der Verheißung Erben (Galater 3,28f [*]),

der schrieb auch:

> 1 So frage ich nun: Hat denn Gott sein Volk verstoßen? Das sei ferne! Denn ich bin auch ein Israelit, vom Geschlecht Abrahams, aus dem Stamm Benjamin. 2 Gott hat sein Volk nicht verstoßen, das er zuvor erwählt hat. (Römer 11,1f)

Daniel Boyarin gehört einer Generation jüdisch-amerikanischer Wissenschaftler an, die die christlichen Schriften mit einer beispiellosen und bahnbrechenden Offenheit und Freiheit behandelt haben. Sie sehen Paulus – der sich rühmt, als Schüler des Gamaliel [ein damals berühmter Rabbi] „mit aller Sorgfalt im väterlichen Gesetz unterwiesen" (Apg 22,3) zu sein – als in weit höherem Grade rabbi-

---

[*] [zit. n. New Revised Standard Version im engl. Orig., hier Luther 1984; das dreimalige „(nicht) mehr" nach NRSV]

nisch-jüdisch als Jesus, entgegen einer früheren Meinung, die ihn als einen sah, der Jesus für den heidnischen Gebrauch „säuberte".

Für Christen – wie wahr! – ist die Unterscheidung zwischen Mann und Frau letztendlich vorübergehend, weil Männer und Frauen letzten Endes „einer in Christus Jesus" sind [Gal 3,28]; aber im Vorletzten – nämlich bis zum Ende der Zeit – bleiben Männer und Frauen gewöhnlich Mann und Frau; und Paulus behandelt sie gewöhnlich als solche. Er war kein Feind allen Unterschieds. Das gilt dann also auch für den Unterschied zwischen Juden und Heiden. Titus, ein geborener Grieche, könnte ein christlicher Grieche werden, ohne sich der Beschneidung zu unterziehen, behauptete Paulus entschieden. Timotheus, als Jude geboren, aber unbeschnitten, müsste beschnitten werden, behauptete Paulus im Wesentlichen aus dem gleichen Grund und sprach sich gleichermaßen zu Gunsten der Juden und Griechen aus. Timotheus solle ein Christ werden, freilich; aber selbst als solcher sollte er ein Jude bleiben, ein christlicher Jude. Anders gesagt: die jüdische „Veranstaltung" (party) war noch lange nicht vorbei, als die christliche „Veranstaltung" begann. Im Gegenteil – und hierin liegt gewiss Boyarins, den Gesichtskreis am deutlichsten erweiternde Korrektur –: die Juden waren die Gastgeber, nicht die Gäste auf jener christlichen Veranstaltung; und was sie zu Beginn in der Praxis waren – so legt er nahe –, können sie wieder werden, zumindest im Denken und in der Theorie, sogar heute.

Boyarins Herausforderung an die Juden besteht schlicht darin, sich selbst in einer gewissen Ähnlichkeit zu dieser historischen Rolle zu erkennen oder mindestens vorzustellen, ungeachtet Jahrtausende christlicher Verachtung und Verfolgung; sogar trotz der Nazi-Schoah, der unüberbietbaren Umsetzung der bösartigen und gehässigen These, dass Judentum und Weltjudentum historisch und existenziell *vorbei* sind. Es ist weiterhin anzuerkennen, dass die jüdische Auseinandersetzung mit dem Christentum tatsächlich niemals an dem Tiefpunkt zum Erliegen gekommen ist, der da lautet: „was neu ist, ist nicht wahr; was wahr ist, ist nicht neu". Zwischen den im Mutterleib bedrängten Zwillingen ereignete sich stets mehr als das; auch wenn jüdische Führungskräfte immer bereit waren, dies zu verneinen, da eine mächtige Strömung jüdischen Denkens immer eine weltliche Auseinandersetzung gewollt hat – einen endgültigen und dramatischen Sieg auf der religiösen Weltbühne. So kam das Wort des Herrn zum Propheten Sacharja:

> So spricht der HERR Zebaoth: Zu der Zeit werden zehn Männer aus allen Sprachen der Heiden einen jüdischen Mann beim Zipfel seines Gewandes ergreifen und sagen: Wir wollen mit euch gehen, denn wir hören, dass Gott mit euch ist. (Sacharja 8,23[*])

Zehn *Gojim* [Nichtjuden, Heiden], die am Rockzipfel eines jeden *Jid* [Juden] hängen? Wie viele Juden sind *dafür* bereit? Es gibt etwas unabweisbar Komisches in der Vision Sacharjas. Das erinnert mich an Philip Roths Roman *Operation Shylock*,

---

[*] [zit. n. Jewish Publication Society *Tanakh* im engl. Orig., hier Luther 1984; – Anm. d. Übers.]

in dem ein Verfechter des „Diasporismus" (ein großartig exzentrischer Traum des „Ausstreuens der Saat" neuer Ansiedlungen von sich erneut niederlassenden Israelis in Europa) sich vorstellt, wie sie empfangen werden:

> „Du weißt, was in Warschau auf dem Bahnhof passieren wird, wenn die erste Wagenladung von Juden zurückkommt? Es wird Menschenaufläufe geben, um sie zu begrüßen. Die Leute werden jubeln. Die Leute werden in Tränen ausbrechen. Sie werden laut rufen: ‚Unsere Juden sind zurück! Unsere Juden sind zurück!' Das Spektakel wird übers Fernsehen in die ganze Welt ausgestrahlt." (*Operation Shylock*, S. 45)

Aber so seltsam es erscheinen muss, ja, so komisch es erscheinen muss: die Spur eines solchen Motivs ist dem kollektiven Selbstverständnis Israels nicht fremd. Im Buch Jesaja belässt es Gott der HERR, „der die Verstreuten Israels sammelt", nicht dabei. Er schließt: „Ich will noch mehr zu der Zahl derer, die versammelt sind, sammeln" (Jesaja 56,8[*]); eine Zeile, die am Ende eines Abschnittes steht, der ins Auge fasst, dass die sich selbst hassenden Eunuchen und die verängstigten Ausländer – die sich ausmalen, im Tempel Salomos nicht willkommen zu sein – ihn eines Tages kennen lernen werden, denn: „‚Mein Haus wird ein Bethaus heißen für alle Völker', spricht der HERR" (Jes 56,7).

Eine solche Aussicht ist gut für ein Lachen, gut für die Art des Lachens, das die Familie in meiner Parabel beim Schnappschuss von Ben lachte – Ben, der Fußballspieler der Familie – *er* singt die Nationalhymne als bevorzugter Knabensopran seiner Musiklehrerin –; gut für die Art des Lachens, das sie bei der Aufnahme von Josh lachten – Josh, der Barde der Familie – in *seiner* Fußballkleidung. Doch das Familienalbum (das *soll* hier *heißen*: ihre jeweiligen Schriften) haben nicht gelogen, nicht wahr? Bens Sopran schwang sich an jenem Tage bei der Zeile der Nationalhymne, „land of the *freeee*", hinauf in die Höhe, und Josh – hatte er nicht tatsächlich beim Football ein „Tor" in jenem Spiel erzielt? Ihre Geschichte – ihr miteinander geteiltes früheres Leben, wie es im Familienalbum bewahrt war – barg im Verborgenen wesentliche Schlüssel zu weiteren Möglichkeiten in ihrem Leben als Erwachsene. Es bedurfte der Geduld und der Sorgfalt eines Mr. Boyarin, um das zu sehen.

Geduldig und sorgfältig ist Daniel Boyarin mittlerweile über Jahrzehnte wissenschaftlichen Bemühens hin gewesen. Und es braucht Geduld und Sorgfalt selbst für einen intellektuell vorbereiteten Leser, aufzunehmen, was er erarbeitet hat, wie jeder ernsthafte Leser seines gediegenen Buches *Border Lines: The Partition of Judaeo-Christianity*[**] bezeugen wird. Das Buch vor Ihnen, *The Jewish Gospels – Die*

---

[*] [zit. n. Jewish Publication Society Tanakh im engl. Orig., hier Luther 1984; – Anm. d. Übers.]

[**] [Daniel Boyarin, Border Lines: The Partition of Judaeo-Christianity (Divinations: Rereading Late Ancient Religion [o. Nr.]), Philadelphia, PA: University of Pennsylvania Press, 2004 (E-Book 2011, vgl. http://www.upenn.edu/pennpress/book/14013.html [31.10.2014]); vgl. die deutsche Ausgabe: Daniel Boyarin, Abgrenzungen. Die Aufspaltung des Judäo-Christentums; übers. v. Gesine Palmer (Arbeiten zur neutestamentlichen Theologie und Zeitgeschichte

jüdischen Evangelien, ist jedoch mit Absicht eher einladend als abschreckend. Es ist das benutzerfreundlichste Buch, das Daniel je geschrieben hat, und vielleicht das benutzerfreundlichste, das er je schreiben wird. Denken Sie an ein reizendes kleines Segelschiff bei rauer See unter einem Kapitän von kompromisslosem Können, reichlichem Freimut, verwegenem Vorgehen, aber vor allem von unerschöpflichem Wohlwollen und guter Stimmung. Zurück an Land – verlassen Sie sich darauf – werden Sie atemlos und sonnenverbrannt sein; aber sie werden Land und See – Christentum und Judentum – gesehen haben wie niemals zuvor.

Gute Reise! Bon voyage.

[ANTZ] 10; Arbeiten zur Bibel und ihrer Umwelt [ABU] 1), Berlin: Institut Kirche und Judentum/Zentrum für Christlich-Jüdische Studien; Dortmund: Lehrhaus e. V., 2009; – Erg. d. Übers.]

Danksagungen

Danken möchte ich folgenden Freunden, die mir bei Abfassung dieses Buches im Laufe der Jahre, in denen es reifte, überaus geholfen haben: Carlin Barton, Adela Yarbro Collins, John J. Collins, Susan Griffin, Joel Marcus, John R. Miles, Andy Ross (viel mehr als ein Vertreter), Ishay Rosen-Zvi, Eliyahu Stern und besonders Marc Favreau (viel mehr als ein Herausgeber).

Dieses Buch erfuhr während seiner Entstehungszeit eine besondere Fürsorglichkeit. Unter die ersten nährenden Gefilde gehören vier Treffen des Henoch-Seminars und seines Maestros Gabriele Boccaccini, und zwei Sommer-Seminare am Wissenschafts-Kolleg in Greifswald, wunderbar organisiert und geleitet von Andreas Bedenbender, der Besseres seitens der akademischen Institutionen verdienen würde. Ich danke ebenso allen Teilnehmenden an diesen verschiedenen Treffen – einzeln und insgesamt. Keiner von ihnen muss den Endergebnissen beipflichten; und einige werden ihnen gewiss mehr oder weniger entschieden widersprechen.

Greenfield, Juli 2011

Einleitung

Wenn es etwas gibt, was Christen über ihre Religion wissen, dann ist es dies: sie ist kein Judentum. Wenn es etwas gibt, was Juden über ihre Religion wissen, dann ist es das: sie ist kein Christentum. Wenn es etwas gibt, was beide Gruppen über dieses zweifache Nein wissen, dann ist es jenes, dass Christen an die Dreieinigkeit und die Menschwerdung von Christus (das griechische Wort für Messias) glauben und Juden nicht; dass Juden die Speisegebote halten und Christen nicht.

Wenn nur die Dinge so einfach wären. In diesem Buch werde ich eine sehr abweichende historische Geschichte erzählen, die Geschichte einer Zeit, als Juden und Christen sehr viel mehr miteinander verquickt waren als heute; als es viele Juden gab, die durchaus an so etwas wie den Vater und den Sohn und sogar an so etwas wie die Inkarnation des Sohnes im Messias glaubten; als die Anhänger Jesu die Speisevorschriften wie die Juden hielten; und dementsprechend eine Zeit, in der die Frage des Unterschieds zwischen Judentum und Christentum einfach nicht wie heute existierte. Jesus kam bei seinem Kommen in einer Gestalt, die viele, viele Juden erwarteten: eine zweite göttliche, in einem Menschen inkarnierte Person. Die Frage war nicht: „Kommt da ein göttlicher Messias?", sondern nur: „Ist dieser Tischler aus Nazareth der Eine, den wir erwarten?" Nicht überraschend: einige Juden sagten Ja, und einige sagten Nein. Heute nennen wir die erste Gruppe Christen, und die zweite Gruppe Juden, doch damals war es überhaupt nicht so.

Alle also – sowohl jene, die Jesus anerkannten, als auch jene, die es nicht taten – waren Juden (oder Israeliten; so die eigentliche antike Terminologie). Eigentlich gab es überhaupt kein Judentum, noch gab es das Christentum. Genau genommen war die Idee „einer Religion", d. h. *eine* von einer Anzahl von Religionen, der man zugehörig war oder nicht, noch nicht auf die Bühne getreten und sollte es für Jahrhunderte nicht tun. Bis zum 3. Jh. (oder auch eher) wurde „Christentum" der Name dafür, wie Christen sich selbst nannten, aber Juden war es bis irgendwann in der Neuzeit, vielleicht im 18. oder 19. Jh., nicht gegeben, einen Namen für ihre Religion in einer ihrer eigenen Sprachen zu haben. Bis dahin wurden Begriffe, die „Judentum" als die Religion der Juden bezeichneten, ausschließlich durch Nichtjuden verwendet.

Worüber sprechen wir also? Wir sprechen nicht über eine eigenständige Institution, eine abgesonderte Sphäre der „Religion", noch weniger über einen „Glauben" für Juden. Wir sprechen über den Komplex aus Ritualen und anderen Praktiken, Glaubensüberzeugungen und Werten, Geschichte und politischen Loyalitäten, der das Zugehörigkeitsgefühl zum Volk Israel ausmachte, nicht über eine Religion, die Judentum genannt wird. Um ein Gefühl für die Absurdität der Annahme zu bekommen, dass „Judentum" in der Weise, wie es das Christentum ist, eine Religion darstellt, lassen Sie mich ein erst jüngst stattgefundenes Ereignis betrachten. Im März 2011 veröffentlichte die *New York Times* die Resultate einer sozialwissenschaftlichen Studie über die Lebenszufriedenheit unter verschiedenen Gruppen in den Vereinigten Staaten. Die asiatischen Amerikaner wurden als die glücklichste ethnische Gruppe angesehen, während die Juden als die glücklichste religiöse Gruppe angesehen wurden, was zu der unvermeidlichen Schlussfolgerung führte, dass asiatische amerikanische Juden die glücklichsten Leute in Amerika seien. Das Ergebnis ist offensichtlich irreführend, weil wir alle fühlen, dass sowohl Juden als auch asiatische Amerikaner Ethnien sind, wohingegen Christentum überhaupt niemals als eine ethnische Kategorie angesehen wird. Tatsächlich ist für uns Jüdischkeit eine sehr uneinheitliche Kategorie, die in Wirklichkeit weder ethnische Zugehörigkeit noch Religion allein abbildet. Dies hat eine gute historische Grundlage. Wie Paula Fredriksen kürzlich schrieb: „In der Antike ... ist Kult eine ethnische Bestimmung; Ethnizität ist eine kultische Bestimmung."[1] Das blieb für die Juden bis hin zur Neuzeit der Fall, und in einem nicht unbeachtlichen Maß bleibt es sogar heute dabei.[2] In diesem Buch wird einfachheitshalber der Ausdruck „Judentum" benutzt, um *den* Teil des jüdischen Lebens zu bezeichnen, der mit dem Gehorsam gegen Gott, mit Gottesdienst und Glauben befasst war, obgleich mir bewusst ist, dass der Begriff ein Anachronismus ist.

Der Tempel in Jerusalem war eines der beeindruckendsten kultischen Zentren der antiken Welt und für seinen Glanz und seine Pracht in der gesamten bekannten Welt berühmt. Im Unterschied zu den meisten anderen Völkern, die mehrere Kultzentren besaßen, vollzogen die Israeliten alle ihre Opfer an einem Ort, dem Tempel in Jerusalem, u. zw. für Jahrhunderte – von der Reform Josias im 7. Jh. v. Chr. bis zur Zerstörung des Zweiten Tempels im Jahre 70 n. Chr. – (wenigstens offiziell). Als der Tempel bestand, organisierten die meisten Juden ihr religiöses Leben um seine Festlichkeiten, seine Priester und religiösen Vollzüge herum; entfernt lebende Juden in Alexandria und ähnlichen Orten übersandten Gaben. Wenigstens im Grundsatz erwartete man von allen Israeliten, dreimal jährlich eine Pilgerfahrt zu dem einen Tempel in Jerusalem zu unternehmen, um die großen Feste zu begehen. Dies stellte ein Prinzip der Organisation und der Zusammenkunft aller [jüdischen] Menschen bereit, das über viele Unstimmigkeiten und Verschiedenheiten hinausreichte. Dies war jedoch nicht immer der Fall, da es Gruppen – wie die Leute der Schriftrollen vom Toten Meer – gab, die den Jerusalemer Tempel als korrupt ablehnten.

---

[1] Paula Fredriksen, Mandatory Retirement: Ideas in the Study of Christian Origins Whose Time Has Come to Go, in: David B. Capes u. a. (Hgg.): Israel's God and Rebecca's Children: Christology and Community in Early Judaism and Christianity: Essays in Honor of Larry W. Hurtado and Alan F. Segal, Waco, TX: Baylor University Press 2007, [25-38]: 25. [Zuvor veröffentlicht in Studies in Religion/Sciences Religieuses (SR) 35,2 (2006), 231-246; – Erg. d. Übers.].

[2] Ich werde diese Idee weiterentwickeln in einem in Kürze erscheinenden Buch mit dem Titel: How the Jews Got Religion, New York: Fordham University Press, 2013. [Dieses Buchprojekt wird unter dem veränderten Titel: Imagine No Religion, unter Mitautorschaft von Carlin Barton voraussichtlich 2015 bei demselben Verlag realisiert. – Anm. d. Übers. n. Ang. d. Vf.]

Als der Tempel jedoch im Jahre 70 n. Chr. unterging, war alles möglich. Einige Juden wollten die Opfer so gut wie möglich fortsetzen, während andere solche Handlungen vollkommen ablehnten. Einige Juden glaubten, dass die Reinheitspraktiken, die zu Zeiten des Tempels wichtig waren, noch vollzogen werden müssten, während andere meinten, sie seien hinfällig. Darüber hinaus gab es unterschiedliche Interpretationen der Tora, verschiedene Vorstellungen über Gott, abweichende Auffassungen darüber, wie das Gesetz umzusetzen sei. In Jerusalem, das durch Priester und Lehrer (Schriftgelehrte), die aus dem babylonischen Exil (538 v. Chr.) zurückkamen, wiedergegründet worden war, wurden neue religiöse Vorstellungen und Vollzüge entwickelt, von denen viele durch eine „Pharisäer" genannte Gruppe aufgenommen wurden, die offensichtlich diese Ideen unter den Juden außerhalb Jerusalems ziemlich streitbar verbreiteten, die (ihrerseits) abweichende traditionelle Bräuche hatten: das sogenannte „Volk des Landes", jene, die nicht in das Exil in Babylon gegangen waren.

So war das religiöse Jüdischsein eine sehr viel kompliziertere Angelegenheit, als es dies selbst heute ist. Es gab noch keine Rabbinen, und sogar die Priester in Jerusalem und in den ländlichen Gegenden ringsum waren untereinander gespalten. Nicht nur das, sondern es gab viele Juden sowohl in Palästina und außerhalb, an Orten wie Alexandria in Ägypten, die ganz andere Vorstellungen davon hatten, was es heißt, ein guter, frommer Jude zu sein. Einige glaubten, dass man, um ein koscher lebender Jude zu sein, an eine einzige göttliche Gestalt glauben müsse und jeder andere Glaube schlicht Götzendienst wäre. Andere glaubten, dass Gott einen göttlichen Stellvertreter oder Gesandten oder sogar einen Sohn hätte, erhöht über alle Engel, der als eine Vermittlungsinstanz (Mittler) zwischen Gott und der Welt bei Schöpfung, Offenbarung und Erlösung wirkte. Viele Juden glaubten, dass Erlösung durch einen Menschen bewirkt würde, einen gegenwärtig verborgenen Nachkommen des Hauses David – eine Wiederverkörperung (Anastasia) –, der in einem gewissen Augenblick Zepter und Schwert ergreifen, Israels Feinde besiegen und es zu seinem alten Glanz zurückführen würde. Andere glaubten, dass die Erlösung durch dieselbe, oben erwähnte zweite göttliche Gestalt und mitnichten durch einen Menschen bewirkt würde. Und wieder andere glaubten, dass diese beiden ein und derselbe wären, dass der Messias Davids der göttliche Erlöser sein würde. Wie gesagt: eine vertrackte Sache.

Während mittlerweile fast jeder, Christ oder Nicht-Christ, glücklicherweise Jesus, den Menschen, als Juden bezeichnet, möchte ich einen Schritt weiter gehen. Ich möchte, dass wir erkennen, dass auch Christus – der göttliche Messias – ein Jude ist. Die Christologie oder die frühen Vorstellungen über Christus sind ebenfalls eine jüdische Erörterung und überhaupt keine – wie erst viel später – antijüdische Abhandlung. Viele Israeliten der Zeit Jesu erwarteten einen Messias, der göttlich wäre und auf die Erde in Gestalt eines Menschen käme. Daher waren die grundlegenden Gedanken, aus denen sowohl die Trinität als auch die Inkarnation erwuchs, in eben jener Welt vorhanden, in die Jesus hinein geboren und in der zuerst über ihn in den Evangelien des Markus und des Johannes geschrieben wurde.

So können Sie sich sicher fragen, warum diese Unterscheidungen – abgeleitet von einer sehr entfernten Vergangenheit – irgendjemanden heutzutage angehen sollten. Eine Wirkung, die diese Diskussion hoffentlich erzielt, besteht darin, dass Juden und Christen es nötig haben, dass sie in Zukunft verschiedene Geschichten über einander zu erzählen beginnen. Einerseits werden Christen nicht länger in der Lage sein zu behaupten, dass Juden in Gänze Jesus als Gott starrsinnig ablehnten. Solche Vorstellungen über die Juden haben zu einer abgründigen, schmerzvollen und blutigen Geschichte des Antijudaismus und Antisemitismus geführt. Viele antike Juden nahmen Jesus einfach als Gott an, und sie taten das, weil ihre Vorstellungen und Erwartungen sie dahin geführt hatten. Andere, obwohl sie ähnliche Vorstellungen über Gott hatten, hielten es für schwer zu glauben, dass dieser bestimmte, anscheinend gewöhnliche Jude derjenige wäre, auf den sie warteten.

Andererseits werden Juden aufhören müssen, die christlichen Vorstellungen über Gott einfach als Sammlung „unjüdischer", vielleicht heidnischer und allemal bizarrer Phantasien zu verunglimpfen. Gott wirklich in einem menschlichen Leib! Wenn wir diese Vorstellungen als in dem antiken Geflecht religiöser Vorstellungen tief verwurzelt wissen, mag uns Juden das nicht dazu führen, sie anzuerkennen, aber es sollte uns helfen, zu erkennen, dass christliche Ideen uns nicht wesensfremd sind; sie sind unsere eigenen Kinder und manchmal – vielleicht – unter den ältesten aller israelitisch-jüdischen Ideen. Andererseits werden gewisse Typen der modernen „liberalen" christlichen Apologeten, so wie Philip Pullman (der Autor der Trilogie *His Dark Materials*), aufhören müssen, einen „guten Jesus" von einem „schlechten Christus" abzuspalten. Ich vermute, dass Jesus und Christus eins waren vom allerersten Augenblick der Jesusbewegung an. Ich werde nicht länger in der Lage sein, an einen ethisch-religiösen Lehrer zu denken, der später unter dem Einfluss fremder griechischer Auffassungen zur Göttlichkeit erhoben wurde, wobei seine so genannte ursprüngliche Botschaft entstellt wurde und verloren gegangen ist; die Vorstellung von Jesus als einem göttlich-menschlichen Messias reicht zurück bis an den allerersten Beginn der christlichen Bewegung, bis an Jesus selbst und sogar vor ihn.

Checklisten und Familien: christliche und nicht-christliche Juden

Die Begriffe „christlicher Jude" und „nicht-christlicher Jude", die ich durch dieses Buch hindurch unterscheide, könnten für jene überraschend sein, die an Christen und Juden als Gegensätze denken. Doch wenn wir genau auf die allerersten Jahrhunderte nach Christus blicken, beginnen wir zu verstehen, dass dies genau die Art ist, in der wir die Religionsgeschichte der Juden zu dieser Zeit betrachten sollten. Bevor wir dahin kommen, könnte es jedoch hilfreich sein, einige unserer sorgsam gehüteten Auffassungen darüber, was Religionen sind, kritisch zu hinterfragen. Für die modernen Menschen sind Religionen feststehende Gebilde von Überzeugungen mit scharf umrissenen Grenzen. Wir fragen uns gewöhnlich: Welche Überzeugungen verbietet das Christentum und welche Handlungen erfordert es? Wir stellen ähnliche Fragen hinsichtlich des Judentums, des Hinduismus, des Islams und des Buddhismus, der sogenannten großen Weltreligionen. Ein solches Verständnis führt natürlich die Vorstellung ad absurdum, dass man sowohl ein Jude als auch ein Christ sein könne, indem sie geradezu als Widerspruch in sich dargestellt wird. Juden entsprechen nicht der Begriffsbestimmung der Christen, und Christen entsprechen nicht der Begriffsbestimmung der Juden. Es gibt schlichte Unvereinbarkeiten zwischen diesen beiden Religionen, die es unmöglich machen, beides zu sein. Ich möchte in diesem Buch geltend machen, dass diese Auffassung gerade nicht immer den Fakten entspricht, und im Besonderen, dass sie die Situation des Judentums und des Christentums in den frühen Jahrhunderten überhaupt nicht angemessen darstellt.

Wir bestimmen gewöhnlich die Religionsanhänger durch den Gebrauch einer Art von Checkliste. Man könnte z. B. sagen: wenn eine Frau an die Trinität und Inkarnation glaubt, ist sie eine Anhängerin der Religion Christentum; wenn sie es aber nicht tut, ist sie keine rechte Anhängerin dieser Religion. Man könnte im umgekehrten Fall sagen: wenn ein Mann nicht an die Dreieinigkeit und Menschwerdung Gottes glaubt, dann ist er ein Anhänger der Religion Judentum; aber wenn er an diese Dinge glaubt, dann ist er es nicht. Man könnte also sagen: wenn eine Frau am Samstag den Sabbat hält, nur koschere Nahrung zu sich nimmt und ihre Söhne beschneide[n läss]t, ist sie Angehörige der jüdischen Religion; aber wenn sie es nicht tut, ist sie keine Angehörige der jüdischen Religion. Oder, wieder umgekehrt: wenn Angehörige einer Gruppe glauben, dass jeder den Sabbat halten, ausschließlich koschere Speisen essen und die Söhne beschneiden [lassen] sollte, sind sie keine Christen; doch wenn sie glauben, dass diese Vollzüge aufgehoben worden sind (d. h. nicht mehr verpflichtend), dann sind sie Christen. Dies ist, wie ich gesagt habe, unsere gewöhnliche Weise, solche Angelegenheiten zu betrachten.

Jedoch gerät diese Art der Einteilung von Religionen der Völker in Schwierigkeiten. Zunächst muss jemand diese Checklisten erstellen. Wer entscheidet, welche besonderen Glaubensvorstellungen eine Person disqualifizieren, ein Jude zu sein? Im Laufe der Geschichte wurden diese Entscheidungen durch bestimmte Gruppen des Volkes oder Einzelpersonen gefällt und dann anderen Völkern auferlegt (die sich jedoch weigern können – es sei denn, die Entscheider haben eine Armee). Es verhält sich ein wenig so wie mit jenen Checklisten zur Abfrage der „Rassen"-Zugehörigkeit auf den Volkszählungsformularen. Einige von uns weigern sich schlicht, ein Kästchen anzukreuzen, das uns als kaukasische oder hispanische oder afrikanische Amerikaner festlegt, weil wir keine Identifizierung in dieser Weise vornehmen; und nur Gesetze und Gerichtshöfe oder eine Armee könnten uns zwingen, wenn sie es wollten. Natürlich wird eingeräumt werden, dass die Entscheidungen über Juden und Christen (nicht Amerikaner) durch Gott getroffen und in dieser oder jener Schrift, durch diesen oder jenen Propheten offenbart wurden; doch ist dies eine Sache des Glaubens und nicht der Wissenschaft. Weder Glauben noch Theologie sollten eine Rolle bei dem Bemühen spielen zu beschreiben, was gewesen ist, im Gegensatz zu dem, was (entsprechend dieser oder einer anderen religiösen Autorität) gewesen sein sollte.

Ein anderes großes Problem, das bei diesen Checklisten nicht berücksichtigt wird, hat zu tun mit Menschen, deren Glaubensvorstellungen und -vollzüge eine Mischung der Merkmale beider Listen sind. Im Falle der Juden und Christen war das ein Problem, das einfach nicht verschwinden wollte. Jahrhunderte nach Jesu Tod gab es Menschen, die an die Göttlichkeit Jesus als inkarnierter Messias glaubten, die aber ebenso darauf bestanden, dass sie, um gerettet zu werden, koscher essen, den Sabbat wie andere Juden halten und ihre Söhne beschneiden müssten. Es gab ein Umfeld, in dem viele Menschen anscheinend dachten, dass es kein Problem wäre, sowohl ein Jude als auch ein Christ zu sein. Viele Punkte, die die spätere Checkliste für das Jude- oder Christsein ausmachen sollten, bildeten zu jener Zeit gar keine Grenzlinie. Wie sollen wir mit diesen Leuten umgehen?

Etliche Generationen nach dem Kommen Christi vertraten verschiedene Anhänger und Gruppen von Anhängern Jesu viele unterschiedliche theologische Ansichten und waren im Hinblick auf das jüdische Gesetz ihrer Vorfahren einer großen Vielfalt religiöser Praktiken verpflichtet. Eines der wichtigsten Argumente hat mit der Beziehung zwischen den beiden Größen zu tun, die letztendlich die ersten beiden Personen der Trinität wurden. Viele Christen glaubten, dass der Sohn oder das Wort (Logos) Gott dem Vater untergeordnet wäre und sogar durch ihn geschaffen; andere glaubten, dass, da der Sohn nicht geschaffen wurde und schon vor Beginn der Zeit existiert hatte, er dennoch nur von *ähnlicher* Substanz wie der Vater wäre; eine dritte Gruppe glaubte, dass es überhaupt keinen Unterschied zwischen dem Vater und dem Sohn hinsichtlich der Substanz gäbe.

Es gab ebenso sehr scharfe Unterschiede in der religiösen Praxis zwischen Christen und Christen: einige Christen hielten das jüdische Gesetz zu großen Teilen (oder als Ganzes); einige hielten manche Bestimmungen, schieden andere aber aus (z. B. die apostolische Regel der Apostelgeschichte [Apg 15,20.29; 21,25]); und wieder andere glaubten, dass das ganze Gesetz durch die Christen (selbst durch jene, die als Juden geboren wurden) aufgehoben und abgeworfen werden müsste. Schließlich gab es Christen, die die Meinung vertraten, dass Ostern eine Form des jüdischen Passah wäre, das angemessen mit Jesus als dem Lamm Gottes und Passahopfer interpretiert würde, während andere solche Zusammenhänge heftig bestritten. Diese hatten auch eine Entsprechung in der religiösen Übung: indem die erste Gruppe Ostern zur selben Zeit feierte wie die Juden ihr Passah, während die letztere energisch darauf bestand, dass Ostern dann *nicht* stattfinden darf, während die Juden ihr Passah hielten. Dazu gab es viele andere Streitpunkte. Bis zum frühen 4. Jh. nannten diese unterschiedlichen Gruppen und verschiedenen Einzelpersonen sich selbst Christen, und obendrein nannten ziemlich viele sich selbst sowohl Juden als auch Christen.

Checklisten und Reichsreligion

Die Herangehensweise, mittels Checklisten eine absolute Trennung zwischen Christen und Nichtchristen zu erreichen, hielt unter dem christlichen Römischen Reich wie von selbst Einzug, das größeren Wert darauf legte, alle Unordnung aus der Welt zu schaffen. Viele Jahre lang wurde für wahr gehalten, dass eine frühe Periode des fließenden Zustands mit der endgültigen „Trennung der Wege" zu einem Ende gekommen ist, die entweder im 1. oder 2. Jh. stattfand. Einerseits war der Tempel eine solch einigende Kraft gewesen, dass andere Formen an Vielfalt eher hinnehmbar waren, ohne den Kern jüdischer Identität zu bedrohen. Im Anschluss an die Zerstörung des Jerusalemer Tempels durch die Römer im Jahre 70 n. Chr. mussten andere Wege eingeschlagen werden, um eine derartige Identität zu sichern – von daher die Erfindung einer jüdischen Orthodoxie, die die Nachfolger Jesu ausschloss. Andererseits wurde uns gesagt, dass es das Abweichen des Christentums von jenem Kern gewesen ist, das eine frühe Trennung der Wege vorantrieb. Ich behaupte, dass diese Vielgestaltigkeit nicht mit der Zerstörung des Tempels endete, vielmehr weit nach diesem Ereignis fortdauerte. Viele haben bis vor kurzem (und manche bis heute) gemeint, dass sie mit dem Konzil von Jabne (Jawne) endete, das angeblich etwa im Jahre 90 n. Chr. stattfand.[3] Entsprechend einer gewissen Interpretation einer talmudischen Legende war dies ein großes jüdisches ökumenisches Konzil (ähnlich wie die großen christlichen ökumenischen Konzilien des 4. und 5. Jh.), auf dem alle sektiererischen Unterschiede beseitigt wurden: alle Juden stimmten zu, der pharisäisch-rabbinischen Tradition zu folgen; und jene, die nicht zustimmten, wurden ausgestoßen und verließen das jüdische Gemeinwesen. Doch diese Sicht wurde durch die neueste Forschung angezweifelt. Jene Sicht wurde durch Wissenschaftler mehr oder weniger nach dem Modell der großen spätantiken christlichen Konzilien erdacht, während derer die christliche Orthodoxie verkündet wurde: besonders das berühmte Konzil von Nizäa (Nicäa) und das ihm folgende Konzil von Konstantinopel.

Im Jahre 381 wurde in Konstantinopel der endgültige Schritt zur Bereinigung der Differenzen getan, der auf einem halben Jahrhundert der Verhandlungen fußte, die dem Konzil von Nizäa folgten.[4] Im Jahre 318 hatte der neue christliche Kaiser Konstantin ein ökumenisches Konzil aus Bischöfen der ganzen christlichen

---

[3] Shaye J. D. Cohen, The Significance of Yavneh: Pharisees, Rabbis, and the End of Jewish Sectarianism, Hebrew Union College Annual [HUCA] 55 (1984), 27-53.

[4] Zu einer der besten historischen Beschreibungen dieses Prozesses vgl. R[ichard] P. C. Hanson, The Search for the Christian Doctrine of God: The Arian Controversy 318-381 AD, Edinburgh: T & T Clark, 1988.

Welt nach Nizäa (dem heutigen İznik in der Türkei) einberufen, um alle Differenzen auszuräumen und den Frieden für die christlichen Kirchen und Gemeinden wiederherzustellen, worauf eine lange Diskussion, Auseinandersetzung und Verbitterung zwischen ihnen folgte.

Einige der bedeutenderen in Nizäa angesprochenen Themen waren Glaubensfragen, die genaue Festlegung der Beziehung zwischen [Gott] dem Vater und dem Sohn. Andere Themen waren Fragen des Glaubensvollzugs, wie die Festlegung des Ostertermins und seine Beziehung zum jüdischen Passah. Es geschah hier in Nizäa, dass in der ersten Frage entschieden wurde, der Sohn sei von gleicher Substanz wie der Vater, d. h., es gibt zwei Personen ein und derselben göttlichen Substanz. Das Osterfest wurde in den orthodoxen Kirchen endgültig von seinen kalendarischen und thematischen Beziehungen zum Passahfest abgetrennt. Was letzten Endes in Nizäa und Konstantinopel erreicht wurde, war die Errichtung eines Christentums, das vollständig vom Judentum getrennt war. Da das Christentum seine Grenzen nicht auf der Grundlage ethnischer Zugehörigkeit, geographischen Standorts oder gar Herkunft definieren konnte, war die Suche nach klaren Verfahren, sich selbst vom Judentum zu unterscheiden, sehr dringlich – und diese Konzilien verfolgten dieses Ziel energisch. Das hatte den historischen Nebeneffekt, dass das Römische Reich und seine verantwortlichen kirchlichen Autoritäten das Bestehen eines vollkommen getrennten „orthodoxen" Judentums bewirkten. Zumindest von einem juristischen Standpunkt aus wurden danach Judentum und Christentum im 4. Jh. völlig getrennte Religionen. Davor hatte niemand (Gott natürlich ausgenommen) die Autorität, den Menschen zu sagen, dass sie jüdisch oder christlich wären oder nicht; und viele hatten es vorgezogen, beides zu sein. Zur Zeit Jesu waren alle, die Jesus folgten – und selbst jene, die glaubten, dass er Gott wäre – Juden!

Die Entscheidungen, die in Nizäa getroffen wurden, hatten auch zur Folge, einen mächtigen Keil zwischen die traditionellen jüdischen Glaubensvorstellungen und -praktiken sowie das neu erfundene orthodoxe Christentum zu treiben. Indem man den Sohn als auf Augenhöhe mit dem Vater stehend definierte, und indem man darauf bestand, dass Ostern keine Beziehung zum Passah habe, wurden beide Ziele erreicht. Zwischen Nizäa und Konstantinopel wurden viele Menschen, die sich selbst als Christen ansahen, regelrecht aus dem [„Register" des] Christentum[s] ausgetragen. Christen, die das Judentum praktizierten, selbst wenn nur durch das Begehen des Osterfestes zum Passah[termin] (was so gut wie die gesamte Kirche Kleinasiens für ein paar Jahrhunderte einschloss), wurden ausdrücklich zu Häretikern erklärt. Nizäa schuf im Grunde das, was wir jetzt unter Christentum verstehen, und – seltsamerweise – ebenso das, was wir unter Judentum verstehen.

Über die sieben Dekaden zwischen den Konzilien von Nizäa und Konstantinopel hinweg wurden Wahlmöglichkeiten für die Art und Weise des Glaubens oder des Christseins durch diesen Prozess der Aussonderung abgeschnitten, insbesondere die Wahlmöglichkeit, zu gleicher Zeit sowohl Christ als auch Jude zu sein. Man konnte nicht sowohl an Jesus glauben und am Sabbat in die Synagoge gehen: „Wir werden es dir nicht erlauben". Daher, sagen die nizänischen Kirchenführer, muss man glauben, dass der Vater und der Sohn verschiedene Personen, aber von genau derselben Substanz sind. Gott von Gott, wie das formulierte Bekenntnis lautet; falls du das nicht glaubst, sagen die Oberhäupter, bist du kein Christ, sondern ein Jude und ein Häretiker. Diese eifrigen Anstrengungen, die Trennung vollkommen zu machen, brachten darüber hinaus eine Menge antijüdischer Diskurse zu jener Zeit hervor, und sie dauern geradezu bis in unsere Tage an (und sind auch noch nicht völlig zum Erliegen gekommen). Die Predigten „Gegen die Juden" des Bischofs Johannes Chrysostomos waren ein herausragendes Beispiel für diese Entwicklung.[5]

Einer der eifrigsten Verfechter der neuen Orthodoxie war der Hl. Hieronymus. Obwohl sein Name nicht mehr allgemein bekannt ist, war Hieronymus (347-420 n. Chr.) dennoch einer der bedeutendsten christlichen Gelehrten, Denker und Autoren des späten 4. und frühen 5. Jh. Von der römischen Kirche als einer der vier „Kirchenlehrer" angesehen*, übersetzte er die Bibel aus dem Hebräischen und Griechischen in die lateinische Umgangssprache [Vulgata] (diese Übersetzung ist weiterhin die offizielle lateinische Bibel der katholischen Kirche). Hieronymus war auch einer der einflussreichsten Übersetzer bedeutender früherer griechisch-christlicher Autoren ins Lateinische (insbesondere der Werke des Origenes).

Wir haben eine erstaunliche, anschauliche Sammlung seiner Briefe an seinen noch berühmteren Kollegen, den Hl. Augustinus von Hippo, einen weiteren Kirchenlehrer der Römischen Kirche, über die besten Strategien für die Verteidigung dieser neuen Orthodoxie. In einem dieser Briefe [Nr. 112] legte er dar:

> Bis in unsere eigenen Tage gibt es eine Sekte (heresis) unter den Juden über alle Synagogen des Ostens hinweg, die die Sekte der Minaei[*] genannt und auch (bis) jetzt durch die Pharisäer verdammt wird; sie nennen die Anhänger dieser Sekte gewöhnlich Nazaraei[**]; sie glauben an Christus, den Sohn Gottes, geboren von der Jungfrau Maria; und sie sagen, dass er, der unter Pontius Pilatus sowohl gelitten hat als auch wiederauferstanden ist, derselbe ist wie der, an den wir glauben. Aber da sie sowohl Juden als auch Christen zu sein wünschen, sind sie weder das eine [Iudaei] noch das andere [Christiani].[6]

---

[5] Robert L. Wilken, John Chrysostom and the Jews: Rhetoric and Reality in the Late 4th Century (The transformation of the classical heritage 4), Berkeley: University of California Press, 1983.

* Die Catholic Encyclopedia merkt an: „Gewisse kirchliche Autoren haben diesen Titel wegen des großen Nutzens, den die ganze Kirche aus ihrer Lehre gezogen hat, erhalten. In der Westkirche erlangten vier hervorragende Kirchenväter im Mittelalter diese Ehre: der Hl. Gregor der Große, der Hl. Ambrosius, der Hl. Augustinus und der Hl. Hieronymus."

[*] [*sprich:* Minä-i; d. h. minim; s. u. 37f; – Anm. d. Übers.]

[**] [*sprich:* Nazarä-i; *andere Lesarten:* Nazoreus, Nazoraei, Nazareni; d. h. Nazarener; s. u. 37f; – Anm. d. Übers.]

[6] Hieronymus, Briefe, Bd. 2., hg. v. Isidorus Hilberg (Corpus Scriptorum Ecclesiasticorum Latinorum [CSEL] 55), Wien: Verlag der Österreichischen Akademie der Wissenschaften, 2., verm. Aufl. (editio altera supplementis aucta) 1996, 381f. (meine Übersetzung [– D. B.]).

Ein genauer Blick auf Hieronymus' Text wird verschiedene Gesichtspunkte erhellen, die ich angeführt habe. Hieronymus beschreibt eine Gruppe von Menschen, die an das orthodoxe nizänische Bekenntnis glauben: Christus ist der Sohn Gottes, er wurde von einer Jungfrau geboren, wurde gekreuzigt und litt, er erstand auf. Doch sie meinten, dass sie auch Juden wären – sie predigten in Synagogen, hielten den Sabbat und richteten sich nach Speise- und anderen Vorschriften. Tatsächlich verstanden sie „Christen" und „Juden" überhaupt nicht als zwei Kategorien, sondern als *eine* vielschichtige Kategorie. Vermutlich praktizierten sie auch eine Art jüdischen Rituals, obwohl es aus Hieronymus' Äußerung nicht deutlich hervorgeht, worum es sich handelte. Hieronymus bestreitet ihnen ihren Anspruch, Christen zu sein, weil sie beanspruchen, Juden zu sein; er bestreitet ihnen ihren Anspruch, Juden zu sein, weil sie beanspruchen, Christen zu sein. Und er bestreitet ihnen natürlich die Möglichkeit, beides zu sein, weil dies in Hieronymus' Weltsicht eine Unmöglichkeit wäre. Für ihn (und auch für uns) waren dies sich gegenseitig ausschließende Möglichkeiten. Für jene Juden hingegen, die das nizänische Glaubensbekenntnis ablegten, gab es keinen Widerspruch. Genau wie heute gibt es Juden, die chassidisch sind – einige von ihnen glauben, dass der Messias gekommen ist, starb und wieder erweckt werden wird –, und Juden, die die chassidische Bewegung gänzlich ablehnen, doch alle werden als Juden angesehen; so gab es in der Antike Juden, die an Christus glaubten, und Juden die es nicht taten; doch waren alle Juden. Um einen anderen Vergleich zu gebrauchen, der anschaulich ist, wenn auch nicht ganz treffend: es ist so, als wenn nichtchristliche Juden und christliche Juden eher den Katholiken und Protestanten heutzutage glichen als den Juden und Christen heutzutage – Teile einer religiösen Gruppierung, die nicht immer in Harmonie leben oder ihre gegenseitige Berechtigung anerkennen, aber noch in einem sehr beachtlichen Sinne als eine Einheit begreiflich sind.

Um die orthodoxe Auffassung zu sichern, dass es eine absolute Unterscheidung zwischen Juden und Christen gibt, muss Hieronymus eine dritte Kategorie „erfinden", weder Christen noch Juden. Hieronymus stützte sich auf die Bestimmungen des (durch Kaiser Konstantin einberufenen) Konzils von Nizäa und auf das Gesetz des Römischen Reiches (das [Drei-Kaiser-]Edikt des Kaisers Theodosius „Cunctos populos" von Thessalonich 380 n. Chr.).[*] Und ziemlich gebieterisch

---

[Erweiterte Neuausgabe der 1. Auflage: Sancti Eusebii Hieronymi Epistolae, Pars II: Epistulae LXXI-CXX, Wien, Leipzig 1912 (Corpus Scriptorum Ecclesiasticorum Latinorum, Vol. LV, S. Eusebii Hieronymi Opera (Sect. I Pars II), Epistularum Pars II, Epistulae LXXI-CXX, recensuit Isidorus Hilberg. – Die deutsche Übersetzung des lateinischen Zitats wurde unter Beiziehung des Digitalisates der 1. Aufl. unter: http://openlibrary.org/books/OL14002057M/Corpus_scriptorum_ecclesiasticorum_latinorum (01.07.2013) bzw. https://archive.org/stream/corpusscriptorum55stuoft#page/380/mode/2up f. (04.12.2014) abgeglichen. – Anm. d. Übers.]

[*] [Die Angabe in der Originalausgabe: „the code of the Emperor Theodosius" (der *Kodex* des Kaisers Theodosius) wurde durch den Vf. für die deutsche Ausgabe geändert (s. oben): Gemeint ist also das o. g. *Edikt* des Kaisers Theodosius (I.) von 380, nicht der spätere *Codex* Theodosianus (II.), der zwar älteres Material (so auch in lib. XVI, I.2 eben das *Edikt* „Cunc-

erklärte Hieronymus, dass einige Leute schlicht keine Christen wären; sogar noch überraschender erklärte er, er könne befinden, dass sie auch keine Juden wären, weil sie seiner Definition von Juden nicht entsprächen. Niemand vor Konstantin hatte die Macht besessen, jemanden zum Nicht-Christen oder zum Nicht-Juden zu erklären.

Hieronymus erzählt uns hier auch einiges über die Synagogenleitung: sie verdammt diese Menschen ebenfalls als Nicht-Juden und wenden somit einen ähnlichen Typ der Checkliste an, um Menschen aus einer Gruppe auszuschließen.

Doch da gibt es noch mehr. Hieronymus verleiht der Sekte von Nicht-Juden und Nicht-Christen faszinierende Namen. Er nennt sie, wie wir gesehen haben, *minaei* und Nazarener. So geheimnisvoll diese Namen zuerst scheinen: sie sind in Wahrheit gar keine Rätsel. Sie beziehen sich auf zwei Ausdrücke, die im rabbinischen Gebet gegen die Sektierer gebraucht wurden, was tatsächlich zum ersten Mal im 5. Jh. des Hieronymus' sicher bezeugt wird (obwohl frühere Formen davon aus dem 3. Jh. bekannt sind). In diesem, in den Synagogen wiederholten Gebet, pflegten Juden zu sagen: „Und den *minim* und den *Nozrim* lass keine Hoffnung zuteil werden."

Der Ausdruck *minim* bedeutet wörtlich „Arten" („Abarten"). Juden, die nicht zu der Gruppe gehören, die die Rabbinen als koscher bestimmen möchten, werden von ihnen als „Arten" von Juden bezeichnet, als nicht vollkommen im Mainstream liegend. Dies schließt Juden ein, die, wie die Anhänger Jesu, halachisch/theologisch nicht ganz korrekt, aber noch Juden sind. Der zweite Ausdruck *Nozrim* (latinisiert als *Nazareni*) ist sehr viel spezifischer, bezieht sich sozusagen auf Nazareth und damit ausdrücklich auf Christen. Es handelt sich überzeugend um eben dasselbe Gebet, auf das sich Hieronymus in seinem Brief bezieht, da seine vorgebliche Verdammung durch die Pharisäer eben diese zwei Namen für die Gruppe einschließt. Das Wort *minim* scheint lediglich Sektierer in einem allgemeinen Sinne zu bedeuten, einschließlich solcher, die dem jüdischen Gesetz folgen, aber den nizänischen Glauben bekennen. Das Wort „Nozrim" (Nazareni) könnte eine spezielle Bezugnahme auf jenen christlichen Charakter dieser Juden darstellen. Aber Hieronymus' Bericht zufolge ist selbst das keine jüdische Verdammung der Christen im Allgemeinen, sondern gilt jenen armen Leuten, die den Unterschied nicht richtig erkennen können und meinen, dass sie beides wären.[7] Die völlige Delegitimierung, die Hieronymus in Bezug auf die „Sowohl-Juden-als-Christen" in seinem Brief an Augustinus zu erreichen sucht, indem er sie für „nichts" erklärt, suchen die Rabbinen (die er anachronistisch „Pharisäer"

---

tos populos") enthält, jedoch erst 438 – nach dem Tode Hieronymus' im Jahre 420 – erschien; – Anm. d. Übers.]

[7] Vgl. auch Reuven Kimelman, Birkat Ha-Minim and the Lack of Evidence for an Anti-Christian Jewish Prayer in Late Antiquity, in: E. P. Sanders/A. I. Baumgarten/Alan Mendelson (Hgg.): Jewish and Christian Self-Definition, vol. II: Aspects of Judaism in the Greco-Roman Period, Philadelphia: Fortress Press, 1981, 226-244, 391-403.

nennt) durch das Mittel einer Verdammung gegen dieselben Juden-und-Christen zu erreichen, wenn sie zur Synagoge kommen. Obgleich beide es zweifellos ärgerlich verneint hätten, sind Hieronymus und die Rabbinen in eine Art Verschwörung verwickelt, um diese Leute zu delegitimieren, die sich selbst als beides, Juden und Christen, definieren, zu dem Zweck, dass die Checklisten absolut klar und unzweideutig bleiben.

Wie wir sehen können, sind diese scheinbar harmlosen Checklisten Instrumente der Macht, nicht einfach der Beschreibung. Wenn du, so donnert Hieronymus, an das nizänische Bekenntnis glaubst, verlasse die Synagoge, und du wirst ein Christ sein. Wenn du in der Synagoge bleibst und von deinem Glauben an die christliche Lehre abfällst, dann werden die Pharisäer einwilligen, dich einen Juden zu nennen. Fülle die Kästchen der Checkliste richtig aus, oder du bist weder ein Christ noch ein Jude. Schon die Tatsache, dass Hieronymus und die Rabbinen gegen diese *minim*, diese Nazarener kämpfen mussten, die meinten, sie wären sowohl Juden als auch Christen, legt nahe, dass sie tatsächlich und in einer ausreichenden Zahl existierten, um Bedenken hervorzurufen.

Wir benötigen eine Sichtweise hinsichtlich der Spielarten der jüdischen religiösen Erfahrung – besonders in dem entscheidenden ersten Zeitraum –, die erfolgreich das Wirbeln und Wallen unterschiedlicher Strömungen des Denkens in einem breiteren, komplexeren Feld der Differenzen und Ähnlichkeiten erklärt; eine Denkweise, die uns befähigt, historisch – nicht normativ – sowohl über die Rabbinen als auch die *Nozrim* als Ausdrucksformen des Judentums zu sprechen.

Anstelle einer Checkliste dafür, wer ein Jude ist – was, wie wir gesehen haben, unausweichlich zu willkürlichen Ausschlüssen führt –, könnten wir das Konzept der familiären Ähnlichkeiten (family resemblances) verwenden, um die Periode fließender religiöser Übergänge nach Jesu Tod erneut zu erfassen. Wie eine Literaturwissenschaftlerin angemerkt hat: „Mitglieder der einen Familie teilen eine Vielzahl ähnlicher Eigenschaften: Augen, Gangart, Haarfarbe, Temperament. Aber – und dies ist der entscheidende Punkt – es muss nicht ein Bündel von Eigenschaften sein, der von allen Familienmitgliedern geteilt wird."[8] Es gibt vielleicht eine Eigenschaft, die alle zu Gliedern der judäo-christlichen Familie macht, nämlich dass sie sich auf die hebräischen Schriften als Offenbarung berufen. In ähnlicher Weise gab es ein Merkmal, das für alle Gruppen, die wir (anachronistisch) Christen nennen würden, als gemeinsam gelten könnte, nämlich irgendeine Form der Nachfolge Jesu. Bis jetzt erreicht dieses Merkmal kaum ausreichende Weite und Tiefe, um eine deskriptiv produktive Kategorie hervorzubringen, weil so viele andere äußerst wichtige (Glaubens-)Wege und Gruppen, die Jesus nachfolgten, sowie Gruppen, die ihn *nicht* beachteten, sich ähnlich zueinander verhielten. Anders gesagt: Gruppen, die Jesus unbeachtet ließen oder ablehnten, könnten einige andere, äußerst auffäl-

---

[8] Chana Kronfeld, On the Margins of Modernism: Decentering Literary Dynamics, Berkeley: University of California Press, 1996, 28.

lige Merkmale (z. B. den Glauben an den Menschensohn) gehabt haben, die sie an Jesus-Gruppen banden und von anderen Nicht-Jesus(gläubigen)-Juden trennten. Andererseits könnten einige Jesus(gläubige)-Juden Gesichtspunkte in ihrem religiösen Leben gehabt haben (indem sie der pharisäischen oder gar rabbinischen Halacha folgten), die sie näher zu einigen Nicht-Jesus(gläubigen)-Juden hinzog als zu anderen Jesus-Leuten.[9] Zudem könnten sich einige Jesus-Gruppen im Unterschied zu anderen ähnlich auf Jesus bezogen haben wie andere jüdische Nicht-Jesus(gläubige) Gruppen auf andere Propheten, Führer oder Messiasse. D. h.: einige Juden im Palästina des 1. Jh. könnten einen Messias erwartet haben, der eine Inkarnation des Göttlichen sein würde, lehnten Jesus aber als einen solchen ab, während andere Juden, die Jesus als diesen annahmen, ihn nicht für einen göttlichen, sondern lediglich menschlichen Messias gehalten haben könnten. Das Modell der familiären Ähnlichkeiten scheint deshalb geeignet zu sein, über ein Judentum zu sprechen, das auch das frühe Christentum einschließt. Dieses erweiterte Verständnis des „Judentums" ermöglicht vollends die Einbeziehung der frühesten Evangelienliteratur in dessen Wirkungsbereich und macht die frühesten und in gewisser Weise grundlegenden Texte der Christenheit zu – jüdischen.

Die jüdischen Evangelien

Mittlerweile erkennt fast jeder an, dass der historische Jesus ein Jude war, der den alten jüdischen (Glaubens-)Wegen folgte.[10] Auch wächst die Einsicht, dass die Evangelien selbst und sogar die Briefe des Paulus wesentliche Bestandteile der Religion des Volkes Israel im 1. Jh. n. Chr. sind. Weniger unumstritten ist die Frage, in welchem Ausmaß die begleitenden Vorstellungen, die wir Christologie, die Geschichte Jesu[*] als göttlich-menschlicher Messias, nennen, ebenso ein (wenn nicht der wesentliche) Teil der jüdischen Vielgestaltigkeit jener Zeit gewesen sind.

---

[9] Albert I. Baumgarten, Literary Evidence for Jewish Christianity in the Galilee, in: Lee I. Levine (Hg.), The Galilee in Late Antiquity, New York: Jewish Theological Seminary of America, 1992, 39-50.

[10] Die Ära des "arischen Jesus" ist – dankenswerterweise – vorüber. [Vgl.] Susannah Heschel, The Aryan Jesus: Christian Theologians and the Bible in Nazi Germany, Princeton: Princeton University Press, 2008.

[*] [Die Übersetzung von „story/stories" erfolgt hier durchweg mit „Geschichte/n"; die von „narrative/s" mit „Erzählung/en"; letzteres Wort wird vollständig und jeweils nach der Übersetzung zum Vergleich in Englisch beigegeben. –
Hinsichtlich des Sprachgebrauchs sieht D. Boyarin in dem Wort „narrative" („Erzählung") einen umfassenderen Begriff als „story" (Geschichte). Die Geschichte sei eine Form der Erzählung; aber nicht jede Erzählung Geschichten. – Vorzugsweise, wenn auch nicht ausschließlich, liegt eine Verknüpfung von „narrative" und „Menschensohn" vor, während „story" eher und ebenso nicht ausschließlich mit „Messias"/„Christus" und Jesus verbunden wird. Daneben findet sich ein synonymer Gebrauch von story und narrative (z. B. 82: Menschensohn-Erzählung bzw. -Geschichte, vgl. 50, 85 Anm. *, 90f). Wenngleich der Vf. somit keinen expliziten Beitrag zur Erzähl*theorie* resp. Narratologie liefern will, so k a n n

Die Evangelien, wenn sie im Zusammenhang anderer jüdischer Texte ihrer Zeit gelesen werden, offenbaren ihrerseits diese sehr komplexe Mannigfaltigkeit und Zusammengehörigkeit mit anderen Varianten des „Judentums" der Zeit. Es gibt Wesenszüge, die das Matthäusevangelium an einen Strang des Judentums des 1. Jh. binden, während andere Wesenszüge das Johannesevangelium an andere Strömungen binden. Das Gleiche gilt für Markus und sogar für Lukas, dessen Evangelium allgemein als das am „wenigsten jüdische" der Evangelien angesehen wird.

Durch das Weichzeichnen der Grenzen zwischen Juden und Christen machen wir die historische Situation und Entwicklung des frühen „Judentums" und Christentums deutlicher. Wir können dann die Bedeutung unserer historischen Zeugnisse, einschließlich der Evangelien, viel besser verstehen, wenn wir uns eine Gemengelage vorstellen, die die soziale Situation vor Ort in jener Zeit sachgemäßer widerspiegelt, eine soziale Situation, in der die an Jesus von Nazareth Glaubenden und jene, die ihm nicht folgten, eher miteinander in mannigfaltiger Weise verquickt als in zwei klar definierte Größen aufgeteilt waren, die wir heute als Judentum und Christentum kennen.

Unter jenen verschiedenartigen Typen von Juden werden wir „Proselyten, Gottesfürchtige und *gerim*" finden.[11] Die „Proselyten" waren Nicht-Juden, die ihr Los vollständig mit dem jüdischen Volk teilten und Juden wurden, während die „Gottesfürchtigen" weiter als Griechen und Heiden angesehen wurden, aber dem Gott Israels und der Synagoge anhingen, weil sie die Religion des *Einen* Gottes wert schätzten. Die *gerim*, (Langzeit-)Gäste oder ansässige Fremde, waren Heiden (Nichtjuden), die unter den Juden in „ihrem" Land lebten. Als solche waren sie verpflichtet, gewisse Gesetze der Tora einzuhalten und erhielten gewisse Schutzzusicherungen und ebenso Privilegien. Es wurde kürzlich darauf hingewiesen, dass den *gerim* auferlegt war, die Gesetze strikt zu beachten, die in der Apostelgeschichte [15,20.29; 21,25] für die heidnischen Anhänger Jesu bestimmt wurden, denen dadurch ein Platz in der Familie Israels (household) gegeben wird. Über die Grenzen von Judentum und Christentum zu sprechen ist viel komplizierter (und interessanter), als wir bisher hätten denken können.

Der Glaube an Jesus war *eine* von vielen sich teilweise überlagernden Formen aus dem Geflecht von Glaubensvollzügen und -überzeugungen, die wir heute Judentum nennen. Es ist jedoch – wie aus jener Zeit ersichtlich – nicht länger nachvollziehbar, dass gerade *dies* die interessanteste und bedeutsamste Differenz unter verschiedenen jüdischen Gruppen ist; – im Gegensatz zu einer Sichtweise unserer

---

die Story (s. Buchtitel!), die *Geschichte des jüdischen Christus* – rekonstruiert als Narrativ vor dem Hintergrund und im Wechselspiel mit dem Subtext der jüdischen Erzähl-Tradition(en) – sehr wohl als impliziter Beitrag dazu bzw. als expliziter Beitrag zur Erzähl-*praxis* verstanden werden (vgl. 27, 41, 65, 90f, 109, 128f, 139, 147f u. ö.), was zu untersuchen und näher auszuführen wäre. – Anm. d. Übers.]

[11] Craig C. Hill, The Jerusalem Church, in: Matt A. Jackson-McCabe (Hg.), Jewish Christianity, Reconsidered: Rethinking Ancient Groups and Texts, Minneapolis: Fortress Press, 2007, [39-59]: 50.

Zeit nach allem, was inzwischen passiert ist. Juden, die Jesus von Nazareth nicht anerkannten, teilten viele Vorstellungen mit Juden, die Jesus anerkannten, darunter Vorstellungen, die heute in jeglicher Hinsicht die absolute Differenz zwischen beiden Religionen, Judentum und Christentum, markieren. Einige dieser Vorstellungen waren den Vorstellungen vom Vater und dem Sohn und sogar der Inkarnation sehr nahe, wenn nicht identisch. Diesem keine Beachtung zu schenken bedeutete, fortgesetzt den theologisch begründeten Anachronismus zu „begehen", Juden (und folglich die jüdischen Jesus-Leute) als mehr oder weniger „jüdisch" zu sehen, *insofern* sie an die Religion – verbale oder gestaltgewordene Handlungen – der Rabbinen heranrücken.

Meine Geschichte handelt von Möglichkeiten, die durch Obrigkeiten abgeschnitten wurden: sowohl durch die christlich-orthodoxen Oberhäupter wie Hieronymus einerseits und die „orthodoxen" – für das Judentum ist dieser Begriff ein Anachronismus und möglicherweise sogar ein Unwort – rabbinischen oder „pharisäischen" Autoritäten andererseits. Was das nochmalige Zurückkommen auf diese Möglichkeiten verheißen könnte, kann nicht vorhergesagt werden. Eine jener unerschütterlichsten Vorstellungen über den absoluten Unterschied zwischen Judentum und Christentum besteht darin, dass es die *Christen* sind, die glauben, dass Jesus Gottes Sohn wäre. So lasst uns unsere Reise hier beginnen.

1 Vom Gottessohn zum Menschensohn

Wer war Jesus? Die übliche Sichtweise ist natürlich, dass „Gottessohn" der maßgebliche Titel für Jesus ist. Durch diesen Titel wird Jesus als Teil der Trinität: Vater, Sohn und Heiliger Geist, gehalten. Wegen seines Seins als Gottessohn wird er als göttlich verehrt; wegen der Gottessohnschaft wurde er angesehen als einer, der dazu bestimmt worden war, geopfert zu werden, damit die Welt erlöst werden sollte. Aber die Dinge liegen nicht ganz so einfach. Zunächst wird interessanterweise der Titel „Gottessohn" im Neuen Testament nicht oft gebraucht, um von Jesus zu sprechen. Bei Paulus ist der viel gebräuchlichere Ausdruck „Herr" [κύριος – Kýrios]. In den Evangelien wird Jesus eher mit dem Titel „Menschensohn" benannt (oder Jesus bezog ihn sogar auf sich selbst). Die meisten Christen, sofern sie überhaupt darüber nachgedacht haben, würden heute meinen, dass durch diesen Titel, Menschensohn, die menschliche Natur Jesu bezeichnet wird, während der Titel „Gottessohn" sich auf seine göttliche Natur bezieht. Dies war tatsächlich die Interpretation der meisten Kirchenväter. Eine neue Bibelübersetzung, die so genannte Common English Bible, ging so weit, „Menschensohn" mit „ein Mensch" (a human one) zu übersetzen. In diesem Kapitel will ich zeigen, dass im Evangelium nach Markus *geradezu* das Gegenteil der Fall war: „Gottessohn" bezog sich auf den König Israels, den irdischen König des Davidsthrons, während sich „Menschensohn" auf eine himmlische Figur und mitnichten auf ein menschliches Wesen bezog.

Der Titel „Menschensohn" bezeichnete Jesus als einen Teil Gottes, während der Titel „Gottessohn" seinen Status als König Messias anzeigte. Aber was ist der Messias, und wie verhält sich dies[e Bedeutung] zum Christus? In Wahrheit waren sie genau dasselbe oder in jedem Fall dasselbe Wort. *Messias* (im Hebräischen „Maschiach" ausgesprochen) bedeutet „ein Gesalbter", nicht mehr und nicht weniger, und *Christos* ist einfach eine griechische Übersetzung desselben Wortes und meint ebenfalls „ein Gesalbter". Wie das Evangelium nach Johannes uns geradeheraus sagt: „Der [Andreas] findet zuerst seinen Bruder Simon und spricht zu ihm: Wir haben den Messias gefunden, das heißt übersetzt: der Christus." (Joh 1,41)*

---

* In dieser Weise haben die meisten Übersetzer den Ausdruck [χριστός] übertragen: als ein jüdisch-griechisches Äquivalent von *Messias*; und es scheint mir korrekt. – Einige jüngere Übersetzer übersetzen es wortwörtlich als „Gesalbter", was nicht den Aussagewert hat, den der Ausdruck im Hebräischen im ersten Jahrhundert hatte, geschweige denn im Griechischen. – [Vgl. die Vulgata: inveminus Messiam quod est interpretatum *Christus*. Luther übersetzte hier „Gesalbter"; – Erg. d. Übers.]

Der Messias Gottessohn als menschlicher König

Der Grund, dass der König Messias genannt wurde, lag darin, dass er wortwörtlich mit Öl gesalbt wurde anlässlich seiner Übernahme des Königtums. Eines der besten Beispiele des Inthronisationsritus findet man im Buch Samuel:

> Da nahm Samuel den Krug mit Öl und goss es auf sein Haupt und küsste ihn und sprach: Siehe, der HERR hat dich zum Fürsten über sein Erbteil gesalbt. (1. Sam 10,1)

Samuel goss einen Krug mit Öl auf dem Haupt Sauls aus und nannte ihn dann ausdrücklich König von Israel. Dieser König von Israel wurde von Gott bestimmt, der Gebieter Israels zu sein, charismatisch zu sein und Israel vor Gott zu vertreten. Durch das Medium des Propheten Samuel salbte Gott selbst Saul mit dem Öl, damit er König über sein Erbteil Israel sei. Der König wird deshalb in der Hebräischen Bibel als der von JHWH Gesalbte oder der Maschiach [Messias] JHWHs bezeichnet. Andere israelitische Könige, die beschrieben werden als solche, die bei ihrem Antritt des Königtums mit Öl gesalbt wurden, sind u. a. David (1. Sam 16,3), Salomo (1. Kön 1,34), Jehu (1. Kön 19,16), Joasch (2. Kön 11,12) und Jehoahaz [Joahas] (2. Kön 23,30). Wie durch den Vorsitzenden der Katholischen Bibelwissenschaftler in den Vereinigten Staaten, Joseph Fitzmyer, SJ, herausgestellt wurde, bedeutet dieser Brauch nirgendwo in der Hebräischen Bibel etwas anderes als die außerordentlich enge Beziehung zwischen dem König Israels und dem Gott Israels. In keiner dieser Belegstellen ist an einen ersehnten oder künftigen göttlichen König gedacht.[1] Der Ausdruck Maschiach bedeutet in der Hebräischen Bibel durchweg einen historisch wirklich regierenden, menschlichen König Israels. Nicht mehr und nicht weniger. Der „Fürst" des 1. Samuelbuches Saul entwickelte sich (nicht ohne Kampf) zu einem vollkommenen Monarchen der Daviddynastie während der Königszeit, und der Ausdruck „Gesalbter JHWHs" (Messias, Christos [in der Septuaginta/LXX]) ist einer seiner Titel.

Der Umstand, dass der Messias in der Hebräischen Bibel stets einen gegenwärtig regierenden, historischen König meint, ist besonders bezeichnend, wenn wir die folgenden Verse bedenken:

> ² Die Könige der Erde lehnen sich auf, und die Herren halten Rat miteinander wider JHWH und seinen Gesalbten (seinen Messias). ... ⁶ »Ich aber habe meinen König eingesetzt auf meinem heiligen Berg Zion.« ⁷ Kundtun will ich den Ratschluss JHWHs. Er hat zu mir gesagt: »Du bist mein Sohn, heute habe ich dich gezeugt.« (Ps 2,2.6f)

Der gesalbte, irdische König Israels wird durch Gott als sein Sohn adoptiert; der Sohn Gottes ist daher der regierende, gegenwärtig lebende König Israels. „Heute

---

[1] Joseph Fitzmyer, The One Who Is to Come, Grand Rapids, MI: Eerdmans, 2007, 9. Ich habe viel aus Fitzmyers Darstellung für dieses Kapitel entnommen.

habe ich dich gezeugt" bedeutet: Heute bist du inthronisiert worden.[2] Gegen irgendeinen wörtlichen Sinn, demzufolge der König als Gottes Sohn und göttlich aufgefasst wurde, spricht das Wort „heute", das anscheinend lediglich auf den Tag seiner Thronbesteigung deuten dürfte. Eine andere Situation im Buch der Psalmen, wo wir den König als Gottes Sohn antreffen, findet sich in den schwierigen Versen des Psalms 110 (dieselben Verse, die auch zum Bild des erhöhten, zur Rechten der Macht sitzenden Christus beigetragen haben [Mk 14,62]). In diesem Psalm lesen wir: „Im heiligen Glanz, vom Mutterleibe, von der Morgendämmerung an hast du den Tau, womit ich dich gezeugt habe." [Ps 110,3 bei Boyarin][*]. Dieser Vers ist offenkundig schwierig, und ich werde hier nicht auf die Schwierigkeiten seiner Emendationen [verbessernden Korrekturen] und Interpretationen eingehen; aber eine Sache scheint klar zu sein: Gott sagt hier zum König ebenfalls: „Ich habe dich gezeugt."[3] Das Entscheidende dieser Darlegung ist, dass der Ausdruck „Sohn Gottes" von früh an gebraucht wurde, um den davidischen König ohne irgendwelche Hinweise auf eine Inkarnation der Gottheit im König zu bezeichnen: „Ich werde dir ein Vater sein, und du wirst mir ein Sohn sein." [2. Sam 7,14; vgl. Hebr 1,5] Der König steht tatsächlich in sehr innigem Verhältnis zu Gott und ist eine hochheilige Person – aber nicht Gott. Das Königtum ist dem Davidsthron auf ewig verheißen.

Es ereignete sich jedoch etwas ziemlich Dramatisches und Tragisches in der Geschichte des Volkes Israel. Während des 6. Jh. v. Chr. wurde das Königtum des von Gott Gesalbten in Jerusalem zerstört, und die davidische Erbfolge ging unter. Wie die Geschichte in 2. Kön 25 erzählt wird, hatte Nebukadnezar nach einer Belagerung 597 v. Chr. Zedekia als tributpflichtigen König von Juda eingesetzt. Zedekia revoltierte jedoch gegen Babylon. Nebukadnezar antwortete mit einer Invasion in Juda und begann die Belagerung Jerusalems im Januar 589 v. Chr. Im Jahr 587 v. Chr., dem elften Jahr der Herrschaft Zedekias, durchbrach Nebukadnezar die Mauern Jerusalems und eroberte die Stadt. Zedekia und seine Anhänger versuchten zu fliehen, wurden auf den Ebenen Jerichos [im Jordantal, 2. Kön 25,5] gefangen genommen und nach Ribla gebracht. Hier wurde er, nachdem er seine Söhne tot [V. 7: ihre Erschlagung; – Ergg. d. Übers.] gesehen hatte, geblendet, gefesselt und gefangen nach Babylon gebracht, wo er als Gefangener bis zu seinem Tode blieb. Nach dem Fall Jerusalems wurde der Feldhauptmann Nebusaradan [VV. 8ff] ausgesandt, um die Zerstörung der Stadt zu vollenden. Jerusalem wurde geplündert

---

[2] Gewiss: die Person des Königs hat eine sakrale Qualität und darüber hinaus, wie wir im Falle Sauls selbst sehen, sogar ein ekstatisches oder prophetisches Ausmaß. (Gehört Saul zu den Propheten?)

[*] [Vgl. Luther: „Wenn du dein Heer aufbietest, wird dir dein Volk willig folgen in heiligem Schmuck. Deine Söhne werden dir geboren wie der Tau aus der Morgenröte." – Anm. d. Übers.]

[3] Zur Diskussion siehe A. Y. Collins und J. J. Collins, King and Messiah as Son of God: Divine, Human, and Angelic Messianic Figures in Biblical and Related Literature, Grand Rapids, MI: W. B. Eerdmans, 2008, 16-19.

und Salomos Tempel zerstört. Die Mehrzahl der Elite wurde in die Gefangenschaft nach Babylon weggeführt. Die Stadt wurde bis auf die Grundmauern geschleift. Einigen Israeliten wurde erlaubt zu bleiben, um das Land zu bestellen.

Das Volk – und besonders seine Führerschaft – ging in das Exil nach Babylon; und selbst als ihnen erlaubt wurde zurückzukehren – weniger als ein Jahrhundert später – gab es kein davidisches Königtum mehr und keinen prächtigen König, der in Jerusalem herrschte. Das Volk betete für einen solchen König, der abermals über sie herrschen sollte, und für die Wiederherstellung dieser irdischen Majestät. Das ist allerdings immer noch ein irdischer und wirklicher König, um den das Volk durch die Hebräische Bibel hindurch betet; für die Restauration des Hauses David, wie es vor dem Exil bestand. Mit diesem Gebet um einen abwesenden König, für einen neuen König des Hauses David, wurde hingegen der Same der Vorstellung eines verheißenen Erlösers gelegt, eines neuen Königs David, den Gott am Ende der Tage senden würde. Diese Idee sollte zur Zeit des Zweiten Tempels verwirklicht werden.

Wenn Markus ganz zu Anfang seines Evangeliums schreibt: „Dies ist der Anfang des Evangeliums von Jesus Christus, dem Sohn Gottes" [Mk 1,1], bedeutet Sohn Gottes der menschliche Messias, indem er den alten Titel für den König des Hauses David verwendet. Wenn Markus ihn andererseits im zweiten Kapitel des Evangeliums als „Menschensohn" bezeichnet, weist er auf die göttliche Natur des Christus hin. Dies erscheint als ein Paradox: der Name Gottes wird für Jesu menschliche Natur gebraucht, der Name des „Menschen" für seine göttliche Natur. Wie kam es dazu? Dieses Kapitel beginnt die Frage zu beantworten, wie Jesus von monotheistischen Juden als Gott verstanden wurde, indem es die Geschichte des Menschensohnes erzählt.

Der Menschensohn als göttlicher Erlöser

Als die Erwartung auf die Wiedereinsetzung des davidischen Königs wuchs, entwickelten sich in Israel auch andere Vorstellungen von Erlösung. Im siebten Kapitel des Buches Daniel, geschrieben ca. 161 v. Chr., finden wir eine bemerkenswerte apokalyptische Erzählung. *Apokalypse* ist ein Wort griechischer Herkunft, das „Offenbarung" bedeutet (das neutestamentliche Buch, das wir Offenbarung nennen, ist auch als Apokalypse bekannt). In der Regel haben die Dinge, die offenbart werden, in der Apokalypse mit dem Ende der Tage zu tun: mit dem, was am Ende der Zeit und am Ende der Welt geschehen wird. Das Buch Daniel ist eine der frühesten Apokalypsen, die je geschrieben wurden. Indem es seine Grundlinien von dem Propheten Hesekiel bezieht, beschreibt es himmlische Visionen des Propheten Daniel. Das Buch wurde [also] irgendwann während des 2. Jh. v. Chr. geschrieben und wurde eines der einflussreichsten Bücher im heutigen Judentum, einschließlich – vielleicht sogar besonders – in seinem christlichen Zweig.

In diesem bemerkenswerten Text finden wir den Propheten Daniel, der eine Vision hat, in der es zwei göttliche Gestalten gibt: eine, die als ein alter Mann beschrieben wird, ein Alter der Tage, der auf dem Thron sitzt. Uns wurde allerdings berichtet, dass sich dort mehr als ein Thron befindet, und tatsächlich wird eine zweite göttliche Gestalt, in ihrem Äußeren „wie ein menschliches Wesen", auf den Wolken des Himmels gebracht und vom Alten der Tage in einer Zeremonie eingekleidet, sehr ähnlich der Übergabe der Fackel vom älteren König an den jüngeren in der alten nahöstlichen Königszeremonie und der Übergabe der Fackel von den älteren Göttern an die jüngeren in ihren Mythen: „13 Ich sah in diesem Gesicht in der Nacht, und siehe, es kam einer mit den Wolken des Himmels wie eines Menschen Sohn und gelangte zu dem, der uralt war – dem Alten der Tage –, und wurde vor ihn gebracht. 14 Der gab ihm Macht, Ehre und Königreich, dass ihm alle Völker und Leute aus so vielen verschiedenen Sprachen dienen sollten. Seine Macht ist ewig und vergeht nicht, und sein Königreich hat kein Ende." [Dan 7,13f]

Wir können nunmehr hier eine Vorstellung von Erlösung sehen, die sehr verschieden ist von der Erwartung einer Wiedereinsetzung eines davidischen Königs auf den Thron Jerusalems. Was dieser Text entwirft, ist eine zweite göttliche Figur, der die ewige Herrschaft über die gesamte Welt gegeben werden wird: über eine wiederhergestellte Welt, in der seine ewige königliche Führung und Herrschaft gleichermaßen in vollständiger und endgültiger Übereinstimmung sein wird mit dem Willen des Alten der Tage. Obgleich diese Erlösergestalt nicht der Messias genannt wird – dieser Name für ihn wird bis zu späteren Überlegungen zu dieser danielschen Vision warten müssen, wie wir unten sehen werden –, bringt uns dies in die Nähe wenigstens einiger entscheidender Merkmale der Figur, die später der Messias oder der Christus genannt wurde.

Was sind diese Merkmale?

- Er ist göttlich.
- Er erscheint in menschlicher Gestalt.
- Er kann sehr gut beschrieben werden als eine Gottheit, die jünger aussieht als der Alte der Tage.
- Er wird in der Höhe inthronisiert werden.
- Er wird ausgestattet mit Macht und Herrschaft, sogar Hoheitsgewalt auf Erden.

Alle diese Merkmale sind Eigenschaften von Jesus dem Christus, wie er in den Evangelien erscheinen wird; und sie erscheinen in diesem Text mehr als anderthalb Jahrhunderte vor der Geburt Jesu. Darüber hinaus haben sie sich inmitten der jüdischen Traditionen zwischen dem Danielbuch und den Evangelien entwickelt. An einem gewissen Punkt mischten sich diese Traditionen in den jüdischen Vorstellungen mit der Erwartung einer Rückkehr eines davidischen Königs; und die Idee eines göttlich-menschlichen Messias war geboren. Diese Gestalt wurde dann „Menschensohn" genannt in Anspielung auf seine Ursprünge in der göttlichen Figur mit Namen „Einer wie ein Sohn des Menschen/ein menschliches Wesen/ein Mensch" bei Daniel. Anders gesagt, ein Gleichnis: ein Gott, der wie ein menschliches Wesen aussieht (wörtlich: Sohn des Menschen), wurde der Name für diesen Gott, der jetzt „Menschensohn" genannt wird, ein Hinweis auf seine menschlich erscheinende Göttlichkeit. Die einzig plausible Erklärung des „Menschensohnes" ist die Leo Baecks, des großen jüdischen Theologen und Gelehrten des letzten Jahrhunderts, der schrieb: „Wann immer in den späteren Schriften ‚jener Menschensohn', ‚dieser Menschensohn' oder ‚der Menschensohn' erwähnt wird, ist es ein Zitat von Daniel, das gerade spricht."[4]

Dieser zweifache Hintergrund erklärt vieles von der Komplexität der Traditionen um Jesus herum. Insofern ist es nicht verwunderlich, dass – als ein Mann kam, der diese Merkmale beanspruchte und in verschiedener Hinsicht zu ihnen passte – viele Juden glaubten, er wäre genau derjenige, den sie erwarteten. (Es ist ebenso kein Wunder, dass viele eher skeptisch waren.)

Es gab viele Varianten der Traditionen rund um diese Gestalt in den Evangelien selbst und in anderen frühen jüdischen Texten. Einige Juden hatten diesen Erlöser als einen Menschen erwartet, der zu göttlichem Stand erhoben worden sei, während andere eine Gottheit erwarteten, die auf die Erde kommen und menschliche Gestalt annehmen sollte; einige an Jesus Glaubende meinten, der Christus wäre als ein gewöhnlicher Mensch geboren und zu göttlichem Stand erhoben worden, während andere glaubten, er sei eine Gottheit gewesen, die auf Erden gekommen sei. Auf die eine oder andere Art gelangen wir zu einer zweifachen Gottheit (doubled godhead) und einer menschlich-göttlichen Kombination als der erwartete Erlöser.* Die Verbindungen zwischen den älteren Ideen vor Jesus hinsichtlich des Messias/Christus und jenen, die Jesus für sich beanspruchen sollte, sind somit in der Tat sehr eng.

Wer ist der Menschensohn?

Jesus spricht bekanntermaßen von sich selbst mittels dieses geheimnisvollen Ausdrucks „der Menschensohn". Ströme von Tinte sind geflossen und ganze Wälder zu Papier geworden, damit Menschen weiter darüber räsonieren konnten, was dies bedeutet.[5] Hinsichtlich der Bedeutung sagten einige, diese beziehe sich auf Jesu menschliche Natur, während andere sagten, dieser beziehe sich auf Jesu göttliche

---

[4] Leo Baeck, Judaism and Christianity: Essays, Philadelphia: Jewish Publication Society of America, 1958, 28f.

* In diesen Ideen liegt der Same, der letztendlich in den Dogmen der Trinität und Inkarnation in all ihren späteren Variationen aufsprossen sollte: Variationen, die gleichermaßen vom griechischen philosophischen Denken beeinflusst waren; dennoch wurden die Samen durch die jüdischen apokalyptischen Schriften gesät.

[5] Einen guten Überblick gibt Delbert Royce Burkett, The Son of Man Debate: A History and Evaluation (Society for New Testament Studies: Monograph series [MSSNTS/SNTSMS] 107), Cambridge: Cambridge University Press, 1999 [Nachdr. 2007; – vgl. auch die Literaturliste im Geleitwort 14 Anm. 4; – Anm. d. Übers.].

Natur. Im Mittelalter wurde dies als Ausdruck der Demut Jesu aufgefasst, später jedoch verstanden als ein derart deutliches Zeugnis einer verdächtigen blasphemischen Arroganz, dass viele Gelehrte behaupteten, sämtliche „Menschensohn"-Sprüche seien Jesus nach seinem Tod in den Mund gelegt worden. Einige vertraten die Auffassung, dass der Ausdruck zu einer ursprünglich himmlischen männlichen Gestalt Bezug nahm und mit der persischen Religion verknüpft war, während andere gänzlich verneinten, dass es dort überhaupt je eine solche Gestalt gegeben hätte. All das summierte sich zu dem, was nun seit Generationen das „Menschensohn"-Problem genannt worden ist.

Als Jesus auftrat, durch Galiläa wanderte und sich selbst als der Menschensohn proklamierte, fragte niemand jemals: „Was ist überhaupt der Menschensohn?" Sie wussten – ob sie seinem Anspruch glaubten oder nicht –, worüber er sprach: mehr als moderne Menschen in vielen Teilen der Welt jemanden verstehen würden, der sagt: „Ich bin der Messias." Aber es gibt hierbei einen verwirrenden Umstand, weil der Ausdruck [Menschensohn] in jeder antiken Sprache, mit der wir es zu tun haben, sehr seltsam klingt – im Hebräischen, Aramäischen und Griechischen.

Der *christologische* Gebrauch des Ausdrucks „der Menschensohn" als ein Name für eine bestimmte Gestalt ist im Hebräischen und Aramäischen im gewöhnlichen Sprachgebrauch unverständlich. In jenen semitischen Sprachen ist es ein gewöhnliches Wort, das „menschliches Wesen/Mensch" bedeutet; im Griechischen bezeichnet er – bestenfalls: jemandes Kind. Man könnte dann denken, dass – als Jesus sich selbst als Menschensohn bezeichnete – die Aramäisch Sprechenden ihn als einen vernommen hätten, der sich selbst einen Menschen (eine Person/ein Individuum) nennt. Allerdings erlaubt der Kontext bei Markus es uns nicht, den Gebrauch des Ausdrucks durch Jesus lediglich im Sinne eines menschlichen Wesens zu interpretieren. Es würde schwer fallen, die Verse von Markus 2 (die später in diesem Kapitel diskutiert werden) in dem Sinne auszulegen, dass irgendein beliebiger Mensch die Vollmacht besäße, Sünden gegen Gott zu vergeben, oder dass irgendeine Person der Herr über den Sabbat wäre.

Die Bezeichnung eines Individuums als Menschensohn muss daher historisch und literarisch erklärt werden. Sie ergibt nur einen Sinn, wenn „der Menschensohn" in der Welt des Schreibers und der Schriftzeichen bei Markus ein bekannter und anerkannter Titel gewesen ist. Woher kam dieser Titel? All seine Verwendungen müssen eine Anspielung auf das Schlüsselkapitel im Buch Daniel gewesen sein.

Ein Großteil der neutestamentlichen Wissenschaft hat mit der Annahme in die Irre geführt, dass der Ausdruck „Menschensohn" einzig auf das Kommen Jesu auf den Wolken bei der *parousia* [Wiederkunft/Parusie] Bezug nähme: auf Jesu erwartetes Wiedererscheinen auf Erden. Dies hat in der Literatur zu reichlicher Verwirrung geführt, weil es in dieser Sicht schwer vorstellbar scheint, wie der lebendige, atmende Jesus – nicht erst der in den Himmel erhobene oder auf die Erde zurückkehrende Christus – *sich selbst* als Menschensohn bezeichnen könnte, wie er es mit Sicherheit an einigen Stellen bei Markus und in anderen Evangelien zu tun scheint. Dieses Problem kann indes gelöst werden, wenn wir den Menschensohn nicht als eine einzelne Stufe der Christuserzählung verkörpernd denken, sondern als Bezeichnung der Hauptfigur der ganzen Geschichte: Jesus der Christus, Messias, Menschensohn.

Es wurde häufig erwogen, dass die Bezeichnung Menschensohn sich alleinig auf den Messias (den Christus) zur Zeit seiner Erhöhung und danach bezieht. Die Hohenpriester fragen Jesus in Mk 14,61f: „Bist du der Christus, der Sohn des Hochgelobten?" Jesus aber sprach: „Ich bin's; und ihr werdet sehen den Menschensohn sitzen zur Rechten der Kraft und kommen mit den Wolken des Himmels." Man kann aus diesem Vers leicht entnehmen, dass Jesus den Titel Menschensohn einzig dazu benutzt, um sich auf den Augenblick zu beziehen, in dem man ihn mit den Wolken des Himmels kommen sieht. Wenn jetzt der Menschensohn – so die Argumentation – der Messias (der Christus) ist, der zur Rechten der Kraft sitzt und mit den Wolken des Himmels kommt: wie könnte der Titel „Menschensohn" durch Jesus verwendet worden sein, um sein irdisches Leben zu bezeichnen? Die Wissenschaft musste dann große Anstrengungen unternehmen, um zu definieren, welche der Menschensohn-Sprüche Jesus gesagt haben könnte, gesagt hätte oder gesagt hat, und welche durch die Frühe Kirche – Jünger oder Evangelisten – hinzugefügt und ihm in den Mund gelegt wurden. Wenn wir hingegen verstehen, dass die Bezeichnung Menschensohn sich nicht auf einen einzelnen Abschnitt in der Erzählung (narrative)[*] über Jesus – seine Geburt, Inkarnation, Herrschaft auf Erden, Tod, Auferstehung oder Erhöhung – bezieht, vielmehr auf alle diese zusammen, dann werden diese Probleme gänzlich vermieden. Wenn Jesus (sei es der „historische" Jesus, sei es der in den Evangelien dargestellte) glaubte, dass er der Menschensohn wäre, so glaubte er es vom Anfang bis zum Ende der Geschichte, nicht nur zu *einem* Zeitpunkt in ihr. Der Menschensohn ist der Name einer Erzählung und ihr Protagonist.

Diese Erzählung (narrative) – die Erzählung, die Jesus verstand, selbst zu verkörpern – erwächst aus der Auslegung der Geschichte (story) des „Einen wie ein Menschensohn" im Buch Daniel. In Daniel 7 finden wir den folgenden Bericht der nächtlichen Vision des Propheten:

> 9 Ich sah, wie Throne aufgestellt wurden, und einer, der uralt war – der Alte der Tage –, setzte sich. Sein Kleid war weiß wie Schnee und das Haar auf seinem Haupt rein wie Wolle; Feuerflammen waren sein Thron und dessen Räder loderndes Feuer. 10 Und von ihm ging aus ein langer feuriger Strahl. Tausendmal Tausende dienten ihm, und zehntausendmal Zehntausende standen vor ihm. Das Gericht wurde gehalten, und die Bücher wurden aufgetan. ...
> 13 Ich sah Gesichte in der Nacht, und siehe, es kam einer mit den Wolken des Himmels wie eines Menschen Sohn [ein menschliches Wesen; – D. B.] und gelangte zu dem, der uralt war – dem Alten der Tage –, und wurde vor ihn gebracht. 14 Der gab ihm Macht,

---

[*] [Zum Verhältnis von Geschichte (story) und Erzählung/Narrativ (narrative) vgl. 39 Anm. [*]; – Anm. d. Übers.]

Ehre und Königreich, dass ihm alle Völker und Leute aus so vielen verschiedenen Sprachen dienen sollten. Seine Macht ist ewig und vergeht nicht, und sein Königreich hat kein Ende. [Dan 7,9f.13f]

In dieser prophetischen Erzählung (narrative) sehen wir zwei göttliche Figuren: eine ist offensichtlich als ein Alter gezeichnet, und eine, die das Aussehen eines jungen menschlichen Wesens hat. Der jüngere hat seinen eigenen Thron (deshalb gibt es von Anfang an mehr als einen aufgestellten Thron), und er wird durch den älteren mit Herrschaft, Ehre und Königtum über alle Völker der Erde ausgestattet; nicht das allein, es wird ein Königtum für und für sein. Dies ist die Vision, die – als die Zeit erfüllt war – die Geschichte vom Vater und dem Sohn werden wird.

Von den frühesten Schichten der Interpretation bis direkt in die Moderne haben manche Interpreten den „Einen wie ein Menschensohn" für ein Symbol eines Kollektivs, namentlich der frommen Israeliten zur Zeit des makkabäischen Aufstands gehalten, als das Buch Daniel vermutlich geschrieben wurde.[6] Andere Ausleger haben darauf bestanden, dass der „[Eine wie ein] Menschensohn" eine zweite göttliche Figur neben dem Alten der Tage wäre und kein allegorisches Symbol des Volkes Israel. Bei Aphrahat, dem persischen Kirchenvater des 4. Jh., finden wir den folgenden Angriff auf die Interpretation (vermutlich von Juden), die in dem „Einen wie ein Menschensohn" das Volk Israel erkannte: „Haben etwa die Israeliten das Reich des Erhabenen empfangen? Das sei fern! Ist etwa jenes Volk auf Wolken des Himmels gekommen?" (Demonstratio [Homilie/Unterweisung] 5,21) Aphrahats Argument ist exegetischer Natur und ganz nah an der Sache. Wolken – als auch das Fahren auf oder mit Wolken – sind die gebräuchlichen Attribute der biblischen göttlichen Erscheinungen, der von den Gelehrten so genannten Theophanien (griechisch für „Gotteserscheinungen").[7] J. A. Emerton hat es auf den Punkt gebracht: „Der Akt des Kommens mit den Wolken deutet auf eine Theophanie

---

[6] Zur Literatur, die diese Sicht unterstützt, siehe John J. Collins, The Son of Man and the Saints of the Most High in the Book of Daniel, Journal of Biblical Literature [JBL] 93,1 (März 1974), 50 Anm. 2. Seiner Meinung nach ist der Eine wie ein Menschensohn – Michael. Er vertritt Israel als sein himmlischer „Fürst" ganz explizit in den Kapiteln 10-12. Collins ist demnach anderer Meinung als ich, wenn er glaubt, dass die [angelisch-repräsentative] Interpretation in Dan 7 ihn überhaupt nicht zurückstuft [vgl. aber 60 Anm. 27! – Erg. d. Übers.]. Sowohl in Dan 7 als auch in Dan 10-12 wird laut Collins die Wirklichkeit auf zwei Ebenen beschrieben. Ich möchte nur bemerken, dass Collins' Interpretation keineswegs unmöglich ist, aber ich bevorzuge gleichwohl die Interpretation, die ich im Text dargelegt habe – aus Gründen, die ich sehr klar in meinem Artikel in der Harvard Theological Review [s. 52 Anm. * (am Ende)] herausgearbeitet habe, als auch aus Gründen der relativen Unkompliziertheit.
[Im Folgenden wird zitiert aus: Aphrahat, Unterweisungen, übers. von P. Bruns, 2 Bde. (Fontes Christiani 5/1-2: 5/1), Freiburg: Herder, 1991, 173; vgl. Aphrahat: Demonstrationes 5 (engl.) unter http://www.newadvent.org/fathers/370105.htm (09.07.2013); – Anm. d. Übers.]

[7] Louis Francis Hartman und Alexander A. Di Lella, The Book of Daniel, übers. v. L. F. Hartman (The Anchor Bible [23]), Garden City, NY: Doubleday, 1978, 101. Sie selbst führen an: Ex 13,21; 19,16; 20,21; Dtn 5,22, 1. Kön 8,10 und Sir 45,4.

Jahwes selbst hin. Wenn Dan 7,13 sich nicht auf ein göttliches Wesen bezieht, dann wäre dies die einzige Aussage von etwa 70 Stellen im A[lten] T[estament]."[8] Es ist beinahe unmöglich, die Erzählung (narrative) von der Aufstellung zweier Throne hier, von dem Erscheinen des Alten der Tage auf einem von ihnen und das Kommen des Einen wie ein Menschensohn zu ihm unter Absehung der Geschichten der Investitur jüngerer Götter durch ihre älteren, der nahen Götter durch die transzendenten zu lesen.* Einige moderne Gelehrte unterstützen unzweideutig Aphrahat. Wie es der Neutestamentler Matthew Black unverblümt sagt: „Dies bedeutet in der Tat, dass Dan 7 zwei Gottheiten kennt, das Haupt der Tage und den Menschensohn."[9] Diese zwei Gottheiten sollten im Laufe der Zeit schließlich die ersten beiden Personen der Trinität werden.

---

[8] J. A. Emerton, The Origin of the Son of Man Imagery, Journal of Theological Studies [JThSNS/JTSNS] 9,2 (Okt. 1958), [225-242]: 231f.

* Man beachte, dass wenigstens einige der älteren Rabbinen diese Passage ebenfalls als eine Theophanie (als Selbst-Offenbarung Gottes) lasen. Der folgende Abschnitt des Babylonischen Talmuds (5. oder 6. Jh.) zeigt dies klar, und er zitiert ebenso frühere Rabbiner wie er darauf hinweist, dass hier ein wichtiges Detail der Gotteslehre entsteht.

Ein Vers lautet: „sein T h r o n bestand aus Feuerflammen" (Dan 7,9), und ein anderer [Teil des] Vers[es] lautet: „bis T h r o n s e s s e l hingestellt wurden, und ein Hochbetagter [der Alte der Tage] sich niederließ" (Dan 7,9)!? Dies ist kein Widerspruch [keine Schwierigkeit]: Einer [war] für ihn und einer für David.

Es wird nämlich [in einer alten Tradition] gelehrt: Einer für ihn und einer für David – so [die Worte von] R[abbi] Akiba. R[abbi] Jose der Galiläer sprach zu ihm: Akiba, wie lange noch wirst du die Göttlichkeit (Schechina) [d. h. Einwohnung, Wohnstatt, i. w. S. Gegenwart Gottes; – Anm. d. Übers.] profanieren!? Vielmehr, einer [der Throne war] für das Recht und einer für die Milde [Gnade, das Erbarmen].

Hat er es [aus seinem Munde] anerkannt oder hat er es nicht anerkannt?

Komm und höre: Einer für das Recht und einer für die Milde – so [die Worte von] R[abbi] Akiba.

[B(abylonischer) T(almud), (Traktat) Chagiga/Festopfer 14a]

[Übersetzung unter Verwendung derer von Lazarus Goldschmidt: Der Babylonische Talmud, 12 Bde., Frankfurt/M.: Jüdischer Verlag im Suhrkamp Verlag, 2002 (Nachdruck d. Ausg. Berlin, Jüdischer Verlag, 1929-1936), Bd. IV, 279f; Text in eckigen Klammern nach D. B.; – Anm. d. Übers.]

Was immer die genaue Interpretation dieses talmudischen Abschnitts ist (ich habe das andernorts ausführlich diskutiert), kann es wenig Zweifel geben, dass beide erwähnten Rabbinen der Auffassung waren, dass die Daniel-Stelle eine Theophanie sei. „Rabbi Akiba" nahm zwei göttliche Gestalten im Himmel wahr, die eine – Gott der Vater, und eine (andere) – ein vergöttlichter König David. Kein Wunder, dass „Rabbi Jose der Galiläer" geschockt war. In einem Artikel in der *Harvard Theological Review* habe ich die Grundlagen für meine Schlussfolgerung dargelegt, dass solches auch die ursprüngliche Bedeutung des Textes war; vgl. Daniel Boyarin, „Daniel 7, Intertextuality, and the History of Israel's Cult", erscheint in Kürze. [Inzwischen erschienen in der Harvard Theological Review [HTR] 105,2 (2012), 139-162, online unter: http://de.scribd.com/doc/151739614/Daniel-7-Intertextuality-and-the-History-of-Israel's-Cult-Daniel-Boyarin-2012 (07.08.2013); – Erg. d. Übers.]

[9] Matthew Black, The Throne-Theophany, Prophetic Commission, and the "Son of Man", in: Robert G. Hamerton-Kelley/Robin Scroggs (Hgg.): Jews, Greeks, and Christians: Religious Cultures in Late Antiquity (Essays in Honor of William David Davies [Studies in Judaism in late antiquity (SJLA) 21]), Leiden: E. J. Brill, 1976, [57-73]: 61.

Diese klare und offensichtlich richtige Interpretation schiene jedoch in der Fortsetzung des Textes Dan 7 selbst Lügen gestraft zu werden:

> 15 Ich, Daniel, war entsetzt, und dies Gesicht erschreckte mich. 16 Und ich ging zu einem von denen, die dastanden, und bat ihn, dass er mir über das alles Genaueres berichtete. Und er redete mit mir und sagte mir, was es bedeutete [*pescher* (פֶּשֶׁר / פְּשַׁר Deutung, Auslegung)]. 17 „Diese vier großen Tiere sind vier Königreiche, die auf Erden kommen werden. 18 Aber die Heiligen des Höchsten werden das Reich empfangen und werden's immer und ewig besitzen." 19 Danach hätte ich gerne Genaueres gewusst über das vierte Tier, das ganz anders war als alle andern, ganz furchtbar, mit eisernen Zähnen und ehernen Klauen, das um sich fraß und zermalmte und mit seinen Füßen zertrat, was übrig blieb; 20 und über die zehn Hörner auf seinem Haupt und über das andere Horn, das hervorbrach, vor dem drei ausfielen; und es hatte Augen und ein Maul, das große Dinge redete, und war größer als die Hörner, die neben ihm waren.
> 21 Und ich sah das Horn kämpfen gegen die Heiligen, und es behielt den Sieg über sie, 22 bis der kam, der uralt war – der Alte der Tage –, und Recht schaffte den Heiligen des Höchsten und bis die Zeit kam, dass die Heiligen das Königreich empfingen. 23 Er sprach: „Das vierte Tier wird das vierte Königreich auf Erden sein; das wird ganz anders sein als alle andern Königreiche; es wird alle Länder fressen, zertreten und zermalmen. 24 Die zehn Hörner bedeuten zehn Könige, die aus diesem Königreich hervorgehen werden. Nach ihnen aber wird ein anderer aufkommen, der wird ganz anders sein als die vorigen und wird drei Könige stürzen. 25 Er wird den Höchsten lästern und die Heiligen des Höchsten vernichten [aufreiben, erschöpfen (wear out); – D. B.] und wird sich unterstehen, heilige Festzeiten und das Gesetz zu ändern. Sie werden in seine Hand gegeben werden eine Zeit und zwei Zeiten und eine halbe Zeit.
> 26 Danach wird das Gericht gehalten werden; dann wird ihm seine Macht genommen und ganz und gar vernichtet werden. 27 Aber das Königreich und die Macht und die Gewalt über die Königreiche unter dem ganzen Himmel wird dem Volk der Heiligen des Höchsten gegeben werden, dessen [deren; – D. B.] Königreich ewig ist, und alle Mächte werden ihm [ihnen; – D. B.] dienen und gehorchen." 28 Das war das Ende der Rede. Aber ich, Daniel, wurde sehr beunruhigt in meinen Gedanken, und jede Farbe war aus meinem Antlitz gewichen; doch behielt ich die Rede in meinem Herzen. [Dan 7,15-28]

Jene Juden, die Aphrahats Opponenten waren, mochten damals klar entgegnet haben: „Ist ein himmlisches Wesen oder ein jüngerer Gott etwa der Unterdrückung durch einen seleukidischen König unterworfen, der ihn zwänge, seine Feiertage und sein Gesetz für dreieinhalb Jahre zu verlassen? Absurd! Der Menschensohn muss ein Symbol für die Kinder Israels sein!"

Beide Seiten dieses Arguments sind richtig. Wie wir gerade gesehen haben, scheint Daniels Vision selbst zu erfordern, dass wir „den Einen wie ein Menschensohn" als eine zweite göttliche Gestalt verstehen. Die Entschlüsselung der Vision durch den Engel am Ende des Kapitels scheint gleichermaßen deutlich „den Einen wie ein Menschensohn" als eine kollektive irdische Figur, Israel oder den Gerechten Israels, zu interpretieren. Kein Wunder, wenn sich die Kommentatoren stritten. Der Text selbst scheint ein Haus zu sein, das wider sich selbst streitet. Die Antwort auf dieses Rätsel liegt darin, dass der Autor des Danielbuches, der Daniels Vision selbst aus einer Zeit vor ihm [d. h. dem Autor des Danielbuches] (übernommen) hatte, das alte Zeugnis eines Gottes, der (nicht einzig, sondern) ein Mehr-als-ein-

einziger-Gott war, unterdrücken wollte, indem er dazu eine Allegorie benutzte. In diesem Sinn war die theologische Kontroverse, die wir zwischen Juden und Christen existierend glaubten, bereits eine innerjüdische Kontroverse lange vor Jesus.

Frühere jüdische Leser mochten ebenso wie der Kirchenvater Aphrahat darüber nachgedacht haben, dass – weil das Thema des Fahrens auf den Wolken an jeder anderen Stelle des Tenachs (die jüdische Bezeichnung für die hebräische Bibel) ein göttliches Wesen anzeigt – man diese Stelle auch als Offenbarung Gottes lesen könne, eines zweiten Gottes sozusagen. Die Implikation ist natürlich, dass es zwei solche göttliche Figuren im Himmel gibt: die alte Gestalt des Alten der Tage und die junge Gestalt des Einen wie ein Menschensohn.[10] Solche Juden hätten dann erklären müssen, was es für diese Gestalt bedeutet, „eine Zeit und zwei Zeiten und eine halbe Zeit" [Dan 7,25] unter die Macht des vierten Tieres gegeben zu werden. Eine Niederfahrt zur Hölle – oder jedenfalls in das Reich des Todes – für drei Tage wäre eine ausgezeichnete Antwort auf diese Frage.

Der Messias-Christus existierte als eine jüdische Idee, lange bevor das Jesuskind in Nazareth geboren wurde. D. h.: die Idee eines zweiten Gottes als Vizekönig gegenüber Gott dem Vater ist eine der ältesten theologischen Ideen in Israel. Daniel 7 bringt ein Fragment von dem, was möglicherweise die ältesten religiösen Visionen Israels darstellt, die wir finden können, in die Gegenwart. So wie der Anblick einer alten römischen Mauer, die in ein neues Gebäude eingefügt wurde, uns befähigt, das alte Rom in der Gegenwart lebendig und funktionierend zu erleben, so erlaubte dieses Fragment einer alten Überlieferung den Juden – der Jahrhunderte vor Jesus und danach – diese Spur eines alten Mythos in der Gegenwart ihres Lebens mit Leben zu erfüllen.

Der Rest ist, wie man sagt – Evangelium. Aber das Entscheidende ist, dass diese Ideen keinesfalls neu waren zu der Zeit, als Jesus die Bühne betrat. Sie gehören zu den frühesten Vorstellungen über Gott in der Religion der Israeliten, vergleichbar mit der alten Beziehung zwischen den Göttern ʾEl und Baʿal, in der „Baʿal in der leuchtenden Wetterwolke erscheint. ʾEl ist der Transzendente."[11] ʾEl, der alte Himmelsgott aller Kanaanäer (sein Name bedeutete dann einfach „Gott" in der Hebräischen Bibel), war der Gott der Gerechtigkeit, während sein jüngerer Begleiter, von den meisten Kanaanäern Baʿal genannt – nicht jedoch von den Israeliten, die ihn JHWH nannten –, der Gott des Krieges war. In der biblischen Religion wurden diese beiden Gottheiten, um einen perfekteren Monotheismus auszubilden, zu einer verschmolzen, indes nicht nahtlos. Die Israeliten waren ein Teil dieser alten kanaanitischen Gemeinschaft, in gewisser Hinsicht unterschieden durch abwei-

---

[10] Eine Studie zur Allgegenwärtigkeit solcher Muster bei Moshe Idel, Ben: Sonship and Jewish Mysticism (Kogod Library of Judaic Studies [5]), London: Continuum, 2007.

[11] Frank Moore Cross, [ʾEl the Divine Patriarch, in: Ders.,] Canaanite Myth and Hebrew Epic [: Essays in the history of the religion of Israel, I. The Religion of Canaan and the God of Israel, … 2. ʾEl and the God of the Fathers], Cambridge, MA: Harvard University Press, 1973 [= ⁹1997], [39-43]: 43.

chende Gottesvorstellungen, die sie während ihres historischen Daseins entwickelten; doch der Idee einer Dualität innerhalb Gottes war nicht leicht zu entkommen, obgleich ganz bestimmte Führungsgestalten dies durchzusetzen suchten. Ein Gott, der sehr fern ist, schafft – fast unausweichlich – das Verlangen nach einem Gott, der näher ist; ein Gott, der uns richtet, verlangt fast unvermeidlich einen Gott, der für uns kämpft und uns verteidigt (so lange der zweite Gott dem ersten vollständig untergeordnet ist, ist das Prinzip des Monotheismus nicht verletzt).

Das unveränderte Relikt (unreconstructed relic) der religiösen Vergangenheit Israels (wenn nicht ebenso ihrer Gegenwart), das wir in der Theophanie der zwei Throne in Daniel 7 finden, war zweifellos für wenigstens einige Juden in der Antike verstörend, wie für den Autor des Danielbuches im 2. Jh. v. Chr. selbst. Wir wissen, dass andere Juden von ganzem Herzen oder einfach ererbt die Zweiheit des Gottes Israels annahmen (adopted), den Alten der Tage und den jungen, menschlich erscheinenden, auf den Wolken Daherfahrenden. Diese wurden die Vorläufer des Judentums Jesu und seiner Nachfolger.

Die Offenbarung der zwei Throne bei Daniel ruft einen sehr alten Strang in der Religion Israels zurück, einen, in dem scheinbar der ʾEl-hafte Himmelsgott der Gerechtigkeit und der jüngere, auf den Wolken Fahrende, der Wettergott des Krieges, nicht wirklich verschmolzen wurden, wie sie es meist in der Bibel sind.[12] Ich finde es plausibel, dass diese hochbedeutsame Stelle ein Anhaltspunkt für eine religiöse Tradition ist, die die Vorstellung einer Vatergottheit und einer Sohnesgottheit entstehen ließ, die wir in den Evangelien finden.

Wenn wir die Vision der zwei Throne aus dem Zusammenhang von Daniel 7 als Ganzes herausnehmen, finden wir einige entscheidende Elemente: (1) es gibt zwei Throne; (2) es gibt zwei göttliche Gestalten, eine offensichtlich alt und eine offensichtlich jung; (3) die junge Gestalt soll der Erlöser und ewige Herrscher der Welt sein.[13] Es wäre m. E. gewiss nicht falsch zu behaupten, dass selbst wenn die eigentliche Auffassung eines Messias/Christus hier noch nicht präsent ist, so doch die Vorstellung eines göttlich ernannten, göttlichen Königs über die Erde; und dass dies ein großes Potential hat, die Entwicklung der Messias/Christus-Vorstellung im späteren Judentum (das Christentum natürlich eingeschlossen) zu verstehen. Die zweite Gott-Erlöser-Gestalt stammt m. E. aus der früheren Geschichte der Religion Israels. Als der Messias mit der jüngeren göttlichen Figur, die wir in Daniel 7 gefunden haben, kombiniert wurde, wurde es selbstverständlich,

---

[12] Für Leser des modernen Hebräisch wird hier sicher von Interesse sein: Yisraʾel [Israel] Knohl, Me-ʾĀyin Bānu: Ha-Tsōfen Ha-Genēti Shel Ha-Tanākh [Woher wir gekommen sind. Der genetische Code der Bibel], Or Yehudah: Devir, 2008, 102-113. Besonders fesselnd ist seine Idee, dass JHWH durch ein goldenes Kalb repräsentiert wurde, insoweit als er als Sohn ʾEls verstanden wurde, der ein Stier war.

[13] Nach den Rabbinen habe ich nur Sigmund Olaf Plytt Mowinckel, He That Cometh: The Messiah Concept in the Old Testament and Later Judaism, trans. G. W. Anderson, Oxford: B. Blackwell, 1956, 352, gefunden, der diesen Aspekt hinreichend betont; aber natürlich könnte ich wegen der Fülle an Literatur andere übersehen haben (und habe es sicher auch).

ihm den Begriff „Gottessohn" zuzuschreiben. Der Inhaber des einen Throns war der Alte, der Inhaber des anderen die jüngere Figur in menschlicher Gestalt. Der ältere bekleidete den jüngeren mit seiner eigenen Autorität auf Erden für immer, indem er ihm das Zepter übergab. Was konnte dann natürlicher sein, als den alten Gebrauch „Gottessohn" zu übernehmen (adopt), der bereits dem Messias in seiner Rolle als davidischer König Israels beigelegt wurde, und ihn mehr wortwörtlich als ein Zeichen für die ebenbürtige Göttlichkeit des Alten der Tage und des Menschensohns zu verstehen? So wurde der Menschensohn zum Gottessohn, und „Gottessohn" wurde der Name für Jesu göttliche Natur – und all das ohne irgendeinen Bruch mit der alten jüdischen Tradition.

Die Theologie der Evangelien, weit davon entfernt, eine radikale Innovation innerhalb der israelitischen religiösen Tradition zu sein, ist eine höchst konservative Rückkehr zu den ältesten Positionen innerhalb dieser Tradition: zu Positionen, die in der Zwischenzeit weitgehend unterdrückt worden waren – aber nicht gänzlich. Die Identifikation des auf den Wolken Fahrenden mit dem Einen wie ein Menschensohn bei Daniel stellt sowohl diesen Namen als auch das Bild des Menschensohns in den Evangelien zur Verfügung. Daraus folgt, dass die Vorstellungen über Gott, die wir als christlich identifizieren, keine Neuschöpfungen sind, sondern wahrscheinlich aufs innigste mit einigen der ältesten Vorstellungen Israels über Gott verbunden sein dürften. Diese Ideen gehen zum allermindesten zurück auf eine plausible (und bezeugte) Auslegung von Daniel 7 und damit spätestens auf das 2. Jh. v. Chr. Sie könnten sogar ein ganzes Stück älter als dieses sein.

Eine der wichtigsten Quellen, die wir für die ältesten Abschnitte der Religion Israels haben, sind einige epische Texte über die Götter Kanaans, die wir in den archäologischen Ausgrabungen an einem Ort namens Ras Schamra (das antike Ugarit) zu Beginn des 20. Jh. gefunden haben. Diese Epen lassen eine sehr reiche alte kanaanitische Mythologie erkennen, besonders in den wohldurchdachten Geschichten der Götter ʾEl und Baʿal sowie ihrer Rivalen und Begleiter. Da der israelitische Zweig der kanaanitischen Gruppe sich natürlich teilweise über die Ablehnung dieser Mythologie definierte, werden viele der bildlich-symbolischen und erzählerischen Anspielungen, die wir in den Werken der israelitischen Propheten, den Psalmen und anderen biblischen poetischen Texten finden, sehr gut durch einen Vergleich mit diesen alten Texten illustriert. Diese Fragmente von wiederverwendetem, altem epischen Material inmitten der Bibel enthüllen gleichfalls die Existenz einer alten israelitischen Version dieser Epen und der Mythologie, die sie in Szene setzen. Der Gelehrte der Yale Divinity School, J. J. Collins, hat die Hauptpunkte des Vergleichs von Daniel 7 mit kanaanitischen (ugaritischen) Darstellungen hilfreich zusammengefasst.[14] So argumentiert er: „Was bedeutsam ist, ist

---

[14] Collins folgt dabei dem Argument, das ursprünglich von Emerton, Origin (s. Anm. 8), stammte.

das Muster der Beziehungen"¹⁵, namentlich die Tatsache, dass es bei Daniel zwei gottgleiche Gestalten gibt, eine alte und eine junge; die jüngere fährt mit den Wolken daher und empfängt die ewige Herrschaft.¹⁶ Colpe erwähnte besonders „die mythographische Ähnlichkeit zwischen der Beziehung des Alten der Tage und des Menschensohns einerseits und der von 'El und Baʿal andererseits, was zu der weitergehenden Schlussfolgerung passt, dass in der Tradition Israels und Judas älteres Material weiterlebt."¹⁷

Die überzeugendste Rekonstruktion des vorliegenden Belegs zeigt, dass in der alten Religion Israels 'El die allgemein-kanaanitische Hochgottheit war, während JHWH die Baʿal-gleiche Gottheit einer kleinen Gruppe von Südkanaanitern, den Hebräern, war, wohingegen 'El für diese Hebräer in sehr weiter Ferne lag. Als die Gruppen verschmolzen und als Israel auftraten,¹⁸ wurde JHWH, die israelitische Version von Baʿal, dem 'El als dem Hochgott assimiliert, und ihre Eigenschaften verschmolzen weithin in einen zweifachen Gott (doubled god), wobei 'El seine Eigenschaften eines kriegerischen Wettergottes von JHWH erhielt.¹⁹ M. a. W.: Auf diese Weise verschmolzen der alte 'El und JHWH – ein südhebräisches Funktionsäquivalent (nach dem Muster der Beziehungen zwischen 'El und einem jungen

---

15 John J. Collins, Daniel: A Commentary on the Book of Daniel [With an essay "The influence of Daniel on the New Testament" by Adela Yarbro Collins] (Hermeneia [– A Critical and Historical Commentary on the Bible]), Minneapolis: Fortress Press, 1993, 291.

16 Ich habe Collins' ursprüngliche Liste dieser Muster zweifach angepasst: Den Vergleich mit dem Meer habe ich ausgelassen, weil ich glaube, dass die Meeresvision und die Menschensohnvision einst zwei separate Bestandteile waren; und ich habe die Betonung auf die verschiedenen Alter der beiden göttlichen Figuren gelegt, was m. E. für das Verständnis des Beziehungsmusters hier entscheidend ist.

17 Carsten Colpe, Art.: ὁ υἱὸς τοῦ ἀνθρώπου [(in der engl. Ausg. nur:) Ho Huios Tou Anthrōpou; d. h.: Der Menschensohn; griech. Bezeichnung in Transliteration; – Anm. d. Übers.], in: Theological Dictionary of the New Testament [TDNT], vol. 8, Grand Rapids, MI: Eerdmans, 1972, 400-477 [o. S.].
[Vgl. ders.: Art. ὁ υἱὸς τοῦ ἀνθρώπου (s.ob.), Theologisches Wörterbuch zum Neuen Testament (ThWNT/TWNT) 8, Stuttgart [u.a.]: Kohlhammer, 1969, 403-481: 421, ZZ. 11-18: "Trotz solcher Einwände *scheint die kanaanäische Hypothese aber dem wirklichen Sachverhalt bis auf weiteres am nächsten zu kommen*. Die mythographische Ähnlichkeit zwischen dem Verhältnis des Alten der Tage zum Menschensohn einerseits u[nd] dem Verhältnis Els zu Baal andererseits, das sich dem weiteren Befund des Weiterlebens älteren Gutes in isr[aelitisch]-jüd[ischer] Überlieferung (→ 348, 1ff [mit Bspp. übernommener Vorstellungen aus kanaanäischer Götterwelt und Mythologie]) einfügt, enthält zugleich einen Zshg von Motiven, welcher den Motivparallelen, auf die sich die anderen Hypothesen stützen, fehlt. Das erlaubt noch am ehesten eine religionsgeschichtliche Filiation." (Gesperrter Text im Original hier *kursiv*); – Ergg. d. Übers.].

18 Ronald Hendel, The Exodus in Biblical Memory, [= Kap. 4] in: [Ders.:] Remembering Abraham, Oxford. Oxford University Press, 2005, 57-75.

19 Cross, Canaanite (s. Anm. 11), 58. Vgl. auch David Biale, The God with Breasts: El Shaddai in the Bible, History of Religions [HR] 21,3 (February 1982), 240-256, und Mark S. Smith, The Early History of God: Yahweh and the Other Deities in Ancient Israel, With a foreword by Patrick D. Miller (Biblical Resources Series), Grand Rapids, MI: William B. Eerdmans, ²2002, 184.

Kriegsgott)[*] zu dem nördlichen Baʿal[20] – offensichtlich zu einem frühen Zeitpunkt in der israelitisch-kanaanitischen Geschichte, indem dies in der Folge einen ziemlich angespannten und instabilen Monotheismus hervorbrachte.[21] Diese Verschmelzung war in keiner Weise eine gelungene Verbindung. ʾEl und JHWH hatten sehr verschiedene und in mancher Hinsicht sich widersprechende Funktionen; und ich denke, dass dies einen Überrest [*oder* Überschuss als Spielraum; – Anm. d. Übers.] übrig ließ, in dem einige der Eigenschaften der jungen Gottheit immer das Potential hatten, sich wiederum als eine Verdinglichung (Hypostase) ihrer selbst (oder sogar als ein eigenständiger Gott) abzuspalten.[22] Diese Spannung und die

---

[*] [Die schließende Klammer steht in der Originalausgabe (sinnändernd) erst *nach* den Wörtern: „zu dem nördlichen Baʿal"; – Anm. d. Übers.]

[20] Diese Erklärung Baʿals und JHWHs als Rivalen um den Platz des jungen Gottes könnte verwendet werden, um die extreme Rivalität der beiden, die sich in der Bibel zeigt, besser zu erklären.

[21] Smith, Early History of God (s. Anm. 19), 32f. Demgegenüber hat Cross die Auffassung vertreten, dass JHWH ursprünglich ein kultischer Name für ʾEl gewesen sei, der im Süden gebraucht wurde; JHWH spaltet sich schließlich davon ab und verdrängt danach ʾEl (Cross, Canaanite [s. Anm. 11], 71). Das scheint mir die Baʿal-gleiche Charakteristik JHWHs ein wenig unklar zu lassen, wie sie von Cross in dem Abschnitt unmittelbar zuvor selbst beschrieben wurde. Cross' Kommentare (Cross, Canaanite, 75) zu den zwei Strängen in „Israels ursprünglicher Religion" beantwortet diese Frage nicht vollständig. In einem späteren Kapitel des Buches behandelt Cross die enge Verwandtschaft zwischen Baʿal und JHWH, die tatsächlich so eng ist, dass – wie mein Lehrer H. L. Ginsberg schon in den 1930ern erkannte – ein vollständiger Baʿal-Hymnus unversehrt abgekupfert und in Psalm 29 an JHWH angepasst wurde. Wie Cross selbst betont, wäre das kaum getan worden, wenn die Symbolik nicht schon JHWH angemessen gewesen wäre (Cross, Canaanite, 156). Daher schreibt Cross: „Die Redeweise von der Theophanie im frühen Israel war v. a. eine, die von der Theophanie Baʿals her bezogen wurde" (Cross, Canaanite, 157), eine Formulierung, die ich leicht abwandeln würde: der Sprachgebrauch der Theophanie JHWHs im alten Israel lief parallel *zu* – und war beinahe identisch *mit* dem Sprachgebrauch der Theophanien Baʿals unter den nördlichen Kanaanäern. Natürlich bemerkt Cross hier die Verschmelzung, dennoch ist es weniger klar, warum sich seiner Meinung nach ʾEl/JHWH Eigenschaften von Baʿal einverleibt haben sollte, die es anscheinend in Israels Religion zuvor nicht gegeben hat. Da Cross' Rekonstruktion JHWH nicht als eine Variante von Baʿal anzusehen scheint, woher könnte er dann stammen?
Diese Schwierigkeit wird umgangen, wenn wir einen alten Kult ʾEls als eines alten universalen Gottes aller Kanaanäer annehmen und Baʿal und JHWH als abweichende Formen und Namen des jungen Gottes, wobei JHWH in den späteren Formen der offiziellen biblischen Religion mit ʾEl verschmolz. Ich stelle mir natürlich nicht für einen Augenblick vor, dass sich JHWH im Weiteren nicht die Eigenschaften Baʿals aneignete, als er nordwärts wanderte und mehr zu einem Regen- und Sturmgott in Ergänzung zu dem Berg- und Vulkangott wurde, der er in seiner mutmaßlichen südlichen Heimat gewesen ist.
Vgl. auch Peter Hayman, Monotheism – A Misused Word in Jewish Studies?, Journal of Jewish Studies [JJS] 42,1 (1991): [1-15] 5. Vgl. ebenso besonders Paula Fredriksen, Mandatory Retirement: Ideas in the Study of Christian Origins Whose Time Has Come to Go, in: David B. Capes u. a. (Hgg.), Israel's God and Rebecca's Children: Christology and Community in Early Judaism and Christianity: Essays in Honor of Larry W. Hurtado and Alan F. Segal, Waco, TX: Baylor University Press, 2007, [25-38]: 35-38.

[22] Eine ähnliche Erklärung – *mutatis mutandis:* mit den nötigen Anpassungen – könnte, ja dürfte geradezu helfen, die Stellung der Chokhma, der Frau Weisheit, als eine gedachte

daraus folgende Abspaltung offenbart sich in den Traditionen hinter der Theophanie von Daniel 7, wo wir einen neuen, jungen, offenbar Namenlosen sehen, bis er schließlich Jesus genannt wird – oder Henoch.²³ Wie ein mittelalterlicher rabbinischer Hymnus[*], der diese Spannung noch fühlt, es sagen wollte: JHWH ist ein „Alter am Tage des Gerichts und ein Junger am Tage des Kampfes".

Diese Verschmelzung, falls sie tatsächlich stattgefunden hat, muss sehr früh geschehen sein, weil die wenigstens angestrebte Verehrung ausschließlich eines Gottes für Israel von der Zeit Josias (7. Jh. v. Chr.) und der deuteronomistischen Revolution an bezeichnend ist, wenn nicht viel früher. Diese Verschmelzung hinterließ ihre Spuren direkt auf der Oberfläche des Textes, wo die ʾEl-JHWH-Kombination noch aufgespürt werden kann in den Spannungen und Doppelungen des biblischen Textes, die bereitstehen, um sozusagen – durch scharfsinnige Leser einer gewissen religiösen Denkweise – wieder zum Leben erweckt zu werden als ein zweiter, junger Gott *oder* als Teil Gottes *oder* als eine göttliche Person in Gott (und jede dieser Wahlmöglichkeiten wurde von streng „orthodoxen", nicht-christlichen jüdischen Theologen und auch durch Christen übernommen).²⁴

Der junge Gott im ursprünglichen mythischen Text bei Daniel ist die Figur, die Israel und die Welt erlösen wird, nicht ein erhöhter davidischer König.²⁵ Es gibt in dieser Vision nichts, so habe ich dargelegt, was nahe legen oder gar erlauben würde, den Einen wie ein Menschensohn als ein tatsächliches menschliches Wesen anzusehen. Wenn wir hingegen von der innewohnenden Erklärung absehen und nur auf die ursprüngliche Vision schauen, entdecken wir, dass dieser göttlichen Gestalt „Macht, Ehre und Königreich" gegeben wird „und ihm alle Nationen und Völker aus so vielen verschiedenen Sprachen dienen sollten. Seine Macht ist ewig und vergeht nicht, und sein Königreich hat kein Ende." [Dan 7,14] Dieses mythische Muster eines zweiten Gottes als Erlöser wird natürlich bei der Interpretation der Evangelien und des Religionsmusters entscheidend sein, das dort bekannt gemacht wird und wodurch wir nun versuchen müssen, die Beziehung zwischen diesem göttlichen und dem menschlichen Erlöser, dem davidischen Messias, besser zu verstehen.

Begleiterin für Gott in den Sprüchen Salomos 8 und ihre Beziehungen zu Aschera zu verstehen; vgl. Smith, Early History of God, 133 (s. Anm. 19).

23 In diesem Punkt stimme ich ganz entschieden überein mit Otto Eißfeldt, El and Yahweh, Journal of Semitic Studies [JSSt] 1 (1956), 25–37, sowie mit Margaret Barker, The Great Angel: A Study of Israel's Second God, London: SPCK, 1992.

[*] [Eine englische Übersetzung des aschkenasischen Hymnus aus dem 13. Jh., „Anim Zemirot", hier V. 11, von Shai Gluskin unter http://everydayandeverynight.com/animzemirot (08.01.2015); der hebräische Text unter http://www.piyut.org.il/textual/28.html (08.01.2015); – Anm. d. Übers. n. Ang. d. Vf.]

24 Daniel Abrams, The Boundaries of Divine Ontology: The Inclusion and Exclusion of Metatron in the Godhead, Harvard Theological Review [HTR] 87,3 (July 1994), 291–321.

25 Dies – bei allem Respekt – *gegen* Barker, Great Angel (s. Anm. 23), 40. Ich stimme folglich mit Emertons Schlussfolgerung überein, dass die „verwendete Redeweise vom Menschensohn auf JHWH und nicht auf den davidischen König hindeutet". Emerton, The Origin (s. Anm. 8), 231.

Die Grundlinien einer Theologie eines jungen, einem alten Gott untergeordneten Gottes sind in der Thronvision Dan 7 gegenwärtig, jedoch müht sich der Autor sehr, dies zu unterdrücken. Anstelle der Auffassungen von 'El und JHWH als den beiden Göttern Israels wurde das Muster eines älteren und eines jüngeren Gottes – ein Gott des weisen Gerichts und ein Gott des Krieges und der Bestrafung – von älteren Formen der israelitisch/kanaanitischen Religion in neue Formen übertragen. Hier ist der ältere Gott vollkommen durch das Tetragramm JHWH bezeichnet (und seine Vormachtstellung steht außer Frage), während die Funktionen des jüngeren Gottes teilweise durch die Erzengel übernommen wurden oder andere Arten göttlicher Wesen, Erlösergestalten, wenigstens in der „offiziellen" Religion des biblischen Textes. Sobald JHWH 'El in sich aufnimmt, hat der jüngere Gott keinen eigenen Namen, wird aber mutmaßlich zu verschiedenen Zeiten mit Erzengeln oder anderen Versionen des Großen Engels/Erzengels Michael identifiziert, wie auch mit Henoch, Christus und später ebenso Metatron.[26] Manche der alten Erscheinungsformen eines jüngeren Gottes, die in den jüdischen Texten der Periode des Zweiten Tempels und später gefunden werden – besonders „der kleine Jahu", „Jaho'el" – zeigen seine außerbiblische Identität als JHWH.[27] Es ist die Kraft dieses

---

[26] In diesem Lichte besehen ist es wirklich eine Art Deutelei, zwischen der zweiten Gottheit und dem höchsten Engel zu unterscheiden. Wir müssen uns erinnern, dass in der Antike der Monotheismus nicht die singuläre Existenz nur eines göttlichen Wesens bedeutete, sondern die absolute Vormachtstellung des einen, dem alle anderen untergeordnet waren (und dies war ebenso gute christliche Theologie bis [zum Konzil von] Nizäa). Fredriksen, Mandatory Retirement (s. Anm. 21), 35-38, bietet eine schlüssige, exzellente Darstellung dieser Position.

[27] „Jahoel" erscheint in der Apokalypse Abrahams (70-150 n. Chr.), aber danach finden wir in einem so späten Buch wie dem 3. Henoch (4.-5. Jh. n. Chr.) [vgl. 61 (Anm. [**]), 97 Anm. 24, 98 Anm. 27] „Kleiner Jahu", „Jahoel Jah" und „Jahoel" als ausdrückliche Benennungen für Metatron. Andrei Orlov, Praxis of the Voice: The Divine Name Traditions in the Apocalypse of Abraham, Journal of Biblical Literature [JBL] 127 (2008), 53-70, und Philip S. Alexander, The Historical Setting of the Hebrew Book of Enoch, Journal of Jewish Studies [JJS] 28 (1977) [156-180]: 163f. (Vgl. in diesem Zusammenhang ebenso Gedaliahu G. Stroumsa, Form(s) of God: Some Notes on Metatron und Christ: For Shlomo Pines, Harvard Theological Review [HTR] 76,3 [July 1983], 269-288.) Wie Alexander in diesem Artikel ebenfalls hervorhebt, wurden dieselben Namen in anderen zeitgenössischen Texten Gott selbst beigelegt.
Die Trennlinien zwischen erhöhten Engeln und Göttern zu ziehen und auszumachen wird immer schwerer. „In einem gewissen Stadium wurde der alte Mythos re-interpretiert in Begriffen der Vorherrschaft JHWHs, der mit Eljon *und* Ba'al identifiziert wurde. Dann wurde der Menschensohn degradiert auf den Status eines Engels, selbst wenn er die Symbolik beibehielt, die ihm in der Tradition so eng angeheftet wurde. Dies würde helfen, die Zuschreibung eines erhöhten Status an solche Wesen wie Michael und Metatron im späteren Judentum zu erklären" (Emerton, The Origin [s. Anm. 8], 242) [vgl. 51 Anm. 6!, – Erg. d. Übers.]. Es ist allerdings wichtig hinzuzufügen, dass der [Status eines] Engel[s][*] keine derartige Degradierung darstellt, aber vielleicht genau den Punkt der Spannung oder Unklarheit über den Monotheismus im Herzen der Religion Israels bezeichnet (dies ist eher eine Entfaltung Emertons als eine Korrektur an ihm).
Durch die Hebräische Bibel hindurch gibt es sozusagen eine Verwirrung zwischen JHWH selbst und seinem Mal'akh, dem einzigen, namenlosen Engel des Herrn, speziell in den

Mythos, die das Fortleben des jüdischen Binitarianismus[*] bis ins christliche Judentum und ebenso die außerordentliche Präsenz im nicht-christlichen Judentum erklärt (der Kleine Jahu als Name für den göttlichen Vize-Herrscher; Meṭaṭron erscheint sogar in einer so späten wie der byzantinischen Periode in einem hebräischen jüdischen Text[**]). Es gibt somit zwei Vermächtnisse, die uns Dan 7 hinterlassen hat: es ist die endgültige Quelle der „Menschensohn-Terminologie" für eine himmlische Erlöserfigur, und es ist auch der beste Beleg für das Fortbestehen einer sehr alten binitarischen israelitischen Theologie bis weit in die Periode des Zweiten

---

Theophanien. Das erste Beispiel des Gebrauchs dieses Begriffs in 1. Mose/Genesis bringt diese Verschmelzung bereits zum Ausdruck. Der „Engel JHWHs" erscheint in Gen 16,7 Hagar und übt eine Reihe von deutlich göttlichen Funktionen (offices) aus. Es verwundert nicht, dass sie ihn in V. 13 als JHWH selbst bezeichnet. Wie Robert Alter unter Berufung auf Richard Elliot bemerkt: „Eine klar trennende Unterscheidung zwischen Gott und Engel ist nicht beabsichtigt." Ähnlich in Gen 22,11-18, wo der Engel JHWHs deutlich die Funktionen (offices) JHWHs selbst ausführt. Ein anderes brillantes Beispiel ist Ex 3, wo Mose den Engel JHWHs inmitten eines brennenden Dornbusches sieht; und dann spricht ihn in V. 7 dieselbe Gestalt an und wird JHWH genannt. Tatsächlich gibt es keine klare Unterscheidung zwischen JHWH und seinem besonderen Mal'akh [Engel]; sie sind zwei Aspekte der einen Gottheit, aber gleichermaßen das Ergebnis einer produktiven Spannung, die von einem hypothetisch angenommenen, ursprünglichen Ditheismus[**] der Religion Israels herrührt.

[*] [Erg. d. Übers. n. Ang. d. Vf.]

[**] [*Etwa*: Zwei-Götter-Lehre bzw. nach anderem (kontroversem) Verständnis die Annahme zweier getrennter göttlicher Personen innerhalb der *einen* Gottheit; vgl. das Verhältnis zum Binitarianismus im weiteren Text und dazu 61 Anm. [*] sowie 102; – Anm. d. Übers.]

[*] [binitarianism, *etwa*: Lehre von der göttlichen Zweigestaltigkeit/Zweifaltigkeit/Zweieinigkeit, also bzw. aber monotheistisch verstanden. –
D. Boyarin rekonstruierte in seinem Werk „Border Lines" / „Abgrenzungen"[*] das differenzierte Verständnis von Binitarismus und Ditheismus in Richtung sowohl auf das Judentum als auch das Christentum: u. zw. glaubt er einerseits, „dass der [übliche] Binitarismus nicht spezifisch christlich ist; nur seine Assoziation mit Jesus ist christlich" (ebd., 154 Anm. 97), jedoch in der Weise, dass der „Modalismus die dominante rabbinische Gotteslehre ist" (ebd., 203 Anm. 52). „»Modalismus« ist natürlich rabbinisch-jüdische Orthodoxie: Alle Doppelung und alle Unterscheidung innerhalb Gottes, die von der Bibel nahegelegt werden, soll man nach den Rabbinen nur als Aspekte des einen Gottes verstehen." (ebd., 204) Anders gesagt lautet die „modalistische Lösung": „Die vermeintliche Erscheinung von zwei Personen ist nur eine Manifestation von verschiedenen Aspekten derselben Person." (ebd., 203) So resümiert D. B.: „Zwei Mächte im Himmel wurden die Erzhäresie für die Rabbinen, und Modalismus, die christliche Häresie par excellence, wurde die einzige »orthodoxe« Theologie, die Juden erlaubt war. Wir könnten darüber hinaus die Entwicklungen in die entgegengesetzte Richtung ganz leicht beschreiben, nämlich daß die Christen auf getrennten Personen bestanden und den Modalismus in Antwort auf das rabbinische Insistieren auf der Gleichsetzung von Binitarismus und Ditheismus zurückwiesen." (ebd., 206) In dieser Weise meint D. B. andererseits, den Binitarismus schließlich als „den vornizänischen Vorläufer des Trinitarismus" (ebd., 41), d. h. als die Vorstufe der Trinitätslehre des Ersten ökumenischen Konzils von Nizäa 325, bezeichnen zu können.

[*] Zu den bibliographischen Angaben s. oben 23 Anm. [**]; die Zitate sind der dt. Ausgabe entnommen; – Anm. d. Übers.].

[**] [Gemeint ist der in Anm. 27 erwähnte 3 Henoch; – Erg. d. Übers. n. Ang. d. Vf.]

Tempels. Obwohl diese [Vermächtnisse] bei Daniel getrennt sind (weil der Text keine ausdrücklich mit Menschensohn benannte Figur enthält), ist es die nicht vollständig gelungene Unterdrückung dieses Mythos bei Daniel und daher seine starke Verbindung mit dem „Einen wie ein Menschensohn", was die spätere Entwicklung des „Menschensohns" als ein Titel in den Evangelien erklären wird (wie auch in einigen anderen antiken jüdischen religiösen Texten wie dem Henochbuch).

Die Bedeutung des Begriffes „Menschensohn" und sein Gebrauch in Dan 7 sind die Spur eines sehr wertvollen Beweisstückes – umso mehr, als es quer zur Intention der biblischen Theologie selbst läuft – für die anhaltende Lebendigkeit der Verehrung eines alten Gottes und eines jungen Gottes in Israel. Dieser Beleg hilft, die historischen Bande dieses Religionsmusters zu späteren Formen des Judentums zu erhellen, einschließlich des rabbinischen Judentums *und* des Christentums.[28] Ich verstehe ihn als einen außerordentlich lebendigen Teil der Religion Israels – sowohl vor [Daniel] als lange danach –, der die beiden Formen des Judentums erklärt, die wir Christentum nennen und ebenso sehr auch im nicht-christlichen, späteren Judentum.[29] Wenn Daniel die Prophezeiung ist, so sind die Evangelien die Erfüllung.

Wie die Juden dazu kamen zu glauben, dass Jesus Gott wäre

Wenn alle Juden – oder selbst wenn [nur] eine erhebliche Zahl von ihnen – glaubten, dass der Messias göttlich als auch menschlich sein könnte, dann ist der Glaube an Jesus als Gott nicht der Ausgangspunkt, an dem irgendeine neue Religion ins Leben trat, sondern einfach eine neue Variante [Lesart] des Judentums (und zwar keine deviante, „vom Wege" abweichende Variante). So umstritten ein Standpunkt wie dieser scheinen mag, muss er zunächst in einer breiteren Debatte über die Ursprünge der Göttlichkeit Jesu verstanden werden. Die theologische Idee, dass Jesus wirklich Gott sei, wurde jedoch durch die Feinheiten der trinitarischen Theologie weiterentwickelt und als „Hohe Christologie" (Christologie von oben; high Christology) bezeichnet – im Gegensatz zur „Christologie von unten"

---

[28] Collins, Daniel (s. Anm. 15), 281. Collins scheint das Religionsmuster, das in der [danielschen] Thronvision bewahrt wurde, als ein eingefrorenes Relikt aus Israels Vergangenheit anzusehen (oder sogar aus einer fremd[ländisch]en Vergangenheit): „es wurde behauptet, dass Motive nicht ‚aus ihrem Lebenszusammenhang herausgerissen werden' sollten, dagegen ‚im Gegenüber zur Totalität der phänomenologischen Auffassung der Werke, in denen solche Korrespondenzen auftreten, bedacht werden sollten'. Solche Forderungen sind gerechtfertigt, wenn die Absicht besteht, die ‚Religionsmuster' in einem mythischen und biblischen Text zu vergleichen, aber dies war niemals der Punkt in der Diskussion um Daniel 7 gewesen."

[29] Vgl. Daniel Boyarin, Beyond Judaisms: Metatron and the Divine Polymorphy of Ancient Judaism, Journal for the Study of Judaism in the Persian, Hellenistic and Roman Period [JSJ] 41 (July 2010), 323-365.

(low Christology)[*], der gemäß Jesus im Wesentlichen ein inspiriertes menschliches Wesen, ein Prophet oder Lehrer, und kein Gott war.

„Christologie" ist in der christlichen Theologie und Geschichte des Christentums der Ausdruck für alle Themen und Kontroversen, die die Geschichte und die Lehre im Bezug auf Christus ausmachen. Im 5. Jh. wurde z. B. die große Kontroverse darüber, ob Jesus eine menschliche und eine göttliche Natur oder eine gemeinsame göttlich-menschliche Natur habe, die „christologische Kontroverse" genannt. Viele andere Probleme wurden indes unter der Überschrift Christologie diskutiert und bedacht. War Jesus göttlich von Geburt an oder ein gewöhnlicher Mensch, der später von Gott adoptiert und vergöttlicht wurde? Wie bewirkte Jesus die Erlösung – durch seine Kreuzigung, seine Lehre, seine Wegweisung für Menschen, heilig zu werden? Es wurde oft behauptet, dass Christologien von unten (low Christologies) „jüdische" seien, während die Hohen Christologien (Christologien von oben; high Christologies) aus der griechischen Gedankenwelt in das Christentum gekommen seien. Seltsamerweise wurde diese Position sowohl von jüdischen Autoren übernommen, die das Christentum als eine Art des Heidentums zu diskreditieren suchten, als auch von orthodoxen christlichen Autoren, die die „neue Religion" so schnell wie möglich von der alten zu unterscheiden wünschten. Diese Herangehensweise im Sinne jeweiliger Verteidigung kann nicht länger aufrechterhalten werden.

Die Frage nach den Ursprüngen der Hohen Christologie bewegt anhaltend und lebhaft einen Großteil der Forschung zum Thema der Vorgeschichte des Christentums oder zur Geschichte des Vor-Christentums, wie im Neuen Testament bezeugt, weil sie auf den ersten Blick anscheinend das absolute Prinzip des jüdischen Monotheismus verletzt. In einem Artikel hat Andrew Chester jüngst die verschie-

---

[*] [Der vom Vf. verwendete Ausdruck „*high Christology*" wird hier – wie in der deutschsprachigen exegetischen Literatur üblich – mit „Hohe Christologie" (d. h. Hoheits-Christologie) wiedergegeben, wobei das Augenmerk auf die göttliche, präexistente Natur des Menschensohnes/Gottessohnes (vgl. unten 97) gerichtet ist. Dies findet in der fundamentaltheologischen resp. systematisch-dogmatischen christlichen Theologie mit der „Abstiegs-Christologie" oder (wie hier alternativ übersetzt wird:) „Christologie von oben" eine gewisse Entsprechung, wenngleich dabei der Akzent auf dem Offenbarungsweg liegt und damit „die Konstruktionsrichtung offenbarungstheologischer Dogmatik-Entwürfe angezeigt" (T. Urban) wird.
Für „*low Christology*" im Sinne des Vf. wäre der in der Exegetik anzutreffende deutsche Begriff „Niedrigkeits-Christologie" verwendbar, der hier jedoch insofern irreführend ist, weil der Vf. gerade nicht die Niedrigkeit als Antonym zur Hoheit betont, sondern einfach das irdische Leben Jesu resp. die „horizontale" Dimension der Christologie in den Blick nimmt. In der christlich-dogmatischen Terminologie findet sich analog die Entsprechung der „Aufstiegs-Christologie" oder „Christologie von unten": *dieser* Terminus wird hier in der Übersetzung im Wissen um die semantischen Inkongruenzen der Anschaulichkeit halber gebraucht. Im Folgenden findet der Begriff „low Christology" nur noch *eine* weitere Erwähnung. Exegetische und (nicht erst nachösterlich begründete!) „christologisch-systematische" Überlegungen (vgl. 64 Anm. 31 Pkt. 3, 127f, 147f u. ö.) gehen bei D. Boyarin stets Hand in Hand, so dass eine eindeutige Begriffszuweisung wie bisweilen in der christlichen Theologie kaum sachgerecht wäre. – Anm. d. Übers. unter Einbeziehung des zitierten freundlichen Hinweises von Tobias Urban]

denen Positionen hilfreich zusammengefasst, die derzeit von den Wissenschaftlern in dieser Frage eingenommen und verteidigt werden, die in vier große Denkschulen eingeteilt werden können.[30] Der *ersten* zufolge, die unter den liberalen Protestanten mehr als ein Jahrhundert lang verbreitet gewesen ist, konnte die Idee der Göttlichkeit Christi nur eine relativ späte und „heidnische" Entwicklung gewesen sein, die den endgültigen Bruch mit allem markiert, was sinnvoll jüdisch genannt werden konnte. Das Argument lautet, dass die frühen jüdischen Jesusgläubigen an ihn als einen inspirierten Lehrer, vielleicht einen Propheten, vielleicht an den Messias glaubten, jedoch lediglich in einem menschlichen Sinne. Erst später, so die Ansicht, nachdem die Mehrheit der Christen nicht länger Juden waren, kam die Vorstellung von Jesus als Gott hinzu, möglicherweise unter dem Einfluss der „heidnischen" Ideen vieler der neuen christlichen Konvertiten.

Ein *zweiter* Denkansatz, der sich gegenwärtig des mehrheitlichen Zuspruchs unter den Neutestamentlern erfreut, sieht die früheste Version der Hohen Christologie sich innerhalb eines jüdischen Kontextes herausbilden.[31] Ich gestehe zu, dass es nur möglich ist, das Evangelium zu verstehen, wenn sowohl Jesus als auch die Juden um ihn herum zu einer Hohen Christologie gestanden hätten, wonach der Anspruch der Messianität auch ein Anspruch war, ein göttlicher Mensch zu sein.*

---

[30] Andrew Chester, High Christology – Whence, When and Why?, Early Christianity [EC] 2,1 (2011), 22-50.

[31] Chester identifiziert drei Trends innerhalb der Gruppe der Gelehrten, die die Göttlichkeit Christi als sich innerhalb des Judentums herausbildend betrachten, die geradezu in Anlehnung an die Geschwindigkeit der Herausbildung definiert sind:
(1) die Auffassung James Dunns, derzufolge „sich die Hohe Christologie innerhalb wesenhaft jüdischer Kategorien herausbildet, aber erst sehr allmählich"; und es ist das Johannesevangelium, wo sich herausbildet (in dieser Hinsicht der *ersten* Ansicht [s. oben im Text] vergleichbar, aber ohne heidnische Quellen zu benötigen);
(2) die Meinung Martin Hengels und Larry Hurtados, derzufolge sich die Hohe Christologie sehr schnell – „explosionsartig" – innerhalb eines jüdischen Kontextes als Antwort auf die Auferstehung herausbildet und am deutlichsten bei Paulus erkennbar ist; sowie
(3) die Ansicht Horburys und Collins', die ich hier vertrete, namentlich, dass die theologischen Vorstellungen hinter einer Hohen Christologie bereits innerhalb des Judentums des Zweiten Tempels vorhanden war. Chester, High Christology (s. Anm. 30), 31.

* Adela Yarbro Collins hat kürzlich zwei Bedeutungen von „Göttlichkeit" unterschieden: „Eine ist funktional. Der ‚Eine wie ein Menschensohn' in Dan 7,13f, ‚dieser Menschensohn' im Buch der Bilderreden Henochs [1. Henoch 37-71; vgl. Kap. 2 dieses Buches; – Anm. d. Übers.] und Jesus in einigen synoptischen Stellen sind in diesem Sinne göttlich, als sie göttliche Handlungen vollziehen (oder dies von ihnen erwartet wird): wie das Herrschen über ein universales Königreich, das Sitzen auf einem himmlischen Thron, das Richten über die Menschen in der Endzeit oder das Fahren auf den Wolken – eine typisch göttliche Weise der Fortbewegung. Die andere Bedeutung ist ontologisch [das Wesen betreffend; – Anm. d. Übers.]." Adela Yarbro Collins, "How on Earth Did Jesus Become God": A Reply, in: Capes u. a. (Hgg.), Israel's God and Rebecca's Children (s. Anm. 21), [55-66]: 57. Es ist jene erstgenannte Bedeutung, auf die ich mich in diesem Buch durchweg beziehe, weil ich glaube, dass genau diese Unterscheidung zwischen „funktional" und „ontologisch" ein Produkt der späteren griechischen Reflexion über die Evangelien ist. Vgl. in diesem Zusammenhang die stets problembewusste und immer hilfreiche Paula Fredriksen,

Wäre das nicht der Fall, würden wir schwerlich die äußerst feindseligen Reaktionen aufseiten der jüdischen Führer Jesus gegenüber verstehen, die seinen Anspruch nicht akzeptierten. Eine Kontroverse unter Juden war kaum etwas Neues; damit eine Kontroverse eine Kreuzigung zur Folge hatte, musste die Kontroverse es in sich gehabt haben. Ein Jude, der behauptete, dass er Gott sei, dass er der göttliche Menschensohn sei, den die Juden erwartet hätten, und der überdies von seinem Dorf nicht ausgelacht wurde – *das* wäre „der Hammer" gewesen.

Die Blasphemie des Menschensohns

Die Gründe dafür, dass viele Juden zu glauben begannen, dass Jesus göttlich wäre, lagen darin, dass sie bereits erwarteten, dass der Messias/Christus ein Gott-Mensch sein würde. *Diese Erwartung war ein wesentlicher Bestandteil der jüdischen Tradition.* Die Juden hatten dies durch eine sorgfältige Auslegung des Danielbuches und das Verständnis seiner Visionen und Offenbarungen als einer Prophetie dessen gelernt, was am Ende der Zeit geschehen würde. In diesem Buch, wie wir gerade gesehen haben, wird der jungen göttlichen Gestalt die Herrschaft gegeben und sie zum Herrscher der Welt auf ewig gemacht. Ich möchte zeigen, dass Jesus selbst sich als der göttliche Menschensohn ansah, und ich möchte das durch die Erläuterung zweier schwieriger Stellen im zweiten Kapitel des Markusevangeliums tun.

Dem Menschensohn wurde Ehre, Hoheitsgewalt und Herrschaft über die ganze irdische (im Wortspiel: *unter dem Mond* befindliche) Welt gegeben, wie wir zuvor in Dan 7 gesehen haben: „27 Aber das Königreich und die Macht und die Gewalt über die Königreiche *unter dem ganzen Himmel* wird dem Volk der Heiligen des Höchsten gegeben werden, dessen [deren; – D. B.] Königreich ewig ist, und alle Mächte werden ihm [ihnen; – D. B.] dienen und gehorchen." Während dieser Vers von einem Interpretationsrahmen innerhalb des Kapitels stammt, der die Erzählung (narrative) vom Menschensohn zu entmythologisieren sucht, kann dieses Bemühen der Kraft einiger Verse vorher im Kapitel nicht widerstehen, in denen die Göttlichkeit des Menschensohnes so klar bezeichnet ist.

In Mk 2,5-10 lesen wir folgendes:

> 5 Als nun Jesus ihren Glauben sah, sprach er zu dem Gelähmten: „Mein Sohn, deine Sünden sind dir vergeben." 6 Es saßen da aber einige Schriftgelehrte und dachten in ihren Herzen: 7 „Wie redet der so? Er lästert Gott! Wer kann Sünden vergeben als der *eine* Gott?"[32] 8 Und Jesus erkannte sogleich in seinem Geist, dass sie so bei sich selbst dachten, und sprach zu ihnen: „Was denkt ihr solches in euren Herzen? 9 Was ist leichter, zu

---

Mandatory Retirement (s. Anm. 21), 35-38. (Ich bin Adela Yarbro Collins für diesen letzten Literaturhinweis dankbar.)

[32] Ich habe die Übersetzung des Versschlusses (RSV/Revised Standard Version (of the Bible): „als Gott allein") verändert – in Übereinstimmung mit Adela Yarbro Collins, Mark: A Commentary, ed. Harold W. Attridge (Hermeneia – a Critical and Historical Commentary on the Bible), Minneapolis: Fortress Press, 2007, 181, vgl. auch ihre Erörterung, 185.

dem Gelähmten zu sagen: ‚Dir sind deine Sünden vergeben', oder zu sagen: ‚Steh auf, nimm dein Bett und geh umher?' ¹⁰ Damit ihr aber wisst, dass der Menschensohn Vollmacht hat, Sünden zu vergeben auf Erden" – sprach er zu dem Gelähmten ...

„Damit ihr aber wisst, dass der Menschensohn Vollmacht hat, Sünden zu vergeben auf Erden". Der Menschensohn hat die (offensichtlich von Gott übertragene) Vollmacht, Gottes Werk der Sündenvergebung auf Erden zu tun. Dieser Anspruch leitet sich aus Dan 7,14 her, wo wir gelesen haben, dass dem Einem wie ein Menschensohn „(Voll-)Macht, Ehre und Königreich" gegeben wurde – in der Tat: eine „Macht, die ewig ist und nicht vergeht". Der Ausdruck ἐξουσία [exusía], den wir gewöhnlich in seinen neutestamentlichen Kontexten mit „Vollmacht" übersetzen, ist genau derselbe Ausdruck, der in der Septuaginta den aramäischen Ausdruck שָׁלְטָנָא [scholtana] übersetzt, nämlich „Hoheitsgewalt" oder „Herrschaftsgebiet". D. h.: was Jesus für den Menschensohn beansprucht, ist genau das, was für den Einen wie ein Menschensohn bei Daniel als selbstverständlich angenommen wurde; Jesus stützt seinen Anspruch ziemlich direkt auf den alten Text.³³ In Übereinstimmung mit dieser Tradition beanspruchte Jesus dann, der Menschensohn zu sein, dem auf Erden „unter den Himmeln" (Dan 7,27) göttliche Autorität verliehen worden ist.³⁴ Der Herrscher ist überdies derjenige, der die Macht hat, Ausnahmen vom Gesetz zu verkünden.[*]

Der Einwand der Schriftgelehrten, die Jesu Vergebungstat „Gotteslästerung" nennen, kommt in ihrer Annahme zum Ausdruck, dass Jesus durch seine Tat Göttlichkeit beansprucht; von daher der Nachdruck ihrerseits, dass nur der *eine* Gott vergeben könne, worauf Jesus gleichermaßen antwortet: die zweite göttliche Gestalt bei Daniel 7, der Eine wie ein Menschensohn, ist bevollmächtigt, als und anstelle Gottes zu handeln. Dies stellt eine unmittelbare Verkündigung einer Zweiheit der Gottheit dar, die späterhin natürlich das eigentliche Markenzeichen der christlichen Theologie ist. Durch das Evangelium hindurch, wann immer Jesus die ἐξουσία [Vollmacht] beansprucht, um das zu vollbringen, was als Vorrecht des Göttlichen erscheint, ist es durchgehend eben diese ἐξουσία des Menschensohns, die beansprucht wird, d. h.: eine Schriftautorität, die auf einer sehr sorgfältigen Interpretation (close reading) von Daniel 7 beruht.³⁵ Wir sehen jetzt, warum die spä-

---

33 In Anbetracht der Bedeutung des zugrunde liegenden aramäischen Wortes bei Daniel empfinde ich „Vollmacht/Autorität" (authority) als eine schwache Wiedergabe; „Hoheitsgewalt/Souveränität" (sovereignty) wäre viel besser. [Das Wort] Hoheitsgewalt würde mit Bestimmtheit erklären, warum der Menschensohn die Kraft hat, Sünden auf Erden zu vergeben.
34 Vgl. Morna Hooker, The Son of Man in Mark: A Study of the Background of the Term "Son of Man" and Its Use in St Mark's Gospel [(Carleton Library Series [CLS] 8)], Montreal: McGill [Queen's] University Press [MQUP], 1967, 90f, die dies (in teilweisem Widerspruch zu ihrer eigenen früheren Position) als bezeichnend für das Vorrecht des „Menschen" überhaupt zu verstehen scheint.
[*] [Vgl. dazu 79 und Anm. [*] dort; – Anm. d. Übers.]
35 Diese abschließende Einsicht wurde angeregt durch einen Kommentar Gudrun Guttenbergers, gefolgt von einem weiteren Kommentar von Ishay Rosen-Zvi. Vgl. auch Seyoon Kim, The „Son of Man" as the Son of God ([Wissenschaftliche Untersuchungen zum Neuen

teren Rabbinen, indem sie diese sehr alte religiöse Anschauung als Häresie bezeichnen, sich darauf als auf „zwei Mächte im Himmel" beziehen.

„Der Menschensohn ist Herr auch über den Sabbat" [Mk 2,28]

Die Frage, wie Daniel 7 zu lesen sei, beschäftigte die Gedanken der Juden dieses Zeitalters sehr, und nicht nur jene, die Jesu Nachfolger wurden. Markus bietet uns ziemlich direkt und absichtsvoll eine genaue Interpretation Daniels. In diesem Licht können wir eine der rätselhaftesten und entscheidendsten „Menschensohn"-Aussagen des Evangeliums zu interpretieren beginnen. Ich stelle diese Texte in einen Kontext, der gänzlich verschieden ist von dem, in dem sie gewöhnlich gelesen werden; in diesem neuen Kontext werden manche Schlüsselwörter lebendiger und aussagekräftiger. Es handelt sich darum, auf den Text in einer neuen und veränderten Weise zu blicken, die wiederum Zusammenhänge offen legt; die ein gänzlich anderes Bild dessen zu entwerfen hilft, was vor sich geht, besser noch: dessen, wie viel für den Evangelisten und seine Zuhörer auf dem Spiel stand. Diese Interpretation von Markus 2,10 – als eine textnahe Interpretation (close reading) von Daniel 7,14 – ermöglicht mir anfangsweise, die andere rätselhafte Menschensohn-Aussage in Mk 2 aufs Neue zu verstehen, die als Zwischenfall des Ährenraufens am Sabbat bekannt ist. In dieser Geschichte raufen und essen Jesu Jünger Ähren, als sie am Sabbat gehen, und werden durch einige Pharisäer bloßgestellt, die Jesus hinsichtlich seiner unbekümmerten oder arroganten Verletzung des Sabbats herausfordern. Jesus bekämpft sie heftig. Diese Stelle hilft uns zu verstehen, wie es kam, dass Jesus sich selbst sowohl als der göttliche Erlöser wie auch als davidischer Messias ansah (oder gezeichnet wurde als einer, der sich selbst so ansah), den die Juden erwarteten:

23 Und es begab sich, dass er am Sabbat durch die Kornfelder ging, und seine Jünger fingen an, während sie ihren Weg machten, Ähren auszuraufen[*]. 24 Und die Pharisäer

---

Testament] WUNT [30]), Tübingen: J. C. B. Mohr, 1983, 2: „Indem Jesus dieses göttliche Vorrecht beansprucht, stuft er sich selbst als der Menschensohn in die Kategorie des Göttlichen ein, und seine übermenschliche Tat der Heilung ist das Zeichen für diesen Anspruch. So schlug O. Proksch bereits 1927 vor, dass hier ‚der Menschensohn' für den Gottessohn steht."

[Kim, The „Son of Man" (s. ob.), 2, zitiert nur *indirekt* und verweist in *Anm.* 4 auf: O[tto] Proksch, Der Menschensohn als Gottessohn, Christentum und Wissenschaft [CuW] 3 (1927), 434. – Bei Proksch, ebd., heißt es zur ersten Erwähnung des Menschensohns bei den Synoptikern in der Perikope der Heilung des Gichtbrüchigen (Mk 2,10parr): „Wer über den Menschensohn nachdenkt, stößt demnach in ihm auf ein übermenschliches Wesen, dessen Vollmacht und Kraft trotz seines Namens in Gott allein wurzelt. Die Logik des Gedankens wird klar, wenn man בְּרֵהּ דֶאֱלָהָא [Gottessohn(*)] für בְּרֵהּ דֶאֱנָשָׁא [Menschensohn(*)] einsetzen würde." – (Lies letzteres mit ausgefallenem Qamäz: בְּרֵהּ דֶאֱנָשָׁא); – Erg. (auch (*)) d. Übers.]

[*] [Bzw. mit dem griechischen Text: fingen an, einen Weg zu machen (zu bahnen), indem sie Ähren ausraufen; – Anm. d. Übers.]

sprachen zu ihm: „Sieh doch! Warum tun deine Jünger am Sabbat, was (dem Gesetz entsprechend) nicht erlaubt ist?" [25] Und er sprach zu ihnen: „Habt ihr nie gelesen, was David tat, als er in Not war und ihn hungerte, ihn und die bei ihm waren: [26] wie er ging in das Haus Gottes zur Zeit Abjatars[*], des Hohenpriesters, und aß die Schaubrote, die (dem Gesetz entsprechend) niemand essen darf als die Priester, und gab sie auch denen, die bei ihm waren?" [27] Und er sprach zu ihnen: „Der Sabbat ist um des Menschen willen gemacht und nicht der Mensch um des Sabbats willen. [28] So ist der Menschensohn Herr auch über den Sabbat." [Mk 2,23-28]

Es gibt etliche wohlbekannte, diese Stelle betreffende Probleme, was (wie in Markus 7, was ich gleich behandeln werde) von erheblicher Bedeutung für die Rekonstruktion der jüdischen Religionsgeschichte ist.[36] Die größeren Probleme sind: der Grund für das Ährenraufen der Jünger am Sabbat; die Beschaffenheit und die Bedeutung der Antwort Jesu, die sich auf die Analogie mit David beruft; die Beziehung zwischen dieser Antwort und VV. 27f, in denen der Menschensohn der Herr über den Sabbat ist und der Sabbat für den Menschen gemacht ist; sowie die Bedeutung und die Beziehung zwischen diesen Versen.[37] Jesus scheint zu viele Rechtfertigungsgründe für das Verhalten der Jünger zu geben. Ist die Verteidigung auf ein altes halachisches Prinzip gegründet, dass der Sabbat um des menschlichen

---

[*] [Zur Vertauschung des Namens Abjatar anstelle von Ahimelech vgl. 76 Anm. 44; – Anm. d. Übers.]

[36] Wie der Neutestamentler F. W. Beare geschrieben hat: „In den heidnischen Kirchen[*] wird dies keine brennende Frage an sich gewesen sein; dies wird lediglich als ein Aspekt der weiter gefassten Frage aufgekommen sein, inwieweit das Gesetz Moses als verbindlich für Christen angesehen wurde. Insoweit die Perikope [ein bestimmter Abschnitt einer Erzählung (narrative); – Anm. D. B.] die Hervorbringung einer Gemeinschaft ist, wird sie dementsprechend als Hervorbringung der palästinischen jüdischen Christenheit, nicht der hellenistischen Kirchen angesehen werden. Der Zugang zum Verstehen wird deshalb in der Untersuchung jüdischer Traditionen und Denkweisen liegen." F. W. Beare, The Sabbath Was Made for Man?, Journal of Biblical Literature [JBL] 79,2 (Juni 1960), [130-136]: 130.

[*] [d. h. *heiden*christlichen (i. Ggs. zu *juden*christlichen) Kirchen; – Anm. d. Übers.]

[37] Im Allgemeinen – und das ist sehr wichtig – haben die Wissenschaftler des Neuen Testaments die VV. 27f als einen Zusatz zu einem ursprünglichen Text angesehen, der nur die David betreffende Antwort beinhaltete, – oder die gegenteilige Auffassung vertreten, dass nur die VV. 27f ursprünglich waren und dass die Bezugnahme auf David eine sekundäre Hinzufügung sei. „Wie Guelich[*] (ähnlich Bäck[**], Jesus of Nazareth, 69; Doering[***], Schabbat, 409) anmerkt, reduzieren sich diese vier Vorschläge im Grunde auf zwei: (1) entweder ist Jesu Argumentation hinsichtlich des Vorgehens Davids ursprünglich, wobei die VV. 27f später in ein oder zwei Schritten hinzugefügt wurden, oder (2) V. 27 (und mglw. V. 28) stellte(n) Jesu ursprüngliche Antwort(en) dar, wobei die Geschichte mit David später hinzugefügt wurde." John Paul Meier, The Historical Jesus and the Plucking of the Grain on the Sabbath, Catholic Biblical Quarterly [CBQ] 66,4 (2004), [561-581]: 564.

[*] [Robert A. Guelich, Mark 1-8:26 (Word Biblical Commentary [WBC] 34A; Mark; I-VIII), Dallas, TX: Word Books, 1989; vgl. unten Kap. 3, 108 Anm. 3 u. ö.; – Erg. d. Übers.]

[**] [Sven-Olaf Bäck, Jesus of Nazareth and the Sabbath commandment, Åbo [Turku/Finnland]: Åbo Akademi University Press, 1995; – Erg. d. Übers.]

[***] [Lutz Doering, Schabbat. Sabbathalacha und -praxis im antiken Judentum und Urchristentum (Texte und Studien zum antiken Judentum [TSAJ] 78), Tübingen: Mohr Siebeck, 1999; – Erg. d. Übers.]

Wohlergehens willen verletzt werden könne, oder hat es irgendetwas mit Jesu messianischem Status zu tun? Viele Gelehrte haben das Problem „gelöst", indem sie annahmen, dass der Text interpoliert [nachträglich verändert] worden sei. Diese Erklärung verdeutlicht – da in sich selbst unbefriedigend – die Spannung im Text zwischen der alten halachischen (das Gesetz betreffenden) Kontroverse (die sich hier offensichtlich findet) und der radikalen apokalyptischen Transformation in den Worten Jesu (die sich m. E. hier ebenso findet). Was mich überzeugt, dass hier eine authentische Erinnerung an eine halachische Kontroverse vorliegt, ist die Tatsache, dass die Elemente der Argumentation Jesu später in den Traditionen der Rabbinen gefunden werden.*

Hier ist der entscheidende Text für unsere Zwecke:

> Rabbi Jishmaʿel und Rabbi Elʿazar der Sohn ʿAzarjas und Rabbi ʿAqiva gingen des Wegs, und Levi Hassaddar und Rabbi Jishmaʿel der Sohn Rabbi Elʿazars ben ʿAzarja gingen hinter ihnen. Da kam die Frage unter ihnen auf: *„Woher wissen wir, dass die Rettung eines Lebens den Sabbat verdrängt?"*
>
> Rabbi Jishmaʿel antwortete: Siehe, es heißt: „Wenn ein Dieb beim Einbruch gefasst und geschlagen wird, so dass er stirbt, ist der Verteidiger[a] des Blutvergießens nicht schuldig; aber wenn es nach Sonnenaufgang geschieht, ist er des Blutvergießens schuldig" [Ex 22,1[b]]. Und dies ist wahr[c], selbst wenn wir nicht sicher sind, ob jener zu töten oder nur zu stehlen kam. Nun geht die Argumentation vom Leichteren zum Schwereren[d]: Ebenso wie die Tötung eines Menschen, die das Land verunreinigt und die göttliche Anwesenheit vertreibt, den Sabbat verdrängt (in solch einem Falle, dass einer beim nächtlichen Einbruch und Eindringen gefasst wird), um so mehr [qal wachomer] die Rettung eines Lebens!"
>
> Rabbi Elʿazar pflichtete unumwunden mit einer anders gearteten Antwort bei: „Ebenso wie die Beschneidung, die nur ein Glied eines Menschen [rettet; – D. B.][e], den Sabbat verdrängt, umso mehr [qal wa-chomer] der ganze Körper!" …
>
> Rabbi ʿAqiva sagt: „Wenn Mord[f] den Tempelgottesdienst verdrängt, der den Sabbat verdrängt, umso mehr [qal wa-chomer] die Rettung eines Lebens!"

---

* „Die Rabbinen" (the Rabbis) ist eine Bezeichnung für die Führer einer Gruppe von jüdischen Lehrern, die die Mischna hervorbrachten, die Midraschim und die beiden Talmude, den palästinischen[*] und den babylonischen. Sie hatten ihre Blütezeit vom 2. bis 7. Jh. n. Chr. in Palästina und Babylon und wurden schließlich als die verbindlichen Überlieferer des Judentums anerkannt. Die Autoritäten, die in diesem Abschnitt zitiert werden, sind alle Bewohner Palästinas des 2. Jh. (*Tannaim*); daher datiert der Text, selbst wenn die Zuschreibungen authentisch sind, später als die Evangelien. Obwohl die rabbinische Parallele einige Aspekte der Äußerung Jesu erhellt – u. zw. seine Schriftbasis –, ist der Umstand bedeutsamer, dass das Evangelium das beachtliche Alter einer rabbinischen Idee bezeugt. Was wir hier sehen, ist (ungeachtet einiger äußerst wichtiger Differenzen) die Konvergenz [Annäherung] zweier Schemata jüdischer Traditionen zum Sabbat, die beide zumindest ein gewisses Heilen am Sabbat erlaubten, was teilweise auf der gleichen Begründung fußt, nämlich dass der Sabbat eingesetzt wurde, um denen zu nützen, die ihn halten; nicht dass die Menschen dazu bestimmt sind, dem Sabbat zu dienen.

[*] [Der Vf. benutzt durchgehend den (wissenschaftlichen) Ausdruck „Palästinischer Talmud" (PT/pT); andere Bezeichnungen: „Jerusalemer Talmud"/„(Talmud) Jeruschalmi"; – Anm. d. Übers.]

Rabbi Jose Hagelili sagt: „Wenn es heißt: ‚Bloß[g] halte meine Sabbate", so bezeichnet das Wort ‚bloß' eine Unterscheidung: Es gibt Sabbate, die du beiseite schiebst, und solche, die du hältst [d. h., wenn menschliches Leben auf dem Spiel steht, verdrängt dies den Sabbat; – D. B.]."

Rabbi Schimʿon der Sohn Menasjas sagt: „Siehe, es heißt: Halte den Sabbat, denn er ist heilig für *dich*; *dir* wurde der Sabbat übergeben und nicht du dem Sabbat." Rabbi Natan sagt: „Es heißt: Und die Kinder Israels hielten den Sabbat, um den Sabbat für ihre Generationen zu erhalten. Entweihe[h{*}] einen Sabbat für ihn [den Kranken; – D. B.], damit er viele Sabbate halten möge!"

(Mekhilta [halachischer Midrasch zu Ex 12-23.31.34], Traktat über den Sabbat, 1 [zu Ex 31,12ff; – Ergg. d. Übers.])[38]

---

[38] Meine Übersetzung [d. h. D. Boyarins – ins Englische – der Mekhilta]:
מכילתא דרבי ישמעאל כי תשא מסכתא דשבתא פרשה א. [Mekhilta Rabbi Jischmaels, zu Ki Tissa (Ex 30,11-34,35): Traktat über den Sabbat, Kapitel 1]
[Textkritische Anm.: [a] der in Abwehrabsicht Handelnde. – [b] Ex 22,2f (nach der Originalausgabe). – [c] rechtmäßig. – [d] s. u. qal wachomer: das „Umso-mehr"-(a fortiori-)Argument. – [e] *oder*: betrifft (so Stemberger, s. u.). – [f] *oder*: (die Hinrichtung wegen) Mord(es) (so Stemberger, s. u.); so möchte D. B. in Anm. 39 (s. d.!) die schwierige Stelle „am besten" auf Ex 21,14 beziehen. – [g] *oder*: nur (so Stemberger, s. u.). – [h] so nur der Erstdruck 1515; – *oder* (so Stemberger, s. u.[{*}]!): Achte auf ihn. – Erg. d. Übers.]
[Im Zitat oben *Kursiva* von D. B. gesetzt. – Die dt. Übers. der Mekhilta oben aus dem Engl. v. Übers.; die Einschübe „[qal wa-chomer]" vom Übers. übernommen aus der Ausgabe: Mechiltha. Ein tannaitischer Midrasch zu Exodus, übers. und erl. von Jakob Winter und August Wünsche, Hildesheim, Zürich, New York: Olms, 1990, 335f (hier in der Schreibweise „Kal wachomer"); Nachdr. d. Ausg. Leipzig: Hinrichs, 1909; unter https://archive.org/stream/MechilthaEinTannaitischerMidraschZuExodusVonAugustWnsche/Mechiltha#page/n365/mode/2up (f.) (17.03.2015). –
Die im Folgenden zum besseren Verständnis zusätzlich wiedergegebene deutsche Übersetzung stammt aus der Ausgabe: Mekhilta des Rabbi Jishmaʿel: Ein früher Midrasch zum Buch Exodus. Aus dem Hebräischen übers. und hg. von Günter Stemberger, Berlin: Verlag der Weltreligionen, 2010, Traktat Shabbeta, Kap. 1 (zu Ex 31,12-17, Ki Tissa): 415f (mit Komm. z. St. 584); – Anm. d. Übers. –:
Einst zogen Rabbi Jishmaʿel, Rabbi Elʿazar ben ʿAzarja und Rabbi ʿAqiva des Weges, und Levi der Netzmacher und Jishmaʿel, der Sohn des Rabbi Elʿazar ben ʿAzarja, gingen hinter ihnen. Da kam bei ihnen die Frage auf: Woher (wissen wir), daß Lebensrettung den Sabbat verdrängt?
Es antwortete Rabbi Jishmaʿel und sagte: Siehe, es heißt: »Wird ein Dieb beim Einbruch ertappt« [Ex 22,1] usw. Worum geht es? (Um einen Fall, wo) es zweifelhaft ist, ob er gekommen ist, um zu stehlen, oder ob er gekommen ist, um zu töten. Das ist ein Schluß vom Leichteren auf das Schwerere [qal wa-chomer]: Wenn schon Blutvergießen, welches das Land verunreinigt und bewirkt, daß sich die Schechina [„Einwohnung" Gottes in der Welt; – Ergg. d. Übers.] entfernt, den Sabbat verdrängt, um wie viel mehr gilt dann, daß Lebensrettung den Sabbat verdrängt.
Es antwortete Rabbi Elʿazar ben ʿAzarja und sagte: Wenn schon die Beschneidung, die nur eines der Glieder des Menschen betrifft, den Sabbat verdrängt, gilt dies um so mehr vom ganzen übrigen Körper. [... / ...]
Rabbi ʿAqiva sagt: Wenn schon (die Hinrichtung wegen) Mord(es) den Opferdienst verdrängt und dieser wiederum den Sabbat verdrängt, dann sollte um so mehr Lebensrettung den Sabbat verdrängen.
Rabbi Jose ha-Gelili sagt: Wenn es heißt: *Nur (akh) meine Sabbate sollt ihr halten*, unterscheidet das Wort *nur (akh)*: Es gibt Sabbate, an denen du ruhst, und es gibt Sabbate, an denen du nicht ruhst. Rabbi Shimʿon ben Menasja sagt: Siehe, es heißt: *Darum haltet den*

Im Bestreben, das radikal Neue und Nicht-jüdische in Jesu Predigt abzugrenzen, haben christliche Autoren seine Äußerung, dass der Sabbat für den Menschen gemacht wurde und nicht der Mensch für den Sabbat, oft als Hinweis auf einen völligen Gegensatz zum Halten der Sabbatgebote überhaupt gelesen und als Beginn einer Religion der Liebe und nicht der Kasuistik. In diesem Text sehen wir jedoch, dass die Rabbinen selbst Ansichten über den Sabbat vertraten, die sehr eng verwandt mit Jesu eigenen (gewiss weiter reichenden) Ansichten waren, bestimmt nicht in direktem Widerspruch zu ihnen. Die thematischen Ähnlichkeiten zwischen einigen dieser Argumente und Jesu Argumenten im Evangelium sind augenfällig. Diese Parallele wird noch enger, wenn wir ein weiteres Argument bedenken, das wir in Mt 12, nicht aber bei Mk, finden: „Oder habt ihr nicht gelesen im Gesetz, wie die Priester am Sabbat im Tempel den Sabbat brechen und sind doch ohne Schuld? Ich sage euch aber: Hier ist Größeres als der Tempel" [Mt 12,5f], was somit eine Parallele zu Rabbi Akibas Argument vom Tempel bietet.[39]

Sabbat; (denn er soll euch heilig sein). Euch ist der Sabbat übergeben, nicht aber seid ihr dem Sabbat übergeben.

Rabbi Natan sagt: Siehe, es heißt: *Die Israeliten sollen also den Sabbat halten, (um den Sabbat von Generation zu Generation zu einem ewigen Bund zu machen)*. Achte auf ihn[*] einen Sabbat lang, und du wirst viele Sabbate halten können. –

[*] Textkritischer Kommentar bei Stemberger, Mekhilta (s. ob.), 584: „So alle Textzeugen. Nur der Erstdruck liest: »Entweihe einen Sabbat, damit du viele Sabbate halten kannst."" – Vgl. dazu Stemberger, 448: Der Erstdruck, Konstantinopel 1515, „weicht in Details immer wieder von der einheitlichen Bezeugung des Textes in der italienischen Handschriftenfamilie ab und wird einer französisch-sefardischen Textfamilie zugeordnet." – Ergg. d. Übers.]

[39] Sicher ist Matthäus im Denken und Ausdruck den rabbinischen Texten oft näher als Markus. Tatsächlich führte dieser Umstand zur Auffassung, dass das Matthäusevangelium „jüdischer" sei als das Markusevangelium: m. E. ein eindeutiger Irrtum, obgleich Matthäus näher zu den proto-rabbinischen Traditionen als Markus gewesen sein könnte.
Rabbi Akibas Argument ist in gewisser Weise schwer zu verstehen, dürfte aber am besten in der Bedeutung wie dieser verstanden werden sein: Wir wissen, dass man – selbst inmitten der gottesdienstlichen Opferhandlung – einen Mörder vom Altar entfernt aus Ex 21,14, wo uns über einen Mörder mit besonderer Schwere der Schuld (premeditated [*eigentlich* ein strafverschärfender Terminus im Rechtssystem der USA; – Erg. d. Übers.]) gesagt wird: „Du wirst/sollst ihn vom Altar wegnehmen, um ihn hinzurichten." Nunmehr folgt, dass die Beseitigung eines Mörders wichtiger ist als sogar die Opfer, und die Opfer wichtiger als der Sabbat sind (da der Sabbat im Tempel verletzt wird, um den Kult zu erhalten); daraus folgt, so argumentiert Rabbi Akiba, dass die Rettung eines menschlichen Lebens wichtiger ist als der Sabbat und ihn beiseite schiebt. Das Argument [vom Gedanken] der Hinrichtung des Mörders hin zu [dem Gedanken] der Rettung eines Lebens scheint ein Beispiel für ein allgemeines tanaanitisches Prinzip zu sein, dass das Maß der Gnade stets mächtiger als das Maß der Vergeltung ist [vgl. 143]. Das wird uns befähigen, von neuem den V. 6 dort [in Mt 12] zu verstehen.
Wenn Jesus sagt: „Ich sage euch aber: Hier ist Größeres als der Tempel", nimmt er auf den ersten Blick einfach das „Umso-mehr"-(a fortiori-)Argument [vgl. qal wa-chomer (s. Anm. 38); – Erg. d. Übers.] vorweg, das wir später aus dem Munde Rabbi Akibas hören, d. h., dass Menschen zu unterstützen bedeutsamer ist als der Gottesdienst im Tempel; und wenn wir folglich den Sabbat für den Tempelgottesdienst verletzen – umso mehr [tun wir] dies zum

Jesus könnte sehr wohl in einer Kontroverse mit antiken Pharisäern gestanden haben, die das Prinzip, dass die Rettung eines Lebens den Sabbat verdrängt, noch nicht deutlich ausgesprochen hatten. Wie mein Kollege Aharon Shemesh herausgestellt hat, war solches die Ansicht der Juden der Gemeinschaft vom Toten Meer.[40] In dieser Hinsicht steht Jesu Lehren jedoch kaum im Widerspruch zum Lehren der späteren *Tannaim*, die es möglicherweise von Jesus lernten, wahrscheinlich aber nicht. Was den Jesus der Evangelien unverwechselbar macht, ist m. E. die weitere apokalyptische Ausdehnung dieser Prinzipien, u. zw. die Menschensohn-Äußerung – die Äußerung, dass der Menschensohn, der göttliche Messias, jetzt der Herr über den Sabbat ist.

Auch hierdurch erklärt sich der eine wahrscheinliche und möglicherweise gewaltige Unterschied zwischen dem Spruch der Rabbinen und dem der Evangelisten (oder Jesu). Die rabbinische Interpretation und ihre Halacha neigen sehr in Richtung einer Erlaubnis der Verletzung des Sabbats durch einen Juden, um einen anderen Juden zu retten; während der Aufbau des Spruches Jesu und seine Konsequenzen (wenn auch nicht unausweichlich) anzuzeigen scheinen, dass jedweder Mensch am Sabbat gerettet werden müsse. Wenn dies anscheinend der Fall ist, dass das Recht der Rabbinen nur auf Juden angewendet wird, ist Jesu Ausdehnung des Rechtes eine Frucht des radikalen apokalyptischen Augenblicks, in dem das Markusevangelium geschrieben wurde, ein Moment, in dem die Tora nicht abgestoßen, sondern erweitert und „erfüllt" wurde – um matthäische Terminologie zu gebrauchen –, ein Moment, in dem der Menschensohn offenbart und Anspruch auf seine volle Autorität erhob.[41] Dem Menschensohn war Daniel zufolge tatsäch-

---

Nutzen der Menschen. Es muss jedoch klar erkannt werden, dass der halachischen Äußerung Jesu eine sehr viel radikalere Bedeutung beizumessen ist, insofern sie eine umfassendere Bewährungsprobe für die Unterstützung beinhaltet: nicht nur die Rettung eines Lebens, wie es die Rabbinen wollten, sondern die Rettung vom Hunger. (Vgl. Aharon Shemesh, „Shabbat, Circumcision and Circumcision on Shabbat in Jubilees and Dead Sea Scrolls", unveröffentlichter Aufsatz [2011]. Ich bin Prof. Shemesh dankbar für seine Kommentare zu diesem Kapitel und für die Überlassung seiner Arbeit vor Veröffentlichung.)

Schließlich sehen wir ein Muster, das sich selbst in Mk 7 wiederholt, wie wir weiter unten in Kapitel 3 sehen werden: In ihm wird das halachische Argument Jesu – ein geradezu makelloses und durchgestaltet nach rabbinischen Prinzipien (die somit als viel älter als die Rabbinen ausgewiesen werden) – interpretiert als eine Art Parabel und als eine Parabel mit Anspielungen auf das messianische Zeitalter, in dem Jesus und die Evangelisten gerade lebten. Wie Shemesh bemerkt: „Es muss eingeräumt werden, dass in beiden Argumenten Jesus einen überzeugenderen Beweis als die Rabbinen liefert."

40 Shemesh, Shabbat (s. Anm. 39), [o. S.].
41 Es gibt eine Tendenz unter gewissen christlichen Gelehrten, auf einem absoluten Kontrast und daher auf einem Konflikt hierbei zwischen „Judentum" (schlecht) und „Christentum" (gut) zu bestehen. Beispielhaft für diese Tendenz ist Arland J. Hultgren, The Formation of the Sabbath Pericope in Mark 2:23-28, Journal of Biblical Literature [JBL] 91,1 (March 1972), [38-43]: 39 Anm. 8, der sich selbst in der folgenden Äußerung verrät:
»Es gibt eine enge Parallele, auf die sich viele Kommentatoren beziehen, in der Äußerung des R. Simeon b. Menasja aus dem 2. Jh. (Mekhilta zu Ex 31,14): „Der Sabbat ist dir über-

lich das Gericht über alle Völker gegeben; und ich würde vorsichtig behaupten, dass dies die Ausdehnung des Sabbats (und somit der Sabbatheilung) auf sie erklärt. Hier bei Markus finden wir einen Jesus, der die Tora erfüllt, keineswegs einen, der sie ablehnt.

Die Evangelien sind Zeugnis für das bedeutsame Alter von Themen und Kontroversen, die später in der rabbinischen Literatur erscheinen. Da hier wenig Anlass besteht zu glauben, dass die Rabbinen wirklich die Evangelien lasen, ist es schlüssig, dass wir [mit den Evangelien; – Erg. d. Übers.] unabhängige Zeugen für diese Kontroversen haben. Die Argumente: von Davids Verletzung der Tora; von der Behauptung, dass der Sabbat für den Menschen gemacht wurde; vom Dienst im Tempel, der eine zulässige Verletzung des Sabbats darstellt (letzteres findet sich bei Matthäus und nicht bei Markus) – alle Argumente werden in der rabbinischen Literatur aufgeboten, um die Rettung des Lebens am Sabbat (gewiss einschließlich der Rettung vorm Verhungern) zu rechtfertigen, mit nur einem wichtigen Vorbehalt, dass es eine Notwendigkeit für die Heilung geben muss, die am Sabbat getan werden muss, d. h.: die Bedingung ist die Bedrohung des Lebens oder dass es be-

---

geben, und du bist nicht dem Sabbat übergeben." Aber dieser Spruch hat nicht dieselbe Bedeutung wie Mk 2,27. Im Kontext betont dieser Spruch den Sabbat als eine charakteristisch jüdische Institution, d. h. als Israel gegeben (so Ex 31,14). Der Sabbat ist Israel als eine Gabe übergeben worden, und es ist selbstverständlich, dass Israel den Sabbat daher halten wird. In Mk 2,27 ist es selbstverständlich, dass der Sabbat für das Wohl des Menschen eingerichtet wurde. Er wird natürlich in einem jüdischen Milieu gehalten werden, aber was die Oberhand gewinnen muss ist das, was das menschliche Leben bereichert, nicht die Sabbatkasuistik – selbst wenn die Intention der letzteren ist, den Tag zu einem des Feierns zu machen.«
Die vorsätzliche Ignoranz, die in dieser Äußerung zum Ausdruck kommt, ist einfach atemberaubend, weil es vom Kontext her vollkommen deutlich ist, das der Spruch Rabbi Schimʿons ben Menasja tatsächlich von der Erlaubnis, am Sabbat zu heilen, handelt. Hultgren irrt sich deutlich; sein Satz sollte lauten: „Der Sabbat ist Israel übergeben als eine Gabe, und deshalb ist es gestattet, Juden am Sabbat zu heilen." Damit die Dinge vollkommen klar sind, betone ich, dass ich die höchstbedeutsame Differenz zwischen Jesus und der Mekhilta (den Rabbinen) hier nicht in Abrede stelle. Die Rabbinen beschränken die Erlaubnis, am Sabbat zu heilen, gewiss auf [die Heilung von; – Erg. d. Übers.] Juden, während Jesus dies als umfassende Erlaubnis, jedes menschliche Leben zu retten, anzustreben scheint. Es bleibt gleichwohl dabei, dass die Rabbinen hier genau dasselbe Argument benutzen, um das Heilen am Sabbat zu rechtfertigen, wie es Jesus gebrauchte, u. zw. dass der Sabbat den Menschen (Israel) für ihr Wohlergehen übergeben wurde und nicht die Menschen dem Sabbat übergeben wurden. Mein Anliegen ist es ferner nicht, die mögliche moralische Überlegenheit der Position Jesu über die Rabbinen zu leugnen (vgl. Shemesh in der vorigen Anmerkung [u. Anm. 39]), vielmehr gegen die Behauptung einer absoluten und völligen Differenz zwischen angeblich gänzlich entgegengesetzten religiösen Herangehensweisen zu protestieren; die eine: angeblich unnachgiebig, unnachsichtig und gesetzlich, die andere: die eine humanistische Religion der Liebe befördert. Hultgrens verächtlicher Sprachgebrauch von „Kasuistik" verrät plaudernd seine Absicht.
Noch beleidigender als Hultgrens Meinung ist die von E[duard] Lohse, dass der Spruch, „Der Sabbat wurde für den Menschen gemacht" usw., ein authentischer Spruch Jesu sei, der sich seiner vorgeblichen *Unähnlichkeit* zum Judentum verdanke. (Lohse folgt dem hoch umstrittenen Kriterium, dass nur das, was nicht dem „Judentum" gemäß ist, als eigentliche Worte des Herrn geltend gemacht werden kann.) Diese Äußerung sei dem Judentum un-

droht sein könnte, wenn man sich nicht damit befasst. Diese Verknüpfung dürfte kaum zufällig sein; manche sehr frühe Version einer Kontroverse zur Erlaubnis

> ähnlich und demzufolge angeblich authentisch vom Herrn [Jesus] stammend [(dominical, *hier*: jesuanisch bzw. ein sog. „Herrenwort" – Erg. d. Übers.], während genau dieselbe Äußerung, wenn sie in jüdischen Texten (in der Mekhilta, s. ob.) erscheint, „etwas Unterschiedliches meint".
> Wenn es je ein Beispiel dafür gab, Fragen zu provozieren – hier ist es. Die Verdrehtheit dieser Argumentationsweise ist offenkundig, denn schon Ockhams Rasierklinge [d. h. das (scholastische) Forschungsprinzip der Sparsamkeit mit Hypothesen; – Anm. d. Übers.] würde erfordern, dass – wenn wir denselben (oder nahezu denselben) Spruch in einem ähnlichen Kontext in zwei historisch in Beziehung stehenden Texten finden – sie annähernd dasselbe bedeuten müssen. Die Berufung auf einen mit dem Spruch Jesu gegebenen Spezialfall (sog. special pleading) und die darin enthaltene Einführung eines doppelten Standards – die in der Verzerrung des rabbinischen Spruchs, weg von seiner offensichtlichen Bedeutung, besteht, um ihn unähnlich *zum* (und „schlechter" *als* den) Spruch Jesu zu machen, und dies danach als ein implizites Argument gegen das „Judentum" zu verwenden –, ist schlichtweg ein außergewöhnliches anti-jüdisches Plädoyer für das Messen mit zweierlei Maß.
> Zu diesem Lohse vgl. Frans Neirynck, Jesus and the Sabbath: Some Observations on Mark II, 27, in: J. Dupont u. a. (Hgg.): Jésus aux Origines de la Christologie (Bibliotheca Ephemeridum theologicarum Lovaniensium [BETL 40]; – Journées Bibliques de Louvain [24] 1973), Louvain: Leuven University Press; Gembloux: Éditions J. Duculot, 1975, [227-270]: 229f [Nachdr. in erw. Neuausg.: Leuven-Louvain: Leuven University Press/Presses Universitaires de Louvain/ Universitaire Pers Leuven, ²1989, 227-270: 228-231, bsd. 229f; – Erg. d. Übers.].[*]
> Neirynck selbst erfasst die Sache hier sicher richtig; Neirynck, Jesus and the Sabbath (s. ob.), 251f. Er irrt jedoch genau da, wo er sagt, dass „wir auf beiden Seiten [d. h. was das Evangelium und den rabbinischen Spruch anbelangt (– D. B.)] mit einer Mannigfaltigkeit von Interpretationen konfrontiert sind." [252] Kein Ausleger in der Geschichte des Judentums hat jemals diesen Spruch als etwas anderes gesehen (noch erlaubt es sein Kontext, in ihm etwas anderes zu sehen) als eine Unterstützung des Prinzips, dass die Rettung eines Lebens den Vorrang vor dem Sabbat hat; jegliche andere Lesart durch moderne Neutestamentler ist eine Folge von Vorurteil und nichts anderes. Das angebliche „Chaos der talmudischen Gelehrsamkeit" ist, mindestens in diesem Fall, ein pures Hirngespinst.
> Weitaus besser ist ein Interpret wie William Lane, für den die *Ähnlichkeit* des Spruchs Jesu zu dem der Rabbinen als Beweis für seinen jesuanischen (dominical) Ursprung darstellt (William L. Lane, The Gospel According to Mark: The English Text with Introduction, Exposition, and Notes (New International Commentary on the New Testament [NICNT]), Grand Rapids, MI: William B. Eerdmans, 1974, 119f). Weitere neuere christliche Gelehrte folgen dieser allgemeinen Tendenz: wie Joel Marcus, Mark 1-8: A New Translation with Introduction and Commentary [The Anchor Bible (AncB) 27], New York: Doubleday, 2000, 245f, sowie Collins, Mark: A Commentary (s. Anm. 32), 203f, die hier richtig liegt. –
> [*] [Neirynck bezieht sich auf zwei Beiträge Eduard Lohses: zunächst (228 [Anm. 5] - 231 [Anm. 7]) und ausführlich auf: E. Lohse, Jesu Worte über den Sabbat, in: Judentum, Urchristentum, Kirche, FS für J. Jeremias, hg. v. W. Eltester (Beiheft [für die Zeitschrift für die neutestamentliche Wissenschaft und die Kunde der älteren Kirche] ZNW 26), Berlin: Alfred Töpelmann, 1960, 80-89; ²1964 [²79-89], bsd. 84 [²84f]; Nachdr. in: Die Einheit des Neuen Testaments. Exegetische Studien zur Theologie des Neuen Testaments, Göttingen: Vandenhoeck & Ruprecht, 1973, 62-72, bsd. 67f; – daneben verweist Neirynck (228 [Anm. 6]; 231 [Anm. 7]) kurz auf E. Lohse, Art. σάββατον [sábbaton], in: [Theologisches Wörterbuch zum Neuen Testament ThWNT/] TWNT, VII, Stuttgart 1964 (= fasc. 1, Januar 1960), 1-34, bsd. 21-29 [22!]: "Die Sabbatkonflikte Jesu"; – Ergg. d. Übers., z. T. n. d. Literaturangaben Neiryncks].

der Heilung am Sabbat dürfte in diesem Abschnitt auffindbar sein.[42] Blieben wir auf dieser Stufe der Argumentation stehen, würden wir einen nicht sonderlich radikalen, sogar fremdartig „rabbinischen" Jesus antreffen, der gegen einige Rigoristen kämpft, die er als Pharisäer ausmacht. Jedoch ließe dieser Ansatz zu vieles im Text unerklärt. Er erklärt überhaupt nicht das Argument hinsichtlich Davids, der sich selbst und seine Anhänger mit verbotenem Brot speist. Wir werden sogleich sehen, wie die genaue Beachtung dieses textlichen Details eine andere Dimension der markinischen Theologie von Jesus (Christologie) enthüllt.[43]

Kurz gesagt lautet mein Auslegungsvorschlag: eine Reihe von kontroversen Argumenten zugunsten einer zulässigen Verletzung des Sabbats zum Zwecke des Heilens (jetzt eine akzeptierte Praxis) wurde überlagert und radikalisiert durch ein weiteres apokalyptisches Element, das durch den bloßen Zusammenhang mit Davids Verhaltensweise angeregt wurde. Die Davidsgeschichte selbst [1 Sam 21,2-7] kann so oder so laufen. Ebenso wie es die Rabbinen vorzogen, den Hunger Davids zu betonen und daher den lebensrettenden Aspekt der Geschichte – und damit rechtfertigen sie andere Übertretungen des Gesetzes, falls ein Leben gerettet werden kann (Palästinischer Talmud, Traktat Joma 8,6 45b)[*], – so ging in gleicher Weise Matthäus vor. Hingegen drängte Markus, der die Geschichte so versteht, dass es um die besonderen Vorrechte des Messias ginge, die Geschichte in die Richtung,

---

[42] Menahem Kister, Plucking on the Sabbath and the Jewish-Christian Controversy, Jerusalem Studies in Jewish Thought 3,3 (1984), 349-366 [in Hebräisch]. Vgl. auch Shemesh, Shabbat (s. Anm. 38).

[43] John P. Meier schrieb: „Es ist also klar: dieser galiläische Kreis von Disputationsgeschichten ist ein kompliziertes Stück literarischer Kunst und Kunstfertigkeit, geschrieben von einem christlichen Theologen, um seine allumfassende Vorstellung von Jesus als verborgenem, dennoch autoritativem Messias, Menschensohn und Gottessohn, voranzutreiben. Wenn wir beginnen, die vierte von fünf Geschichten zu untersuchen: das Ährenraufen am Sabbat, ist das Letzte, was wir tun sollten, sie als Wiedergabe einer Videoaufzeichnung der Debatte unter verschiedenen palästinischen Juden im Jahre 28 n. Chr. zu behandeln. Sie ist – in erster Linie – eine christliche Komposition zur Verbreitung christlicher Theologie. In welchem Ausmaß sie auch Erinnerungen an einen tatsächlich stattgefundenen Zusammenstoß (clash) zwischen dem historischen Jesus und Pharisäern bewahrt, kann ausschließlich durch die Analyse des christlichen Textes, den wir vor uns haben, entschieden werden." Meier, Plucking (s. Anm. 37), 567.
Ich stimme hier mit Meiers Formulierung völlig überein; der Text räumt uns nicht die Möglichkeit ein, hier simplifizierend bloß eine Aufzeichnung halachischer Kontroversen zu sehen (obwohl die Tatsache, die es uns erlaubt, dies *auch* zu sehen, von enorm wichtiger Bedeutung ist). Mein Einwand gegen Meier wendet sich hier nur gegen seine Verwendung des aufgerufenen Ausdrucks „christlich" als ein Ausdruck im Widerspruch zu „mehreren palästinischen Juden". Ich möchte hier gern eine Lesart vorstellen, die auf meinen Erwägungen beruht, die ich bisher entfaltet habe, in der sowohl die halachische Kontroverse als auch ihre apokalyptische Radikalität auf dasselbe palästinische jüdische Milieu zurückgehen.

[*] [Zu pJom/yJom 8,6, 45b{*} vgl. Yoma – Versöhnungstag, übers. v. Friedrich Avemarie (Übersetzung des Talmud Yerushalmi [ÜTY] II/4), Tübingen: J.C.B. Mohr (Paul Siebeck), 1995, 217-220 (i. A.).

{*} Zur Stelle und zur Zählung vgl. unten 78f Anm. 51 (am Ende); – Erg. d. Übers.]

wie er es tat. Deswegen ist der Grund für das Fehlen von V. 27 bei Mt (und Lk), dass Markus' messianische Theologie ein wenig zu radikal für die späteren Evangelisten war.

Ich meine, dass die Probleme dieser Versfolge am besten entwirrt werden, wenn wir seinen auf Mk 2,10 folgenden Kontext ernst nehmen, wie ich es gerade diskutiert habe. Wenn Jesus (der markinische Jesus oder der Jesus dieser Textstellen) sich selbst als Menschensohn proklamiert, der aufgrund Dan 7,14 die ἐξουσία [exusía; Vollmacht] hat, dann ist es völlig glaubwürdig, dass er ebenso die Herrschaft über den Sabbat beansprucht. Indem Jesus die offenkundig umstrittene Auffassung ausdehnt, dass das Heilen am Sabbat kraft verschiedener biblischer Präzedenzfälle und Argumente erlaubt ist, erhebt er einen sehr viel radikaleren Anspruch: die Tora billigt nicht nur das Heilen eines Todkranken am Sabbat; sondern dem Messias selbst, dem Menschensohn, ist die Vollmacht darüber gegeben zu entscheiden, wie ferner das Sabbatgebot weiterzuentwickeln und zu interpretieren ist. Dies ist m. E. in erster Linie durch den Umstand veranlasst, dass es David ist, der das Gesetz verletzt, um seine Knechte (minions) zu speisen, darum kann Jesus – der neue David, der Menschensohn – so handeln, um seinen Minjan[*] zu speisen.[44] Der springende Punkt ist sicher nicht – wie einige Interpreten anführen –, dass David das Gesetz übertrat und Gott nicht protestierte, weshalb das Gesetz außer Kraft gesetzt ist und jeder es übertreten könne. Vielmehr ist es dieser David, das Modell des Messias, der sich der Vollmacht erfreut, Teile des Gesetzes beiseite zu schieben; und in glei-

---

[*] [Quorum – Mindestteilnehmerzahl – von zehn religionsmündigen Juden für den Gottesdienst; i. w. S. (Gottesdienst-, Bet-)Gemeinde; hier Wortspiel mit minion(s); – Erg. d. Übers.]

[44] Der Umstand, dass Davids Tat nicht am Sabbat stattfand, ist – mit Verlaub *gegen* Meier, Plucking (s. Anm. 37), 576f, und Collins, Mark: A Commentary (s. Anm. 32), 203 – vollkommen irrelevant. Auch bin ich teilweise anderer Meinung als Meier und würde vorschlagen, dass Jesu irrtümliche Vertauschung von Abjatar – anstelle von Ahimelech – als Name des Hohenpriesters [1. Sam 21,2-7] eine gewisse Vertrautheit mit dem biblischen Text – nicht Unkenntnis – erkennen lässt und eher die Historizität des Details stützt. Jemand, der mit einem Text sehr vertraut ist und ihn aus dem Gedächtnis zitiert, könnte einen solchen Fehler spielend begehen, ein Autor hingegen kaum. Folglich widerspreche ich in allen Punkten folgendem Satz: „Der Schluss, den wir sowohl aus diesem Irrtum als auch aus den anderen Beispielen der fehlerhaften Nacherzählung der alttestamentlichen Geschichte durch Jesus ziehen müssen, ist einfach und klar: Die Nacherzählung der Begebenheit von David und Ahimelech zeigt sowohl eine eklatante Unkenntnis dessen, was der alttestamentliche Text tatsächlich sagt, als auch eine auffällige Unfähigkeit, ein überzeugendes Argument aus der Geschichte heraus zu konstruieren"; Meier, Plucking (s. Anm. 37), 578. Und ich glaube nicht, dass ich unter Meiers Kategorie der „konservativen Gelehrten" falle.
Meine Auslegung, falls er sie akzeptiert, könnte Meiers „Verwunderung" ein wenig reduzieren, wenn er entdeckt, dass Haenchen behauptet, dass der Autor (oder der den Einschub tätigende Bearbeiter) der VV. 25f in der Bibel bewandert war; Meier, Plucking (s. Anm. 37), 579 Anm. 35, zitiert Ernst Haenchen, Der Weg Jesu. Eine Erklärung des Markus-Evangeliums und der kanonischen Parallelen (Sammlung Töpelmann [STö] 6), Berlin: Töpelmann, 1966, 121. Ich bin überzeugt, dass die lukanische Version meine Interpretation darin stützt, dass die direkte Bewegung von David zum Menschensohn den messianischen Parallelismus nachdrücklich einschließt (Lk 6,4f). Für diese Interpretation von Lukas vgl. Neirynck, Jesus and the Sabbath (s. Anm. 41), 230.

cher Weise macht es Jesus auch, der neue David, der Messias. Dies stellt keine Attacke auf das Gesetz oder eine angebliche pharisäische Gesetzlichkeit dar, jedoch eine apokalyptische Deklaration eines neuen Augenblicks in der Geschichte, in dem ein neuer Herr, der Menschensohn, über das Gesetz eingesetzt worden ist.

Unter Beachtung der danielschen Anspielung, die in jedem Gebrauch des Ausdrucks „Menschensohn" steckt, kann man sehen, dass in all jenen Situationen der markinische Jesus genau dieselbe Art von Anspruch auf der Grundlage der Autorität, die dem Menschensohn bei Daniel übereignet ist, erhebt, wie er es Mk 2,10 tut.[45] Dies versetzt mich in die Lage, eine Lösung für die Abfolge von VV. 27f vorzuschlagen. Ein Einwand könnte sein, dass der Sabbat nicht „unter den Himmeln" [Dan 7,27], sondern im Himmel ist und dadurch von der Übertragung der Autorität von dem Alten der Tage auf den Einen wie ein Menschensohn nicht betroffen ist. Dieser Einwand wird vollständig durch die Äußerung entkräftet, dass der Sabbat für den Menschen gemacht wurde; folglich ist der Menschensohn, dem die Herrschaft im menschlichen Bereich gegeben wurde, der Herr über den Sabbat.[46] Es ist tatsächlich ein notwendiger Teil des Arguments, dass der Menschensohn Herr des Sabbats ist, weil – wenn der Sabbat im Himmel ist (wie man sehr wohl auf der Grundlage von Gen 1 behaupten könnte) – dann der Anspruch, dass der Menschensohn, der nur auf Erden Herrschaft besitzt, seine Vorschriften außer Kraft setzen kann, ziemlich haltlos wäre. Ich glaube, dass diese Erklärung der Verbindung zwischen den VV. 27 und 28 [von Mk 2] viele interpretatorische Rätsel beantwortet, die auftreten, wenn V. 27 als eine schwache menschliche Äußerung gelesen wird, als irgend so etwas wie: „Der Sabbat wurde für den Menschen gemacht, also tu, was immer du willst!"[47] Meinem gegensätzlichen Verständnis nach ist das, was ein traditioneller jüdischer Spruch gewesen sein könnte, um das Brechen des Sabbats zwecks Lebensrettung zu rechtfertigen, in den Händen des Jesus' bei Markus die Rechtfertigung für eine *messianische* Außerkraftsetzung des Sabbats.[48] Diese Interpretation hat m. E. den Vorzug, zwei wesentliche interpretative Streitfragen im Text zu lösen: die Einheit der zwei Antworten Jesu

---

[45] Vgl. die ähnliche, aber auch fast unmerklich verschiedenartige Schlussfolgerung von Collins, Mark: A Commentary (s. Anm. 32), 205. Es ist m. E. nicht so sehr der Messias als König, der das strittige Thema darstellt, sondern eher der Menschensohn als Träger der Göttlichkeit und der göttlichen Autorität auf Erden.

[46] Diese Interpretation vermeidet den offensichtlichen Gedankensprung (*non sequitur* – D. B.; auch: unlogische Schlussfolgerung) zwischen [Mk 2] VV. 27 und 28, auf den u. a. durch Beare, The Sabbath Was Made for Man, 130 (s. Anm. 36), aufmerksam gemacht wurde.

[47] Vgl. Robert H. Gundry, Mark: A Commentary on His Apology for the Cross, Grand Rapids, MI: Eerdmans, 2004 [Nachdr. in 2 Bdd.: I: Mk 1-8, II: Mk 9-16] (1993), I, 144. Zu anderen Autoren, die diese Auffassung vertreten, vgl. die Diskussion in Neirynck, Jesus and the Sabbath (s. Anm. 41), 237f, und die Anmerkungen dort.

[48] So weit ich sehe, steht meine Auffassung in mancher Hinsicht der von Eduard Schweizer, Das Evangelium nach Markus [Bible. 4, N. T. Mark. Commentaries (– D. B.)], Göttingen: Vandenhoeck & Ruprecht, 13 (NB 3)1973, 39f (Das Neue Testament Deutsch [NTD] 1), sehr nahe.

(beide sind Bezugnahmen auf seinen messianischen Status) und die Unterordnung des [Verses]: „So ist der Menschensohn Herr auch über den Sabbat."[49]

Die halachischen Argumente im Munde Jesu hier und Kap. 7 sind zu gut ausformuliert und historisch bezogen, um ignoriert zu werden; Jesus – oder Markus – kannte sich natürlich hinsichtlich eines halachischen Argumentes aus.[50] Sie sind kein Relikt aus früheren Zeiten, sondern verkörpern m. E. wirkliche Auseinandersetzungen des ersten Jahrhunderts, und als solche bieten sie einen wertvollen Beleg, dass ein solcher halachischer Diskurs und eine ebensolche Argumentation schon damals bestanden. Aber das ist natürlich nicht alles, was es hier gibt. Es gibt hier zwei Details, die die Verwendung dieser Argumentation im Evangelium von einer rein halachischen Kontroverse abgrenzen. Das erste ist, dass in beiden Fällen Jesus das Argument selbst sowie die Halacha selbst als ein Zeichen einer ethischen Auslegung gebraucht, eine Art Gleichnis (so ausdrücklich in [Mk] Kap. 7[,17] benannt); das zweite und erstaunlichste Detail ist, dass das apokalyptische Element des Menschensohns hier, wie in der Geschichte vom Gelähmten [Mk 2,1-12 parr; vgl. aber Mk 3,1-6 Die Heilung eines Mannes mit einer verdorrten Hand am Sabbat; – Ergg. d. Übers.], eingeführt wird, um die messianische Natur, die göttlichmenschliche Natur der Herrschaft Jesu als Menschensohn jetzt auf die Erde heimzuholen. Der Vergleich mit David ist natürlich sehr zugespitzt und macht glauben, dass der Erlöser in Dan 7,13f wirklich als messianischer König verstanden wird, als Davidssohn. Deshalb würde ich hierin den klaren Beleg für die Identifikation des davidischen Messias mit dem Menschensohn erkennen: eine Identifikation, die offensichtlich keiner menschlichen genealogischen Verbindung zwischen den beiden bedarf, weil der Menschensohn eine vollkommen himmlische Gestalt ist, die ein menschliches Wesen wird.[51] Es gab im Altertum – ungefähr zur

---

[49] Zur Diskussion dieser zwei offenkundigen Schwierigkeiten vgl. Marcus, Mark 1-8 (s. Anm. 41), 243-247.

[50] Das ist wirklich einer der Hauptpunkte in Shemeshs unveröffentlichtem Aufsatz [(s. Anm. 39)]; Shemesh ist tatsächlich so (u. zw. angemessen) kühn zu behaupten, dass Jesu halachische Argumente nicht selten stimmiger und stichhaltiger sind als einige der Rabbinen jüngerer Zeit. Aber sie bleiben dennoch – und sogar umso mehr – halachische Argumente.

[51] Vgl. Beare, The Sabbath Was Made for Man? (s. Anm. 36), 134. Ich stimme mit Beare jedoch nicht überein bzgl. seiner Annahme, dass das David-Argument nur mit messianischen Beiklängen hätte Verwendung finden können, da wir es in der rabbinischen Literatur ohne solche Beiklänge und in einem sehr ähnlichen Kontext finden, u. zw. als Rechtfertigung der Verletzung der Tora in einer Situation, in der eine Lebensbedrohung vorliegt (sogar eine solche, sehr milde Bedrohung wie Halsweh). Palästinischer Talmud, Traktat Joma [pJom/yJom] 8,6, 45b [u. zw.: „Und ferner sagte Rabbi Matya ben Heresh: Wer Schmerzen in seinem Mund[197)] hat, dem legt man (auch) am Sabbat ein Heilmittel hinein, weil dies ja ein Zweifelsfall von Lebensgefahr ist. Denn jeder Zweifelsfall von Lebensgefahr verdrängt das Sabbatgebot." pJom/yJom 8,5 [5b-6] (6b-7), 45b (vgl. bJom 83a); vgl. dazu die Fußnote [197)]: „H[and]s[chrift]. Leiden, durchgestrichen: ‚be-fiw', darüber: ‚bi-gerono' (‚in seinem Hals'); dem entsprechen Ed. princ.[*] und K[**]. – Vgl. Meinhold, Joma[***], Apparat z. St."; zit. n. ÜTY, II/4, 221; VII; XV (s. ob. 75 Anm. [*]);

Zeit der Abfassung des frühesten Evangeliums – andere Juden, die Daniel 7 ebenfalls in einer Weise lasen, wie es m. E. Jesus tat. In dieser Lesart ist der Markus-Spruch über den Menschensohn als Herr über den Sabbat gerade eine radikale eschatologische Wende, aber keine, die durch einen Schritt heraus aus der weiten Gemeinschaft der Israeliten oder sogar Juden begründet wird. Wenn Daniels Vision jetzt durch die Person Jesu als Inkarnation des Menschensohns erfüllt wird, dann ist irgendeine radikale Änderung genau das, was während der Endzeit erwartet würde. Der Herrscher ist – wie uns moderne Politiktheoretiker sagen[*] – derjenige, der Ausnahmen vom Gesetz setzen kann, wenn es als notwendig oder angemessen beurteilt wird. Es sind genau diese Urteile, um derentwillen dem Menschensohn die Herrschaft gegeben wurde. Die Herrschaft wird zum Ausdruck gebracht mittels Ausweitung der den Juden verliehenen Erlaubnis der Sabbatverletzung – zum Zweck der Rettung des Lebens anderer, die den Sabbat halten – durch Jesus den Messias, um alle Menschen einzubeziehen. Diese eschatologische Wende ist eine, die viele Juden abgelehnt hätten: nicht weil sie nicht glaubten, dass der Menschensohn Herr über den Sabbat ist, sondern weil sie nicht glaubten, dass Jesus der Menschensohn wäre.

Ich würde argumentieren, dass diese göttliche Gestalt, der Vollmacht verliehen wurde, ein Erlöser-König ist, wie die Danielstelle klar zeigt.[52] Auf diese Weise stand er fix und fertig bereit für eine Identifikation mit dem davidischen Messias, wie er es im Evangelium und ebenso in der nicht-christlichen zeitgenössischen jüdischen Literatur wie Henoch[**] und 4. Esra ist. Die Verwendung des Wortes „Menschensohn" in den Evangelien ist verknüpft mit dem Beleg eines solchen Sprachgebrauchs in diesen anderen antiken jüdischen Texten. Dies führt uns dazu,

---

[*]   Ed. princ. = Talmud Yerushalmi, nidpas be-vet Dani'el Bombergi, Venedig 1523/24 (Editio princeps), Ndr. [hrsg. v. Lazarus Goldschmidt] Berlin [: Harz-Vlg.,] 1925 (Seder II, fol. 38a-45c);

[**]   K = Talmud Yerushalmi ʿal pi hoṣaʾat Qeroṭoshin, Ndr. der Ausgabe Krotoszyn 1865/66, Jerusalem 1968/69, Seder II, fol. 38a-45c;

[***]   Johannes Meinhold, Joma (Der Versöhnungstag). Text, Übersetzung und Erklärung, in: Die Mischna, hg. v. G. Beer u. O. Holtzmann, Bd. II/5, Gießen: [Töpelmann], 1913. –
Zur (abweichenden) Zählung vgl. ÜTY, II/4, XIX: „Die Halachot werden wie üblich nach der Numerierung der Gemara gezählt. Falls der Mischnatext in K und die Mischna-Ausgabe von Albeck[****] abweichend zählen, werden die Zählung der Mischna in K an zweiter Stelle in eckigen und die Zählung von Albeck an dritter Stelle in runden Klammern beigegeben."

[****] Chanoch Albeck, Einführung in die Mischna, SJ [Studia Judaica, Berlin] 6, Berlin – New York: [De Gruyter], 1971; zit. u. erg. n. ÜTY, II/4, IX; – Ergg. d. Übers.]

[*]   [Vgl. 66 und die kritische Diskussion der Thesen Carl Schmitts beispielsweise bei Giorgio Agamben u. v. a.; – Anm. d. Übers. u. Ang. d. Vf.]

52   Zu einer ähnlichen Auffassung vgl. Collins, Mark: A Commentary (s. Anm. 32), 185 Anm. 28.

[**]   [Gemeint ist: Das erste Buch Henoch, 1. Henoch (hier abgekürzt: Hen), auch äthiopischer Henoch, äthHen oder Hen(äth), genannt; vgl. dazu Kap. 2; – Anm. d. Übers.]

diesen so gebrauchten Ausdruck (und wichtiger noch: die darin enthaltene Vorstellung einer zweiten Gottheit) als „gängige Münze", als allgemein bekannte Wort-Prägung des Judentums bereits vor Jesus anzusehen. Das bedeutet nicht – ich betone es noch einmal –, dass dieses gedankliche Allgemeingut überall gültig oder unbestritten gewesen ist.

2 Der Menschensohn in 1. Henoch und 4. Esra: Andere jüdische Messiasse im 1. Jahrhundert[*]

Mose auf dem Thron Gottes bei Ezechiel dem Tragiker

Die Anhängerschaft Jesu stand in der jüdischen Szenerie nicht allein. Andere Juden hatten sich verschiedene menschliche Figuren vorgestellt, die den göttlichen Status und das Sitzen neben Gott oder sogar an Gottes Stelle auf dem göttlichen Thron erlangen. Ungefähr zur Zeit des Buches Daniel schrieb Ezechiel der Tragiker (der Tragödiendichter), ein alexandrinischer Jude [in seinem Drama „Exagoge" („Herausführung" bzw. „Exodus")]:

Mose:

68 Es schien (mir) auf dem Gipfel des Sinai ein Thron,
69 ein gewaltiger, zu stehen, der reichte bis in des Himmels Falten;
70 auf dem saß ein vornehmer Mann
71 mit einem Diadem und einem großen Szepter in der Hand,
72 der viel Glück bedeutenden[**] (linken). Mit der Rechten aber
73 gab er mir einen Wink, und ich trat vor den Thron.
74 Das Szepter aber übergab er mir, und auf dem hohen Thron
75 ließ er mich Platz nehmen, und er übergab mir das Königsdiadem
76 und weicht selbst vom Thron.[1]

---

[*] [Der kurzfristige und vorläufige Vorabdruck dieses Kapitels im Themenband *Der Messias. Jüdische und christliche Vorstellungen messianischer Figuren* der Berliner Theologischen Zeitschrift (BThZ) 31,1 (2014), 41-63, wurde durchgesehen, ergänzt und die älteren durch neuere Übersetzungen der zitierten Schriften ausgetauscht. – Anm. d. Übers.]

[**] [in his left hand/in seiner linken Hand; – D. B.; – Ergänzungen in eckigen Klammern geben *auch bei den folgenden Übersetzungen* zum Vergleich den englischen Wortlaut sowie ggf. Hinzufügungen oder Auslassungen der Übersetzung, hier: derer von Vogt (s. Anm. 1) wieder; – Erg. d. Übers.]

1 Howard Jacobson, The Exagoge of Ezekiel, Cambridge: Cambridge University Press, 1983, 55.
[Der vorstehende Text in dt. Übersetzung von Ernst Vogt, in: Ders., Tragiker Ezechiel, in: Jüdische Schriften aus hellenistisch-römischer Zeit (JSHRZ), Bd. IV Poetische Schriften, Lfg. 3, Gütersloh: Gütersloher Verlagshaus, 1983, 113-133: 124. –
Zum „einzige[n] hellenistisch-jüdische[n] Dichter, von dem Reste eines Dramas erhalten sind […, worin] der Inhalt des Buches Exodus 1-15 (nach der Septuaginta) in fünf Akten nach den Regeln des griechischen Dramas dargestellt (wird)", vgl. die Einführung von Gerbern S. Oegema, Tragiker Ezechiel (JSHRZ IV/3), in: Ders., Poetische Schriften, in: JSHRZ, Bd. VI Supplementa. Einführungen zu den Jüdischen Schriften aus hellenistisch-römischer Zeit, Lfg. 1,4, Gütersloh: Gütersloher Verlagshaus, 2002, 34-44: 34. –
Vgl. die ältere Übersetzung von Paul Rießler, in: Ders., Altjüdisches Schrifttum außerhalb der Bibel, Augsburg: Filser, 1928, 337-345 (Erläuterungen 1289): 339, Digitalisat unter https://de.wikisource.org/wiki/Ezechiel_der_Tragiker (03.07.2013); Faksimile desgl. unter http://digital.ub.uni-duesseldorf.de/ihd/content/pageview/3383634 (04.07.2013); – Anm. d. Übers.]

Wir haben hier das entscheidende Bild des göttlichen Throns und der Einsetzung einer zweiten Person auf den Thron an der Seite oder sogar anstelle des Alten [der Tage]. „Wenn wir" innerhalb des Kontextes des Judentums des Zweiten Tempels „eine von Gott unterscheidbare Figur auf Gottes Thron selbst gesetzt sehen, sollten wir dies als eines der wirkmächtigsten theologischen symbolischen Mittel des Judentums zur Einbindung einer solchen Figur in die *einzig*artige göttliche Identität ansehen"[2]. Wenn wir diesem Grundsatz folgen, sehen wir, dass Mose in diesem Text Gott geworden ist. Kein unmöglicher Gedanke damals für einen Juden, selbst für einen, der lange vor Jesus lebte. Wenn in der einen Version einer jüdischen religiösen Vorstellung Mose Gott sein konnte, warum dann nicht Jesus in einer anderen Version?

Zur Zeit Jesu warteten Juden auf einen Messias, der sowohl menschlich als auch göttlich und der der Menschensohn wäre, eine Idee, die sie aus einer Passage von Daniel 7 herleiteten. Beinahe die gesamte Geschichte (story) des Christus – selbstverständlich mit gewichtigen Variationen – findet sich gleichermaßen in den religiösen Ideen einiger Juden, die noch nichts von Jesus wussten. Jesus erfüllte für seine Anhänger die Idee des Christus; der Christus wurde nicht erfunden, um Jesu Leben und Tod auszudeuten. Versionen dieser Erzählung (narrative)[*], die Geschichte (story) des Menschensohns (die Geschichte, die später Christologie genannt wird), waren unter den Juden vor der Ankunft Jesu weit verbreitet; Jesus schlüpfte in eine Rolle, die vor seiner Geburt bestand, und dies erklärt, warum so viele Juden bereit waren, ihn als den Christus, als den Messias, den Menschensohn anzuerkennen. Diese Art, die Dinge zu betrachten, ist einer Gelehrtentradition völlig entgegengesetzt, die annimmt, dass Jesus zuerst kam und die Christologie nach diesem Ereignis geschaffen wurde, um seine erstaunliche Karriere zu erklären. Die Stellenbeschreibung – „Gesucht wird: Ein Christus, der göttlich ist, der Menschensohn genannt wird, der Herr und Retter der Juden und der Welt ist" – war schon da, und Jesus war der Passende (oder, anderen Juden zufolge, nicht). Die Stellenbeschreibung war kein ausgeklügeltes Unterfangen, keine gleichsam auf Jesus maßgeschneiderte Stelle!

Die in allerhöchstem Maße spannende Quelle zum Verständnis dieses Aspektes der frühen Geschichte der Christus-Idee findet sich in einem Buch, das als Bilderreden Henochs bekannt ist. Dieser wunderbare Text (der genau zur selben Zeit wie die frühesten Evangelien geschaffen worden zu sein scheint) zeigt, dass es andere

---

[2] Richard Bauckham, The Throne of God and the Worship of Jesus, in: Carey C. Newman (Hg.), The Jewish Roots of Christological Monotheism: Papers from the St. Andrews Conference on the Historical Origins of the Worship of Jesus (Supplements to the Journal for the Study of Judaism [JSJ.S 63]), Boston: Brill, 1999, [43-69]: 53. Vgl. auch Charles A. Gieschen, Angelomorphic Christology: Antecedents and Early Evidence (Arbeiten zur Geschichte des antiken Judentums und des Urchristentums [AGJU 42]), Leiden u. a.: Brill, 1998, 93f.

[*] [Zum Verhältnis von Geschichte (story) und Erzählung/Narrativ (narrative) vgl. 39 Anm. [*]; – Anm. d. Übers.]

palästinische Juden gab, die einen als Menschensohn bekannten Erlöser erwarteten, der eine göttliche, in einem erhabenen Menschen verkörperte Gestalt sein würde. Weil dieser Text in jeglicher direkten Weise unabhängig von den Evangelien ist, ist er somit ein unabhängiger Zeuge für das Vorhandensein dieser religiösen Idee unter palästinischen Juden zu jener Zeit und nicht nur unter den jüdischen Gruppen, inmitten derer Jesus wirkte.

Die Bilderreden Henochs[*]

Das Buch Henoch[**] ist ein Hauptbestandteil der Bibel der äthiopischen Orthodoxen Kirche; in den Bibeln des Westens erscheint es nicht, weder in den jüdischen, katholischen, orthodoxen noch protestantischen. Das Henochbuch umfasst fünf Teilbücher: das Buch der Wächter, die Bilderreden Henochs, das astronomische Buch, die tierische Apokalypse und der Brief Henochs. Diese Bücher, die alle behaupten, von dem vorsintflutlichen Henoch geschrieben worden zu sein, waren selbständige Werke, die zu gewisser Zeit zusammengefasst wurden, möglicherweise während des späten 1. Jh. n. Chr. Fragmente dieser Teilbücher wurden in Qumran (unter den Schriftrollen vom Toten Meer) gefunden, ausgenommen die Bilderreden; und ebenso sind Fragmente durch verschiedene griechische Quellen bekannt. Die derzeitige Meinung ist nahezu gänzlich gesichert, dass das Buch der Wächter der älteste Teil des Henochbuches ist (3. Jh. v. Chr.) und die uns hier interessierenden Bilderreden (parables) der jüngste, von der Mitte des 1. Jh. n. Chr. datierend. Alle Teile sind abgefasst als Visionen, geschaut von dem alten Weisen Henoch oder ihm offenbart; und somit ist der Text als Ganzes eine Apokalypse, eine Offenbarung, ähnlich dem Danielbuch oder dem kanonischen neutestamentlichen Buch der Offenbarung.

Die Bilderreden Henochs und die Evangelien

In den Bilderreden Henochs gebraucht ein jüdischer Verfasser irgendwann im 1. Jh. n. Chr.[3] ausgiebig den Begriff „Menschensohn", um eine besondere göttlich-

---

[*] [Die in diesem Zusammenhang gebrauchten englischen Wörter „similitudes" (Ähnlichkeiten; Analogien; Parabeln, Gleichnisse) und „parables" werden gewöhnlich mit „Bilderreden" wiedergegeben. – Anm. d. Übers.]

[**] [Gemeint ist hier und im Folgenden: Das erste Buch Henoch, 1. Henoch (hier abgekürzt: Hen), auch äthiopischer Henoch, äthHen oder Hen(äth), genannt. – Anm. d. Übers.]

3 Für die vormals bezogene Position, dass die Bilderreden (parables) früher als genannt bestanden haben, vgl. Matthew Black, The Eschatology of the Similitudes of Enoch, Journal of Theological Studies [JThS/JTS] 3,1 (1952), [1-10]: 1. Für die neueste und allgemein akzeptierte Position vgl. die Essays in: Gabriele Boccaccini/Jason von Ehrenkrook (Hgg.), Enoch and the Messiah Son of Man: Revisiting the Book of Parables, Grand Rapids, MI: William B. Eerdmans, 2007, 415-498, bsd. David Suter, Enoch in Sheol: Updating the Dating of the Parables of Enoch, 415-433.

menschliche Erlösergestalt zu bezeichnen, die sich letztendlich in der Gestalt Henochs inkarniert und auf diese Weise viele der Elemente aufweist, die die Christus-Geschichte ausmacht.[4] Henochs „Menschensohn" ist ein Abkömmling in der Tradition des danielschen „Einen wie ein Menschensohn". In den Bilderreden Henochs wird uns im Kap. 46 die folgende Vision Henochs, des visionären Sprechers, dargeboten:[5]

> [1] Und ich sah dort (einen), der ein Haupt der Tage (= betagtes Haupt) hatte, und sein Haupt (war) wie Wolle so weiß,[6] und bei ihm (war) ein anderer, dessen Gestalt[e] [face] wie das Aussehen eines Menschen (war), und sein Angesicht voller Güte wie (das) von einem der heiligen Engel. [2] Und ich fragte einen der Engel [den Friedensengel/the angel of peace], den, der mit mir ging und mir alle Geheimnisse zeigte, nach jenem Menschensohn, wer er sei, woher er stamme (und) weshalb er zu[d] [mit/with] dem Haupt der Tage ginge. [3] Und er antwortete und sprach zu mir: »Dies ist der Menschensohn, der die Gerechtigkeit hat [...]« [Hen 46,1-3aα]

Im Henochtext wie bei Daniel und mit beinahe demselben Wortlaut gibt es zwei göttliche Figuren, eine wiederum, die alt ist, und eine, die die Erscheinung eines

---

[4] „Wir finden gewiss eine Unschärfe der Züge zwischen dem menschlichen Messias und dem himmlischen oder angelischen (engelhaften) Erlöser in der Menschensohntradition." Adela Yarbro Collins und John J. Collins, King and Messiah as Son of God: Divine, Human, and Angelic Messianic Figures in Biblical and Related Literature, Grand Rapids, MI: W. B. Eerdmans, 2008, 85f. Es sind die Bilderreden [Henochs], worüber die Collins sprechen.

[5] George W. E. Nickelsburg und James C. VanderKam, trans. and eds., I Enoch: A New Translation, based on the Hermeneia commentary, Minneapolis: [Augsburg] Fortress Press, 2004, 59f.
[Hen 46,1-3aα in orthographisch angeglichener dt. Übersetzung von Siegbert Uhlig, Das äthiopische Henochbuch, in: Jüdische Schriften aus hellenistisch-römischer Zeit (JSHRZ), Bd. V Apokalypsen, Lfg. 6, Gütersloh: Gütersloher Verlagshaus, 1981, 461-780: 586f. Ergänzungen in eckigen Klammern geben *auch bei den folgenden Übersetzungen* zum Vergleich den englischen Wortlaut sowie ggf. Hinzufügungen oder Auslassungen der Übersetzung von Nickelsburg/VanderKam wieder; textkritische Anmerkungen Uhligs hier nur i. A. –
Vgl. die Ausführungen Uhligs im Apparat (587) zur textkritischen Anm. V. 1[e]: „Oder: »dessen Angesicht«; wegen des folgenden Satzes ist »Gestalt, Aussehen« vorzuziehen. – Vgl. 1Sam 29,9; Dan 7,13; Apc 1,13; auch ApcBar(syr) 30,1 (?). Ist hier wie in [Kap.] XLVIII 3.6; LXII 7 (vgl. 4Esr 12,32; 13,26) an die Präexistenz gedacht?" – Und zur textkritischen Anm. V. 2[d]: „Die Präp[osition] *mesla* wird sonst als »mit« interpretiert, doch ist auch »hin zu« (πρός) möglich [...], was zu bevorzugen ist: 1. woher, 2. wohin (vgl. auch Dan 7,13)". –
Vgl. die älteren Übersetzungen von Andreas Gottlieb Hoffmann, Das Buch Henoch in vollständiger Übersetzung mit fortlaufendem Kommentar, ausführlicher Einleitung und erläuternden Exkursen, Jena 1833, Digitalisat unter http://www.gutenberg.org/cache/epub/4013/pg4013.html (31.05.2013) [o. S.], und Rießler, Schrifttum (s. Anm. 1), 381f, Faksimile unter http://digital.ub.uni-duesseldorf.de/ihd/content/pageview/3383676 (f.) (04.07.2013); – Ergg. d. Übers.]

[6] Mir ist nicht klar, wie der aramäische Ausdruck עתיק יומין (etwa: „der Alte der Tage") das „Haupt der Tage" ergibt, doch ist dies für den vorliegenden Fall unerheblich. Zu anderen Lösungen dieses Problems vgl. Matthew Black, in collaboration with James C. VanderKam and Otto Neugebauer, The Book of Enoch, or Enoch: A New English Translation with Commentary and Textual Notes. With an Appendix on the "Astronomical" Chapters (72-82) ([Studia in veteris testamenti pseudepigrapha] SVTP [7]), Leiden: E. J. Brill, 1985, 192.

Menschen hat, die Erscheinung eines „Menschensohns", ein junger Mensch womöglich, so scheint es, im Kontrast zu einem alten. Es ist deutlich, dass Henoch genau weiß, wer das „Haupt der Tage" ist, jedoch fragt er sich, wer (der) Menschensohn ist. Darin liegt eine dramatische Ironie. Obwohl Henoch nicht weiß, wer der Menschensohn ist, wissen *wir* es – nämlich der Eine, der in Daniel mit dem Alten der Tage mit dem schneeweißen Bart und dazu zwei Thronen kommt. Am Ende der Bilderreden Henochs, wie wir unten sehen werden, wird Henoch dieser Menschensohn geworden sein, über das Maß hinaus, wie Jesus es in den Evangelien wird.

Dieses Buch stellt uns unser deutlichstes Beweisstück zur Verfügung, dass der Menschensohn als ein göttlich-menschlicher Erlöser zu Zeiten Jesu aus der Lektüre des Danielbuches hervorging. Kapitel 46 des Buches Henoch bietet tatsächlich eine erstaunliche Veranschaulichung dieses Deutungsvorgangs. Wir können hier sehen, wie das Kapitel aus Daniel zur Schaffung eines neuen „Mythos" benutzt wurde – im Falle der Bilderreden; für andere Juden bildete sich der Mythos des Messias zweifellos in der gleichen Weise. Der Interpretationsprozess, den wir in diesem Fall beobachten, ist eine frühe Form der Art jüdischer Bibelauslegung, später bekannt als Midrasch*.[7] Auffällig indes: Henochs Engel widerspricht dem Engel Daniels. Während Daniels Engel erklärt, dass der Menschensohn ein Symbol für die Heiligen Israels (die makkabäischen Märtyrer) ist, erklärt der Engel Henochs den Menschensohn als gerechte göttliche Gestalt. Wie wir im Kapitel 1 dieses Buches gesehen haben, scheint das die ursprüngliche Bedeutung der Vision

---

* Obgleich eine ganze Bibliothek über den Midrasch geschrieben werden könnte (und geschrieben wurde), mag es für die hiesigen Zwecke ausreichend sein, ihn als eine Art biblischer Lesung zu definieren, die ungleichartige Abschnitte und Verse in der Ausarbeitung neuer Erzählungen (narratives) zusammenbringt. Es ist so etwas wie das alte Spiel der Anagramme [Buchstabenrätsel], in denen die Spieler auf Wörter oder Texte schauen und sich bemühen, neue Wörter und Texte aus den vorhandenen Buchstaben zu bilden. Die Rabbinen, die die midraschische Lesemethode hervorbrachten, betrachteten die Bibel als ein riesiges Verweissystem (signifying system), und ein jeglicher Teil von ihr konnte als Kommentar oder Ergänzung eines jeden anderen Teils aufgefasst werden. Daher waren sie in der Lage, aus Fragmenten älterer Geschichten (der Bibel selbst) neue Geschichten (stories) zu bilden, mittels einer Art von Anagrammen im weiteren Sinne; die neuen Geschichten, die – nahe an den biblischen Erzählungen verfasst, diese aber auch erweiterten und veränderten – wurden als den biblischen Geschichten selbst ebenbürtig angesehen.
[Eine informative Einführung bietet Susanne Talabardon in ihrem Artikel „Midrasch" unter http://www.bibelwissenschaft.de/stichwort/27721/ (10.01.2015); – Anm. d. Übers.]

7 Um nachzuweisen, dass dieses Kapitel als ein Midrasch zu Dan 7,13f konstruiert ist, wurde von Lars Hartman eine größere exegetische Arbeit erstellt, der sorgfältig herausarbeitet, wie viele biblische Verse und Echos es in diesem Kapitel gibt. Lars Hartman, Prophecy Interrupted: The Formation of Some Jewish Apocalyptic Texts and of the eschatological Discourse Mark 13 [par.] (Coniectanea Biblica [ConBNT (New Testament Series) 1]), Stockholm: Almqvist and Wiksell, 1966, 118-126. Meine Diskussion in diesem und im nächsten Paragraphen stützt sich auf seine Ausführungen, weshalb ich auf eine Reihe von ausdrücklichen Verweisen verzichte. In jedem Fall kann ich sein detailliertes und bestechendes Argument nur zusammenfassen.

gewesen zu sein, eine Bedeutung, die der Autor/Redaktor des Danielbuches zu unterdrücken suchte, indem der Engel den Menschensohn allegorisch auslegte [vgl. 53f, 55, 60-62]. Daraus entnehmen wir, dass es unter Juden eine Auseinandersetzung über den Menschensohn lange vor Abfassung der Evangelien gab. Einige Juden bejahten die Idee eines göttlichen Messias, andere wiesen sie zurück. Die Bilderreden sind ein Beleg für die Tradition der Interpretation des Menschensohns als einer solchen göttlichen Person, eine Tradition, die auch die Jesusbewegung speiste. Erst Jahrhunderte später wurde diese Differenz im Glauben freilich das Kennzeichen und der Maßstab für die Differenz zwischen zwei Religionen.

Spekulation und Erwartung hinsichtlich des Menschensohns scheinen also eine weit verbreitete Form jüdischen Glaubens am Ende der Zeit des Zweiten Tempels gewesen zu sein. Die Bilderreden scheinen nicht das Produkt einer isolierten Sekte, vielmehr Teil einer umfassenderen jüdischen Welt des Denkens und Schreibens zu sein.[8] Jesu gott-menschliche Messianität war genau das, was die Juden bestellt hatten, selbst wenn viele nicht dachten, dass Jesus der dafür Geeignete wäre (und zumindest viele andere außerhalb Palästinas niemals von ihm hörten).

Im Buch Henoch ist diese Gestalt ein Teil Gottes; als eine zweite oder jüngere Gottheit konnte er sogar als Sohn an der Seite des Alten der Tage angesehen werden, den wir nunmehr als Vater betrachten könnten. Obgleich die Bezeichnung als Messias auch andernorts erscheint, treten in Henoch 48 die Ähnlichkeiten mit den Vorstellungen der Evangelien am deutlichsten hervor. Hier ist der fesselnde Abschnitt in Gänze:

> [1] An jenem Ort sah ich die Quelle der Gerechtigkeit, die unerschöpflich war,
> und ringsum umgaben sie viele Quellen der Weisheit;
> und alle Durstigen tranken von ihnen und wurden voll Weisheit,
> und ihre Wohnungen waren bei den Gerechten und Heiligen und Auserwählten.
>
> [2] Und in dieser Stunde wurde jener Menschensohn in Gegenwart des Herrn der Geister genannt,
> und sein Name vor dem Haupt der Tage.
>
> [3] Und bevor die Sonne und die beiden (Tierkreis-)Zeichen [constellations] geschaffen wurden,
> bevor die Sterne des Himmels geschaffen wurden,
> ist sein Name vor dem Herrn der Geister genannt.
>
> [4] Und er wird für die Gerechten ein Stab sein,
> damit sie sich auf ihn stützen und nicht fallen,
> und er wird das Licht der Völker
> und die Hoffnung derer sein, die in ihrem Herzen Kummer haben.

---

[8] Pierluigi Piovanelli, "A Testimony for the Kings and Mighty Who Possess the Earth": The Thirst for Justice and Peace in the Parables of Enoch, in: Boccaccini/v. Ehrenkrook (Hgg.), Enoch (s. Anm. 3), 363-379.

⁵ Alle, die auf dem Festland wohnen, werden vor ihm niederfallen und (ihn) anbeten,
und sie werden preisen, rühmen und lobsingen den Namen des Herrn [der Geister/of the spirits].

⁶ Und darum ist er erwählt worden und verborgen [/] vor ihm [in seiner Gegenwart/in his presence],
ehe der Äon geschaffen wurde, und bis in Ewigkeit (wird er sein [–]).

⁷ Und die Weisheit des Herrn der Geister hat ihn offenbart den Heiligen und Gerechten;
denn er hat das Los der Gerechten bewahrt,
weil sie diese Welt [age] der Ungerechtigkeit gehasst und abgewiesen haben
und [– wahrhaftig/indeed –] all ihre Werke und Wege gehasst haben im Namen des Herrn der Geister –
denn in seinem Namen werden sie gerettet,
und er wird der Rächer für ihr Leben sein.

⁸ Und in jenen Tagen werden die Könige der Erde
und die Mächtigen, die das Festland besitzen,
niedergeschlagenen Angesichtes sein wegen des Werkes ihrer Hände,
denn am Tage ihrer Not und Bedrängnis werden sie ihren Kopf (= sich selbst) nicht retten.

⁹ Und ich werde sie in die Hand meiner Auserwählten übergeben:
Wie Stroh im Feuer und wie Blei im Wasser –
so werden sie brennen vor dem Angesicht der Heiligen
und untergehen vor dem Angesicht der Gerechten,
und es wird keine Spur von ihnen zu finden sein.

¹⁰ Und am Tage ihrer Bedrängnis wird Ruhe auf Erden werden,
und sie werden vor ihnen fallen und sich nicht wieder erheben,
und niemand wird dasein, der sie mit seiner Hand nimmt und [/] aufrichtet,
denn sie haben den Herrn der Geister und seinen Gesalbten verleugnet.
Und der Name des Herrn der Geister sei gepriesen!⁹ [Hen 48,1-10]

Dieses Stück wunderbarer religiöser Dichtung bildet einen wesentlichen Schlüsseltext zur Erhellung der Christologie der Evangelien – ebenso wie zum Erweis der wesenhaften Jüdischkeit dieses Phänomens. Vor allem finden wir hier die Lehre von der Präexistenz des Menschensohns. Er wurde schon benannt, bevor das Universum ins Dasein trat. Zweitens wird der Menschensohn auf Erden verehrt: „Alle, die auf dem Festland wohnen, werden vor ihm niederfallen und (ihn) anbeten, und sie werden preisen, rühmen und lobsingen den Namen des Herrn [der Geister]." [Hen 48,5] Drittens – und möglicherweise am wichtigsten – wird er in

---

9   Nickelsburg/VanderKam, I Enoch (s. Anm. 5), 61-63.
    [Hen 48,1-10 in dt. Übersetzung von Uhlig, Das äthiopische Henochbuch (s. Anm. 5), 590-592 ([/] = Seitenteilung bei Uhlig). Ergänzungen in eckigen Klammern geben den englischen Wortlaut sowie Hinzufügungen oder Auslassungen der engl. Übersetzung von Nickelsburg/VanderKam wieder. (Die Unterschiede sind für die hiesigen Zwecke jedoch vernachlässigbar.) –
    Vgl. Hoffmann, Henoch (s. Anm. 5; hier als Kap. 48a und mit *abweichender* Verszählung), und Rießler, Schrifttum (s. Anm. 1), 383f, Faksimile unter http://digital.ub.uni-duesseldorf.de/ihd/content/pageview/3383678 (f.) (02.08.2013); – Anm. d. Übers.]

V. 10 der Gesalbte genannt, wortwörtlich der Messias (hebräisch: *maschiach*) oder Christus (griechisch: *Christos*). Es scheint daher ziemlich klar, dass viele religiöse Vorstellungen, die hinsichtlich des Christus – der als Jesus identifiziert wurde – gepflegt wurden, im Judentum bereits vorhanden waren: aus ihnen bildeten sich sowohl der Kreis um Henoch als auch die Kreise um Jesus heraus.

Eine ebenso erstaunliche Offenbarung erscheint in Kapitel 69 der Bilderreden, wo wir über das Jüngste Gericht lesen:

> 26 Und es herrschte große Freude unter ihnen,
> und sie priesen und lobten und erhoben,
> weil ihnen der Name jenes Menschensohnes offenbart worden war.
>
> 27 Und er setzte sich auf den Thron seiner Herrlichkeit,
> und die Summe des Gerichts [whole jugdment] wurde ihm,
> dem Menschensohn, übergeben;
> und er lässt die Sünder und die, die die Welt verführt haben,
> verschwinden und vertilgen von der Oberfläche der Erde.
>
> 28 Mit Ketten werden sie gebunden und an ihrem Versammlungsort
> der Vernichtung eingeschlossen,
> und ihr ganzes Werk wird verschwinden von der Oberfläche der Erde.
>
> 29 Und von nun an wird nichts (mehr) dasein, was verdorben ist,
> denn der Menschensohn ist erschienen,
> und er hat sich auf den Thron seiner Herrlichkeit gesetzt,
> und alles Böse wird vor seinem Angesicht verschwinden und vergehen,
> und sie werden sprechen zu jenem Menschensohn,
> und er wird mächtig sein vor dem Herrn der Geister.[10] [Hen 69,26-29]

Hier nimmt der Menschensohn deutlich seinen Thron der Ehre ein, möglicherweise sitzend zur Rechten des Alten der Tage. Es fällt schwer, sich der Schlussfolgerung zu entziehen, dass der Menschensohn tatsächlich gleichsam eine zweite Person Gottes ist. Und alle Funktionen, die der göttlichen Gestalt, die „Einer wie ein Menschensohn" genannt wird, in Daniel 7 beigelegt werden, werden dem Menschensohn gegeben, der auch – wie wir gesehen haben – Christus genannt wird.

„Und Henoch wandelte mit Gott" [Gen 5,24]: Die Apotheose Henochs

Einer der bemerkenswertesten Aspekte der Lehre von Christus ist die Kombination von Mensch und Gott in einer Gestalt. Selbst diese radikale Vorstellung gibt es jedoch mitten unter Juden nicht ausschließlich bei Anhängern Jesu. Wir finden sie

---

[10] Nickelsburg/VanderKam, I Enoch (s. Anm. 5), 91f.
[Hen 69,26-29 in der dt. Übersetzung von Siegbert Uhlig, Das äthiopische Henochbuch (s. Anm. 5), 630. –
Vgl. Hoffmann, Henoch (s. Anm. 5; hier als Kap. 68 und mit *abweichender* Verszählung), und Rießler, Schrifttum (s. Anm. 1), 401, Faksimile unter http://digital.ub.uni-duesseldorf.de/ihd/content/pageview/3383696 (02.08.2013); – Anm. d. Übers.]

ebenso hier in den Bilderreden. Im Hauptteil der Bilderreden ist Henoch *nicht* der Menschensohn. Dies ist eindeutig der Fall, weil im Kapitel 46 und durch den Hauptteil des Textes hindurch er derjenige ist, der den Menschensohn schaut und dem die Beschreibung des Menschensohns als eines eschatologischen Erlösers und Messias offenbart wird; deshalb kann Henoch mit ihm nicht identisch sein.[11] Am Ende jedoch, in den Kapiteln 70f, wird Henoch der Menschensohn – er wird Gott.[12]

In diesen Kapiteln haben wir die Szenerie eines bemerkenswerten Hochgefühls. In Kapitel 70[,1f] wird uns von Henoch in der dritten Person berichtet: „¹ Und danach geschah es, (dass) sein (= Henochs) Name bei Lebzeiten erhoben wurde zu jenem Menschensohn *und* zu dem Herrn der Geister, von denen hinweg, die auf dem Festland wohnen. ² Und er wurde auf [den] Wagen [*Plural*] des Geistes erhoben, und *sein* Name verschwand unter ihnen."[*] Doch springt der Text sodann – unvermittelt – in die erste Person, und uns wird gesagt: „³ Und von jenem Tage an wurde ich nicht (mehr) unter sie *gezählt*".[*] [Hen 70,3aα] Wir haben hier eine midraschische Erweiterung des berühmten Verses aus Gen 5,24, dass „Henoch mit Gott wandelte, und er war(d) nicht mehr (gesehen)": dies ist ein Beispiel der Apotheose eines besonderen Menschen, der göttlich wird. Wie Moshe Idel, der weltberühmte Kabbala-Gelehrte, bemerkt hat:

> „Verschiedene bedeutende Entwicklungen in der Geschichte des jüdischen Mystizismus [müssen erklärt werden als] eine anhaltende Konkurrenz und Synthese zwischen zwei Hauptfaktoren: zwischen der Apotheose und der Theophanie. Der erste Faktor verkörpert die Bestrebungen weniger elitärer Personen, die menschliche Situation der Sterblichkeit durch einen Prozess der Vergöttlichung (Theosis) zu transzendieren, durch Aufsteigen zur Höhe, um in eine dauerhaftere Wesenheit umgewandelt zu werden, in einen Engel oder Gott. Im Gegensatz zu diesem Aufwärtsstreben zeigt sich der Faktor der Theophanie, der für die Offenbarung des Göttlichen in direkter Weise oder durch vermittelnde Hierarchien steht."[13]

Genau dieser Wettbewerb wird in den Bilderreden Henochs ausgetragen; mehr noch, es vollzieht sich eine entscheidende Synthese, eine Verbindung der Traditi-

---

[11] James R. Davila, Of Methodology, Monotheism and Metatron [: Introductory Reflections on Divine Mediators and the Origins of the Worship of Jesus], in: Newman (Hg.), Roots (s. Anm. 2), [3-18]: 9.

[12] Meine Lesart der Bilderreden hier steht nahe der von Morna Hooker, The Son of Man in Mark: A Study of the Background of the Term "Son of Man" and Its Use in St Mark's Gospel [(Carleton Library Series 8)], Montreal: McGill [Queen's] University Press [MQUP], 1967, 37-48.

[*] [Hen 70,1f.3 in dt. Übersetzung von Siegbert Uhlig, Das äthiopische Henochbuch (s. Anm. 5), 631; *kursive* Hervorhebungen und Texterhänzung in eckigen Klammern – D. B.; der grammatische Hinweis v. Übers. –
Vgl. Hoffmann, Henoch (s. Anm. 5; hier als Kap. 69), und Rießler, Schrifttum (s. Anm. 1), 401f, Faksimile unter http://digital.ub.uni-duesseldorf.de/ihd/content/pageview/3383696 (f.) (02.08.2013); – Anm. d. Übers.]

[13] Moshe Idel, Ben: Sonship and Jewish Mysticism (Kogod Library of Judaic Studies [5]), London: Continuum, 2007, 4.

onen der Apotheose und der Theophanie, die den Schlüssel für den religiösen Hintergrund auch der Evangelien darstellt. Hier im Buch Henoch wie in den fast zeitgleichen Evangelien finden wir eine starke Verbindung oder Synthese zwischen der Vorstellung von Gott, der den Menschen durch Erscheinen auf Erden als Mensch bekannt gemacht wird (Theophanie), und der Vorstellung vom Menschen, der bis zum Rang der Göttlichkeit aufsteigt (Apotheose).

In diesen Schlusskapiteln der Bilderreden werden Henoch alle Geheimnisse des Universums gezeigt, und er wird zum Haus der Erzengel mit dem Alten der Tage unter ihnen gebracht. Im Kapitel 71 kommt der Alte der Tage zu Henoch und erklärt: „14 [...] »Du bist der Menschensohn, der zur Gerechtigkeit geboren ist, und Gerechtigkeit wohnt über dir‹, und die Gerechtigkeit des Hauptes der Tage verlässt dich nicht."‹[*] Henoch wurde erhöht und mit dem Menschensohn verschmolzen, der präexistente göttliche Erlöser und himmlische Messias, den wir bereits getroffen haben.[14]

Henoch wird der Menschensohn

Ungeachtet späterer theologischer Verfeinerungen enthalten die Evangelien ebenfalls die Geschichte eines Gottes, der Mensch wird (Theophanie), und eine andere Geschichte eines Menschen, der Gott wird (Apotheose). Das heißt, wir können noch immer in den Evangelien (besonders bei Markus, der keine wundersame Geburtsgeschichte hat, und desgleichen sogar bei Paulus) die Reste einer Version der Christologie beobachten, in der Jesus als Mensch geboren, aber bei seiner Taufe zu Gott wird. Diese Vorstellung, später die Häresie des Adoptianismus genannt (Gott adoptiert Jesus als seinen Sohn), war bis zum Mittelalter nicht beseitigt. Die Betrachtung der Doppelsträngigkeit in der Erzählung (doubleness of the narrative) vom Menschensohn im Buch Henoch wird uns somit helfen, auch die Dop-

---

[*] [Hen 71,14 in dt. Übersetzung von Siegbert Uhlig, Das äthiopische Henochbuch (s. Anm. 5), 634. –
Zur textkritischen Anm. V. 14c vgl. die Ausführungen Uhligs im Apparat (ebd.): „Vgl. [Kap.] XLVI 3. Nach Appel, H[einrich: Die] Komposition [des äthiopischen Henochbuches (Beiträge zur Förderung christlicher Theologie, BFChTh/BFCT, 1. Reihe, 10,3), Gütersloh: Bertelsmann, 1906], S. 44-46 (vgl. Charl II [= Charles, R. H., The Book of Enoch, Oxford: Clarendon Press, ²1912, Nachdr. 1966], S. 145), bezog sich [Kap.] LXXI 15-17 ursprünglich auf den Menschensohn und nicht auf Henoch. Diese These wird heute ebenfalls wiederholt vertreten. Dann aber müsste V. 14.16 (nach Appel auch V. 15.17) in der dritten Person sgl. gelesen werden: »er ist der Mannessohn, der ... ist, ... über ihm ...«." –
Vgl. Hoffmann, Henoch (s. Anm. 5; hier als Kap. 70), und Rießler, Schrifttum (s. Anm. 1), 403, Faksimile unter http://digital.ub.uni-duesseldorf.de/ihd/content/pageview/3383698 (11.08.2013); – Anm. u. Ergg. d. Übers.]

[14] Ich bin durch das Argument Daniel Olsons, Enoch and the Son of Man, Journal for the Study of the Pseudepigrapha [JSPE] 18 (1998), 33, vollständig davon überzeugt, dass auch Kapitel 70 ursprünglich Henoch mit dem Menschensohn identifizierte. Sein Artikel ist beispielhafte Philologie, da er eine Variante der Texttradition stützt und dann überzeugend erklärt, warum diese Lesart in anderen Überlieferungssträngen geändert wurde.

pelsträngigkeit in der Geschichte (story) Jesu in den Evangelien zu verstehen. Sie hilft uns, den Sinn der mannigfaltigen Begebenheiten in der Christusgeschichte zu finden: seine Geburt als Gott, seine Gottwerdung bei seiner Taufe, sein Tod und seine Auferstehung als ein lebendiger Mensch, der wiederum auf Erden lehrt, und danach die Erhöhung zur Rechten Gottes in Ewigkeit. Es ist fast so, als ob zwei Geschichten in eine Handlung zusammengeführt worden wären: die eine Geschichte eines Gottes, der Mensch wurde, auf die Erde herabstieg und dann nach Hause zurückkehrte; und eine zweite Geschichte eines Menschen, der Gott wurde und zur Höhe aufstieg.

Der detaillierte Blick auf Henoch wird uns vieles über die Religion und die religiöse Geschichte derjenigen Juden lehren, die glaubten, dass ein Mensch Gott wurde (oder dass Gott ein Mensch wurde). Die Wurzeln der Apotheose Henochs scheinen sehr weit in den antiken Nahen Osten zurück zu reichen. Ich hoffe, die Grundzüge eines schicksalhaften Augenblicks in der jüdischen Religionsgeschichte offen zu legen, u. zw. desjenigen, in dem die Lehre des Messias als einer inkarnierten göttlichen Person *und* als eines erhöhten Menschen gebildet wurde.[15] Es ist gut, sich dabei zu erinnern, dass die Vorstellung des Messias sich ursprünglich um einen gewöhnlichen, menschlichen König des Hauses David drehte, der die langersehnte Monarchie wiederherstellen würde, während sich die Vorstellung eines göttlichen Erlösers separat davon entwickelte. Um die Zeit Jesu (oder tatsächlich etwas eher) werden diese beiden Vorstellungen zum Entwurf eines göttlichen Messias verbunden. Der beste Beweis dafür ist, dass wir in den Bilderreden dieselbe Verbindung religiöser Auffassungen finden, die wir in den zeitgenössischen Evangelien finden.

Die Präexistenz des Menschensohns wird ziemlich deutlich in den Bilderreden, [Hen] 48,2f, zum Ausdruck gebracht:[*]

2 Und in dieser Stunde wurde jener Menschensohn in Gegenwart des Herrn der Geister genannt,
und sein Name vor dem Haupt der Tage.

3 Und bevor die Sonne und die beiden (Tierkreis-)Zeichen geschaffen wurden,
bevor die Sterne des Himmels geschaffen wurden,
ist sein Name vor dem Herrn der Geister genannt.

---

15 Zu einer Untersuchung der Allgegenwärtigkeit dieses Musters vgl. Idel, Ben (s. Anm. 13), 1-3.

[*] [Im Folgenden Hen 48,2f.4-6.7bβ: bei Nickelsburg/VanderKam, I Enoch (s. Anm. 5), 62; hier in dt. Übersetzung von Uhlig, Das äthiopische Henochbuch (s. Anm. 5), 590f. Ergänzungen in eckigen Klammern geben den englischen Wortlaut sowie Hinzufügungen oder Auslassungen der engl. Übersetzung von Nickelsburg/VanderKam wieder (s. Anm. 5). – Vgl. Hoffmann, Henoch (s. Anm. 5; hier als Kap. 48a und mit *abweichender* Verszählung), und Rießler, Schrifttum (s. Anm. 1), 383, Faksimile unter http://digital.ub.uni-duesseldorf.de/ihd/content/pageview/3383678 (02.08.2013/26.10.2014); – Erg. d. Übers.]

Dies ist dasselbe Kapitel, in dem er ebenfalls Messias genannt wird. Darüber hinaus wird er in den Versen, die darauf folgen, als Erlöser bezeichnet und ebenso als einer, dem Verehrung gebührt:

> ⁴ Und er wird für die Gerechten ein Stab sein,
> damit sie sich auf ihn stützen und nicht fallen,
> und er wird das Licht der Völker
> und die Hoffnung derer sein, die in ihrem Herzen Kummer haben.
>
> ⁵ Alle, die auf dem Festland wohnen, werden vor ihm niederfallen und (ihn) anbeten, und sie werden preisen, rühmen und lobsingen den Namen des Herrn [der Geister/of the spirits].
>
> ⁶ Und darum [For this [reason]] ist er erwählt worden und verborgen vor ihm [in seiner Gegenwart/in his presence],
> ehe der Äon geschaffen wurde, und bis in Ewigkeit (wird er sein [–])
>
> ([Hen 48] VV. 4-6).

Und am Ende:

> ⁷ [...] Denn in seinem Namen werden sie [–; the righteous/die Gerechten] gerettet, und er wird der Rächer für ihr Leben sein. [Hen 48,7bβ]

Das ist jedoch nicht genau die Art der Tradition wie jene, die den Aufstieg einer menschlichen Gestalt in die Position eines präexistenten himmlischen Erlösers einschließt; die beiden Themen scheinen einander fast zu widersprechen. In Kapitel 46 und den ihm folgenden ist der Menschensohn göttlich und Henoch ein weiser Seher, der erstaunliche Visionen geboten hat; in den Kapiteln 70f wird Henoch selbst als göttlich identifiziert. Dies ist eine Variante der Tradition der Apotheose: der Mensch, der göttlich geworden ist.

Andererseits gelangt der Menschensohn in den früheren Kapiteln der Bilderreden dahin, auf jenem Thron zu sitzen; hier haben wir die Auffassung einer Theophanie: die göttliche Figur, die sich selbst im Menschen offenbaren will. In diesen Kapiteln hat der Menschensohn, der – wie wir gesehen haben – auch den Messias-Titel trägt, die Rolle eines eschatologischen Richters (Richter des Jüngsten Gerichtes). Dies entspringt offensichtlich einer Lesart von Daniel 7,14 – „Der gab ihm Macht, Ehre und Reich, dass ihm alle Völker und Leute aus so vielen verschiedenen Sprachen dienen sollten. Seine Macht ist ewig und vergeht nicht, und sein Reich hat kein Ende" –, wo die Übertragung der Herrschaft auf den Menschensohn in erster Linie durch seine Rolle als dieser Richter in der Endzeit begründet wird.[16] In diesen Kapiteln ist der Menschensohn – wie Mose – dazu bestimmt, auf dem göttlichen Thron selbst zu sitzen (Hen 62,2.5; 69,27.29; 61,8). Wenn man dem soeben geäußerten Grundsatz folgt – dass einer, der auf dem göttlichen Thron sitzt, entweder zur Seite oder an der Stelle Gottes, selbst göttlich ist und ein Teilhaber an Gottes Göttlichkeit –, dann passt der Menschensohn gewiss auf diese Beschreibung

---

[16] Bauckham, The Throne (s. Anm. 2), 58.

in den Bilderreden. Darüber hinaus ist er offensichtlich auch das Ziel der Verehrung in diesem Text (Hen 46,5; 48,5; 62,6.9). Jedoch ist er noch nicht Henoch. Henoch ist in diesen Kapiteln der Seher, nicht der Gesehene.

Wir können also zwei parallele Henoch-Traditionen beobachten, die aus 1. Henoch 14 und Dan 7 erwachsen: die Tradition eines erhöhten, vergöttlichten Menschen einerseits und andererseits die Tradition eines zweiten, Gott ähnlichen Erlösers, der niederfährt, um Israel zu erlösen. Was wir noch nicht haben, ist die Identifikation oder die Verschmelzung jenes vergöttlichten Menschen mit der vermenschlichten Gottheit, so wie wir es im Markusevangelium und seinen Nachfolgern finden.

Der Ort, wo dies zusammenläuft, findet sich in den Kapiteln 70f der Bilderreden, die als ein unabhängiger Strang einer sehr alten Tradition angesehen werden müssen, in der die beiden ursprünglich getrennten Vorstellungen, dass Gott Mensch und ein Mensch Gott wird, verschmolzen werden.[17] Im ersten Teil des Werkes wird der Menschensohn ausdrücklich als präexistent gegenüber der Schöpfung beschrieben, während Henoch der siebentgeborene nach Adam ist. Henoch, der siebte der Patriarchen seit Adam, weist starke Bezüge zu dem siebten der vorsintflutlichen babylonischen Könige, Enmeduranki, auf, der von menschlicher Herkunft war, indes in den Himmel aufgehoben wurde. Unter den Merkmalen, die Henoch mit seinem babylonischen Vorfahren teilt, befindet sich jenes, dass er auf einem Thron im Himmel in Gegenwart der Götter sitzt und dort in der Weisheit unterrichtet wird.[18] Dies macht deutlich, warum eine Identifizierung erfolgen kann. Wie im Buch Daniel selbst wurden verschiedene Texte miteinander patchworkartig verwoben, um eine vereinheitlichte bzw. eine einzige theologische Aussage zu erstellen.

Die gesamte Geschichte Henochs als Menschensohn beginnt überhaupt mit den Versen über Henoch im Buch Genesis. Die Geschichte Henochs, wie sie uns in jenen rätselhaften Versen Gen 5 vorliegt, lautet:

21 Henoch war 65 Jahre alt und zeugte Metuschelach [Methusalem].
22 Und Henoch wandelte mit Gott. Und nachdem er Metuschelach gezeugt hatte, lebte
    er 300 Jahre und zeugte Söhne und Töchter,
23 dass sein ganzes Alter ward 365 Jahre.
24 Und weil er mit Gott wandelte, nahm ihn Gott hinweg, und er ward nicht mehr gesehen.

---

[17] [Vgl.] Pierre Grelot, La légende d'Hénoch dans les Apocryphes et dans la Bible: Origine et signification, in: [Recherches de science religieuse] RSR [RSSR/RevSR] 46 (1958), 5-26, 181-220; James C. VanderKam, Enoch and the Growth of an Apocalyptic Tradition, Washington, DC: Catholic Biblical Association of America, 1984, 23-51; Helge S. Kvanvig, Roots of Apocalyptic: The Mesopotamian Background of the Enoch Figure and of the Son of Man, Neukirchen-Vluyn: Neukirchener Verlag, 1988, 191-213; Andrei A. Orlov, The Enoch-Metatron Tradition (Texte und Studien zum Antiken Judentum [TSAJ] 107), Tübingen: Mohr Siebeck, 2005, 23-78.

[18] Kvanvig, Roots (s. Anm. 17), 187; [vgl.] John J. Collins, The Sage in Apocalyptic and Pseudepigraphic Literature, in: John G. Gammie [/Leo G. Perdue] (Hg[g].), The Sage in Israel and the Ancient Near East, Winona Lake, IN: Eisenbrauns, 1990, [343-354]: 346.

Diese Terminologie ist einzigartig in der Bibel; von keinem anderen wird gesagt, „er war(d) nicht mehr (gesehen)". Das darf daher nicht so interpretiert werden, als ob es einfach bedeutete, dass er starb. Irgendetwas Besonderes geschah Henoch: ihm wurden nicht nur Visionen und Wunder gezeigt und Verständnis gegeben, sondern er wandelte mit Gott und war nicht mehr; er wurde durch Gott hinweggenommen. Die Kapitel 70f wurden wahrscheinlich aus anderen Versionen an den Henochtext angefügt, um eben diese Frage zu beantworten, besonders weil sie die Geschichte der Apotheose Henochs abrundet. Sie erklären, was Henoch widerfuhr, als er mit Gott wandelte; er wurde der Menschensohn, und deshalb weilte er nicht länger unter den Menschen. Diese literarische Entwicklung hatte, indem sie den dunklen Text in Genesis durch Verflechtung zweier ursprünglich erkennbar selbständiger Texte über Henoch interpretiert, eine bedeutende theologische Wirkung.

Diese Verschiebung der Theologie wird genau an dem textlich schwierigen Moment deutlich, in dem es [in Hen 71] heißt:

> „^{14}Und er^a [that angel/dieser Engel] kam zu mir und grüßte mich mit seiner Stimme und sprach zu mir: »Du bist der Menschensohn, der zur Gerechtigkeit geboren ist, und Gerechtigkeit wohnt über dir^c, und die Gerechtigkeit des Hauptes der Tage verlässt dich nicht.«"[*]

Zwei Traditionen werden in den Bilderreden Henochs kombiniert: der präexistente, zweite Gott, Erlöser des Danielbuches, jetzt nicht nur als Menschensohn beschrieben, vielmehr so benannt, und der aufgehobene siebte vorsintflutliche Weise, Henoch, der zum Himmel auffuhr, weil er mit Gott wandelte; und Gott nahm ihn hinweg, und er war nicht (mehr). Sobald diese Naht einmal gesetzt worden ist, müssen wir diesen Text als einen lesen, der impliziert, dass Henoch von Anfang an der Messias war, der Menschensohn, verborgen von Anfang an, dann auf Erden gesandt in menschlicher Gestalt, und jetzt abermals in seinen vormaligen Stand erhoben.

Diese theologische Innovation muss vor der eigentlichen Abfassung der Bilderreden Henochs im 1. Jh. n. Chr. stattgefunden haben; und sie ist von größter Wichtigkeit für das Verständnis der gleichartigen Entwicklung, die wir in der Christologie des Neuen Testaments beobachten können. Ebenso wie der Menschensohn in den Bilderreden eine präexistente göttliche Gestalt ist, die die Würde des zweiten göttlichen Thrones innehat und mit allen Privilegien und der Macht des Einen wie ein Menschensohn bei Daniel ausgestattet ist: so ist es auch

---

[*] [Hen 71,14 in dt. Übersetzung von Siegbert Uhlig, Das äthiopische Henochbuch (s. Anm. 5), 634. Die textkritische Anm. V. 14^a vermerkt, dass »(Und dieser) *Engel*« eine Hinzufügung der Handschriften Be[rlin, 16. Jh.] und Aeth II [äthiopische Version, Handschriftengruppe II, 17.-18. Jh.] ist. – Subjekt ist satzlogisch gemäß V. 13 „dieses Haupt der Tage" (Uhlig, 633). – Zur textkritischen Anm. V. 14^c s. 90 Anm. [*] (vor Anm. 14). –
Vgl. Hoffmann, Henoch (s. Anm. 5; hier als Kap. 70), und Rießler, Schrifttum (s. Anm. 1), 403, Faksimile unter http://digital.ub.uni-duesseldorf.de/ihd/content/pageview/3383698 (11.08.2013); – Erg. d. Übers.]

der präexistente Menschensohn, der hinter den Evangelien steht. Diese göttliche Gestalt wurde letztendlich mit Henoch in zweierlei Weise identifiziert: einmal indem sie Henoch wird, als Henoch in den Himmel aufgehoben wird; ein andermal indem sie als jemand geoffenbart wird, der bereits die ganze Zeit Henoch gewesen ist. Das ist das Paradox, das der Evangeliengeschichte von Christus ebenso innewohnt: einerseits ist der Menschensohn eine göttliche Person, Teil Gottes, mit Gott seit Ewigkeit existierend, offenbart auf Erden in dem Menschen Jesus; andererseits wurde Jesus verherrlicht und zu einem göttlichen Stand erhoben. Um noch einmal die Begriffe zu gebrauchen, die uns durch Moshe Idel bereitgestellt wurden, so haben wir hier ein Beispiel des „Menschensohns" als Apotheose: ein Mensch wird Gott; und zur selben Zeit ein Beispiel des Menschensohns als Theophanie: die Selbstoffenbarung Gottes in einem Menschen.[19] Selbstverständlich liegt in der Version Henochs die Betonung auf der Apotheose, im Evangelium auf der Theophanie, und das soll ein gewichtiger Teil der weiteren Geschichte (story) werden, doch halte ich es für gut begründet, dass beide Elemente in beiden Versionen der *jüdischen* Menschensohn-Tradition gegenwärtig sind. Eine weitere Untersuchung der Geschichte (history) der Henoch-Tradition wird uns helfen, dies besser zu verstehen.

Henoch und der Christus Menschensohn

Das Zweite Buch von 1. Henoch, die Bilderreden Henochs, wurde etwa zur selben Zeit wie das Markusevangelium geschrieben – aber es gibt ein noch früheres Erstes Buch. Bekannt als das Buch der Wächter stammt das Erste Buch von 1. Henoch womöglich aus dem 3. Jh. v. Chr. Daniel 7 steht thematisch in direkter Beziehung zu Henoch 14 des Buches der Wächter, das sehr wahrscheinlich sein Vorläufer ist, was besagt, dass die Vision Daniels auf einer noch älteren literarischen apokalyptischen Tradition [als sie selbst] beruhte.[20] Im 1. Henoch [Teil-Buch] 1 [Kapp.] 14-16 finden wir folgende Elemente aufgereiht: Henoch hat Träume und Visionen; „in einer Vision sah ich"[*] (14,2); Wolken rufen ihn herbei und Winde tragen ihn hinauf; er sieht einen Thron mit Rädern wie die strahlende Sonne; Feuerströme gehen unter dem Thron hervor; Gottes Gewand ist weißer als Schnee; Henoch wird zur Gegenwart Gottes gerufen und hört seine Stimme: „Fürchte dich nicht,

---

[19] Idel, Ben (s. Anm. 13), 1-7. Früher und direkter bezogen auf eine solche Verschmelzung vgl. Moshe Idel, Metatron: Notes Towards the Development of Myth in Judaism [in: Havivah Pedayah (Hg.), Myth in Judaism] (Eshel Beer-Sheva, Occasional Publications in Jewish Studies [6]), Beer-Sheva: Ben-Gurion University of the Negev Press, 1996, 29-44 [in Hebräisch].

[20] Helge S. Kvanvig, Henoch und der Menschensohn: Das Verhältnis von Hen 14 zu Dan 7, [Studia Theologica – Nordic Journal of Theology] StTh/ST 38 (1984), [101-133]: 114-133.

[*] [Hen 14,2 in dt. Übersetzung von Siegbert Uhlig, Das äthiopische Henochbuch (s. Anm. 5), 527: „² Ich sah in meinem Schlaf"; – Erg. d. Übers.]

Henoch, geh, richte die Botschaft aus."[*]21 Also kann es keinen Zweifel geben, dass dieser Text die prophetische Beauftragung Hesekiels im Prophetenbuch, Hes 1f, heranzieht, indem er auch Hesekiels Fahrt zum himmlischen Tempel in den Kapiteln 40-44 einbezieht. Es ist vielleicht nur etwas weniger offensichtlich, dass wiederum der Verfasser von Daniel 7 sich auf dieses Kapitel in 1. Henoch[**] bezieht und es weitergehend in Übereinstimmung mit seinen eigenen theologischen Traditionen und anderen apokalyptischen Quellen entwickelt, die die Visionen des zweiten Thrones und der zweiten göttlichen Person einschließen.

Was immer hinsichtlich der entwicklungsgeschichtlichen Beziehung genau der Fall ist – es ist deutlich, dass der Verfasser der Bilderreden, der seine Menschensohngestalt aus Dan 7 ableitet, den Einen wie ein Menschensohn aus Daniel leicht mit Henoch, wie er Henoch 14 beschrieben wird, identifizieren konnte. Beide kommen mit den Wolken an; beide werden durch einen der Engel nahe an den Alten der Tage gebracht; beide schließen die Beschreibung des Thrones als einen, der vor sich Ströme lodernden Feuers hat, und die Beschreibung seiner Person als einer, der Gewänder weißer als Schnee trägt. Die beiden Texte stehen daher fast sicher in Beziehung; mit dem wahrscheinlichsten Fall, der eine Abhängigkeit Daniels von dem ältesten Teil von 1. Henoch, dem Buch der Wächter, geltend macht.22

Der Autor der Bilderreden assoziierte den Henoch aus Hen 14 mit dem Einen wie ein Menschensohn aus Dan 7 und folgerte, durchaus logisch, in Hen 71, dass „du [Henoch] der Menschensohn bist" [V. 14]. Ein entscheidender Schritt in der entwickelten messianischen Vorstellung wurde somit getan: die Verschmelzung des zweiten Gottes, einer himmlischen Erlösergestalt, und eines irdischen, in den Himmel erhobenen Retters.23 Wir können in den Bilderreden Henochs die wirklichen Spuren einer religiösen Geschichte entdecken, in der zwei ursprünglich unabhängige Traditionsstränge zu einem kombiniert wurden. Einerseits sehen wir die Entwicklung des Einen wie ein Menschensohn aus Dan 7 von einem Vergleich

---

[*] [Hen 15,1f in dt. Übersetzung von Siegbert Uhlig, Das äthiopische Henochbuch (s. Anm. 5), 541: „[...] „Fürchte dich nicht, Henoch, du gerechter Mann und Schreiber der Gerechtigkeit [...]. ² Und gehe hin, sage [...]"; – Erg. d. Übers.]

21 Diese Zusammenfassung stützt sich auf George W. E. Nickelsburg, 1 Enoch [[Band]] 1[: A Commentary on 1 Henoch chapters 1-36; 81-108 (Hermeneia, OT Series)], Minneapolis: Fortress Press, 2001, 255f.

[**] [D. h.: 1 Henoch 14-16 greift auf Hesekiel zurück; wiederum knüpft Daniel an 1 Henoch an. Damit ist auch Daniel – vermittelt durch 1 Henoch 14-16 – indirekt auf Hesekiel bezogen. – Erg. d. Übers. n. Ang. d. Vf.]

22 Black, VanderKam und Neugebauer, Enoch (s. Anm. 6), 151f, akzeptieren diese Position, unterbreiten aber auch die nicht unwahrscheinliche Hypothese einer gemeinsamen Abhängigkeit von einem Werk, das früher als diese beiden entstanden ist. In jedem Fall ist diese Frage für meine Untersuchung hier unerheblich.

23 Im Kontrast dazu Sigmund Olaf Plytt Mowinckel, He That Cometh: The Messiah Concept in the Old Testament and Later Judaism, trans. G. W. Anderson, Oxford: B. Blackwell, 1956, 384f.

hin zu einem Titel; wir können diese Entwicklung im Text buchstäblich sehen.[24] Andererseits sehen wir die Tradition des siebten vorsintflutlichen menschlichen Königs, der erhöht und dem ein Platz im Himmel gegeben wurde, was eines der bedeutendsten Themen im ganzen Werk Henoch ist. Im Kapitel 71 der Bilderreden beobachten wir diese beiden Traditionen, wie sie zu einer Tradition kombiniert werden, und wie die beiden Gestalten: Henoch und der Menschensohn, zusammenkommen. Die komplexe, zweifache Geschichte des Menschensohns war schon in der vor-jesuanischen jüdischen Spekulation vorbereitet und zur Zeit seines Lebens (weiterhin) vorhanden: sie schloss bereits beide Elemente des Menschensohns ein: das Element des präexistenten, transzendenten Messias und das Element des menschlichen Wesens, das die Verkörperung dieses Messias auf Erden sein würde und erhöht sowie mit ihm verschmelzen würde. Auf diese Weise wurde der Christus geboren: nicht ganz [so unerklärlich-wundersamen Ursprungs wie] eine historische Jungfrauengeburt oder eine geistige Kopfgeburt von Ungefähr bzw. die Erschaffung aus dem Nichts, sondern die Erfüllung der erhabensten und stärksten Erwartungen des jüdischen Volkes.

Die Elemente der Weisheit der neugeborenen Messiasgestalt treffen m. E. mit Henoch zusammen, indem sie die frühe Lesart der Sprüche Salomos 8 und ebenso die Logos-Traditionen im Schlepptau führt.[25] Der Menschensohn der Bilderreden richtet und verurteilt, wurde vor dem All wie (oder sogar als) die Weisheit der Sprüche Salomos geschaffen, wird mit dem Messias (aber nicht mit dem menschlichen Messias) gleichgesetzt, wird der Gottheit assimiliert und beschrieben als ein würdiger Empfänger der Verehrung. Alles, was seinerzeit für ein vollständiges Bild benötigt wurde, war Henochs Assoziation des zum Himmel erhobenen Menschen mit dem Menschensohn. Damit wird die vollständige christologische Transformation stattgefunden haben.

Alle Elemente der Christologie sind sodann im Wesentlichen in den Bilderreden vorhanden. Wir haben eine präexistente himmlische Gestalt (identifiziert

---

[24] Auch James Davila liest das Werk des so genannten Redaktors (noch einmal: ich nenne ihn Autor) als mit einer besonderen ideologischen/theologischen Absicht behaftet. Davila, Of Methodology (s. Anm. 11), 12. Er interpretiert dieses Vorgehen nicht in derselben Weise wie ich, weist allerdings auf den wichtigen Umstand hin, dass der hebräische 3 Henoch (und damit die Henoch-Metatron-Tradition) dies voraussetzt.

[25] Daniel Boyarin, The Gospel of the Memra: Jewish Binitarianism and the Crucifixion of the Logos, Harvard Theological Review [HTR], 94,3 (2001), 243-284. Beachte auch Larry Hurtados drei Kategorien der göttlichen Vermittlung (Mediation): personifizierte und hypostasierte göttliche Attribute wie die Weisheit oder der Logos, erhöhte Patriarchen und Erzengel (Larry W. Hurtado, One God, One Lord: Early Christian Devotion and Ancient Jewish Monotheism, Edinburgh: T & T Clark, ²1998). Zu diesen fügt James Davila zwei weitere hinzu, von denen eines hier relevant scheint: „Archetypen, die auf früheren biblischen Personen und Funktionen bzw. Ämtern beruhen (z. B. der davidische König, der mosaische Prophet und der aaronitische Hohepriester), deren Inkarnation als Individuen jedoch entweder in die Zukunft projiziert wird (ideale zukünftige Gestalten) oder in ein himmlisches Reich (erhöhte ideale Gestalten)." Davila, Of Methodology (s. Anm. 11), 6.

auch mit der Weisheit), die der Menschensohn ist. Wir haben ein irdisches Wesen (life), einen menschlichen Weisen, der am Ende des irdischen Laufs in den Himmel erhoben und im Himmel zur Rechten des Alten der Tage als der präexistente und immerfort herrschende Menschensohn inthronisiert wird. Während sich die Evangelien wahrscheinlich nicht auf die Bilderreden stützen, helfen die Bilderreden, den kulturellen, religiösen Kontext zu beleuchten, in dem die Evangelien geschrieben wurden. Wie der Neutestamentler Richard Bauckham es treffend ausdrückte: „Es kann leicht gesehen werden, dass die frühen Christen alle gängigen und strukturierten Eigenschaften der einzigartigen göttlichen Identität auf Jesus anwandten – genau, ganz klar und präzise, um Jesus in die einzigartige Identität des einen Gottes Israels einzubinden."[26] In der Verehrung des Messias/Menschensohns/Henochs in den Bilderreden Henochs finden wir die engste Parallele zu den Evangelien. Da es keinen Grund in der Welt gibt zu denken, dass einer dieser beiden Texte den anderen beeinflusst hat, bieten sie beide zusammen einen starken Beweis für das Zusammenfließen der Vorstellungen über den menschlichen Messias spätestens zum 1. Jh. n. Chr. und wahrscheinlich früher.[27]

Das 4. Buch Esra und der Menschensohn

Die Bilderreden Henochs waren keineswegs der einzige jüdische Text des 1. Jh. außer den Evangelien, in dem der Menschensohn als Messias identifiziert wurde. In einem anderen Text derselben Zeit wie die Bilderreden und das Markusevange-

---

[26] Bauckham, The Throne (s. Anm. 2), 61.
[27] Ich finde deshalb die Behauptung Bauckhams unverständlich, dass „die frühen Christen [etwas] über Jesus äußerten, was keine anderen Juden über den Messias oder irgendeine andere Gestalt zu äußern gewollt haben; dass er von Gott erhöht wurde, um nun an der kosmischen Herrschaft teilzuhaben, die auf die göttliche Identität beschränkt ist" (Bauckham, The Throne [s. Anm. 2], 63), da Bauckham selbst gerade die Bedeutung Henochs in dieser Hinsicht dargelegt hat. Zu erwidern, wie er es implizit im nächsten Abschnitt unternimmt, dass „die Bilderreden eher eine Parallele als eine Quelle darstellen", ficht in keiner Weise die Autorität der Bilderreden an, um seine Behauptung als falsch herauszustellen; vielmehr, wie ich hier argumentiert habe, jene [Parallelität] unterstützt dies[e Autorität der Bilderreden], da wir jetzt wenigstens zwei unabhängige Zeugen für diesen religiösen Entwurf haben, keiner abhängig von dem anderen. Weiterhin sollte betont werden, dass die Befürwortung der Bauckhamschen Prämisse, die überzeugend scheint: – dass es keine Aufeinanderfolge von halb-göttlichen Mittlergestalten innerhalb des Judentums des Zweiten Tempels, an die Jesus angeglichen worden sein könnte –, uns nötigt zu erkennen, dass schon Dan 7,13f annimmt, dass der Menschensohn Gottes Göttlichkeit teilt, was einmal mehr die Behauptung Bauckhams irgendeiner Einzigartigkeit der Christologie in der Jesusversion Lügen straft. Die Bilderreden und die Evangelien repräsentieren zwei Entwicklungen aus der danielschen Tradition heraus. Natürlich schließt das weitergehende religiöse Kreativität seitens jeder dieser Traditionen nicht aus, wie wir an der augenscheinlich kraftvollen Erweiterung der Evangelien[*] mittels Psalm 110,1 zu der Mischung (falls Bauckham Recht hat) und der Fortsetzung der Henochtradition im 3. Henoch[**] (falls er, wie ich annehme, Unrecht hat).
[*] [Vgl. Mk 12,36parr; Apg 2,34f; – Erg. d. Übers.]
[**] [Vgl. zum 3 Hen: 60 Anm. 27, 61 (Anm. [**]), 97 Anm. 24; – Erg. d. Übers.]

lium, in der Apokalypse, die als 4. Buch Esra bekannt ist, finden wir ebenso eine göttliche Gestalt, die auf Daniel 7 fußt und mit dem Messias identifiziert wird. Spannenderweise finden wir auch in diesem Text einen Beleg für einen weiteren Versuch, diese religiöse Vorstellung zu unterdrücken [vgl. 53f, 56, 60-62, 86, 101f], und fügen jenes Indiz also zu dem Befund hinzu, dass die Vorstellung unter den Juden umstritten war – abseits der Frage der Göttlichkeit und Messianität Jesu. Dieser Text ist, wie wir sehen werden, ebenso von Dan 7 abhängig und bietet uns eine weitere Möglichkeit der Interpretation der Menschensohngestalt, was für das Verstehen der Evangelien bedeutsam ist. In Kap. 13 dieses Textes treffen wir den danielschen Einen wie ein Menschensohn abermals. In gewisser Weise steht die Menschensohngestalt in 4. Esra derjenigen in den Evangelien sogar näher als die Version in Henoch:

¹ Und es geschah nach den sieben Tagen, da träumte ich in der Nacht einen Traum.

² Siehe, ein gewaltiger Sturm erhob sich im Meer und erregte alle seine Wogen. ³ <Ich sah, und siehe, der Sturm führte aus dem Herzen des Meeres etwas wie die Gestalt eines Menschen [tanquam similitudinem hominis] herauf.ᵃ> Ich sah, und siehe, dieser Mensch [ipse homo] flog auf den Wolken des Himmels. Wohin er sein Gesicht wendete [/] und hinblickte, da zitterte alles, was er ansah. ⁴ Wohin die Stimme seines Mundes ging, zerschmolzen alle, die seine Stimme hörten, wie das Wachs schmilzt, wenn es Feuer spürt.

⁵ Danach sah ich, und siehe, eine Menschenmenge [hominum], die man nicht zählen konnte, versammelte sich von den vier Winden des Himmels, um den Menschen [hominem] zu bekämpfen, der vom Meer aufgestiegen war. ⁶ Ich sah, und siehe, er schlug sich einen großen Berg los und flog auf ihm. ⁷ Ich versuchte, die Gegend oder die Stelle zu sehen, wo der Berg losgeschlagen wurde, vermochte es jedoch nicht.

⁸ Danach sah ich, und siehe, alle, die sich gegen ihn versammelt hatten, um ihn zu bekämpfen, gerieten sehr in Furcht, wagten aber doch den Kampf. ⁹ Und siehe, als er den Ansturm der herankommenden Menge sah, erhob er seine Hand nicht und griff weder zum Schwert noch zu einer anderen Waffe, ⁽¹⁰; – D. B.⁾ sondern ich sah nur, ¹⁰ wie er aus seinem Mund etwas wie Feuerwogen und von seinen Lippen einen Flammenhauch aussandte; von seiner Zunge sandte er einen Sturm von Funken aus.²⁸ [4. Esra 13,1-10a]

---

28 Michael Edward Stone, Fourth Ezra: A Commentary on the Book of Fourth Ezra, ed. Frank Moore Cross (Hermeneia – a Critical and Historical Commentary on the Bible 41), Minneapolis: Fortress Press, 1990, 381f.
[4 Esra 13,1-10a in der Übersetzung von Josef Schreiner, Das 4. Buch Esra, Jüdische Schriften aus hellenistisch-römischer Zeit (JSHRZ), Bd. V Apokalypsen, Lfg. 4, Gütersloh 1981, 289-412: 393f ([/] = Seitenteilung bei Schreiner). Ergänzungen in eckigen Klammern geben *auch bei den folgenden Übersetzungen* zum Vergleich den englischen Wortlaut sowie ggf. Hinzufügungen oder Auslassungen der Übersetzung von Nickelsburg/VanderKam (s. Anm. 5) wieder; textkritische Anmerkungen Schreiners hier nur i. A. –
Lateinischer Text ebenso in [Klammern] ergänzt. –
Zur textkritischen Anm. V. 3ᵃ vgl. die Ausführungen Schreiners im Apparat (393): „Der Satz fehlt in Lat[einischer Übersetzung (in mehreren Handschriften)] durch Homoioteleuton [= ähnliche/gleiche Endung (bzw. Alliteration = ähnlichen/gleichen Anfang)]. –

Es versteht sich von selbst, dass die Feinde *des Menschen* darauf zu Aschestaub verbrannt werden, wenn nicht Schlimmeres als das. Dieser Abschnitt beruht natürlich auf einer Lesung von Dan 7, wie die zuvor diskutierten Textstellen bei Henoch. Noch deutlicher (teilweise seiner relativen Textdichte geschuldet) als Henoch verdeutlicht der Passus bei Esra unabweisbar die Kombination des göttlichen Menschensohns und des Erlösers oder Messias – in der Tat eine Hohe Christologie (Christologie von oben; high Christology)[*] und natürlich eine, die von der Jesusbewegung gänzlich unabhängig ist.* Ebenso läuft die Henoch-Stelle genau parallel: auch hier wird auf Daniel Bezug genommen, indem er als *der* Mensch bezeichnet wird. Einmal mehr wird aus dem Sinnbild ein Erlöser. Und da das Gleichnis (simile) sich deutlich auf eine göttliche Gestalt (einen göttlichen Krieger) bezieht, wird der Erlöser für göttlich gehalten.[29] Wie Stone bemerkt: „Es ist sehr interessant, dass die Textstellen, die sich auf den Atem oder das Wort beziehen, sowohl auf Gott als auch auf den Erlöser bezogen werden, aber – anders als in der uns vorliegenden Stelle – beziehen sich alle Stellen, in denen namentlich Feuer erwähnt wird, auf Gott. Deshalb ist der vorliegende Abschnitt in dieser Hinsicht einzigartig und dient dazu, die kosmische Rolle der menschlichen Gestalt herauszustellen, die in jedem Falle durch viele andere Elemente des Textes hervorgehoben wird."[30] Um die Sache ein wenig voranzutreiben, gelangen wir zu derselben Art des Argumentes, das für den Einen wie ein Menschensohn bei Daniel vorgebracht wurde, nämlich dass, wenn es einzig JHWH ist, der auf den Wolken fahrend daherkommt, dann ist auch hier diese Gestalt eine göttliche. Esras Mensch ist ebenso göttlich.

Die Vision schließt:

> [12] Danach sah ich jenen Menschen vom Berg herabsteigen und eine andere, friedliche Menge zu sich rufen. [13] Da näherten sich ihm Gestalten vieler Menschen, manche freu-

---

Vgl. [Kap.] VI 1." Daher Vers <3a> hier aus der syrischen Übersetzung (lat. Übers. v. Ceriani [s. Gunkel, 332; s. u.]), weil in der Vulgata ausgefallen. –
Vgl. die älteren Übersetzungen von Hermann Gunkel: Das vierte Buch Esra, in: Die Apokryphen und Pseudepigraphen des Alten Testaments, übers. u. hg. von Emil Kautzsch, Bände I-II, Tübingen: J.C.B Mohr (P. Siebeck), 1900, Bd. II, 331-401: 395, Digitalisat unter http://de.wikisource.org/wiki/Das_vierte_Buch_Esra/Kapitel_13#cite_ref-4 (05.07.2013); und die Übersetzung von Rießler, Schrifttum (s. Anm. 1), 301f, Faksimile unter http://digital.ub.uni-duesseldorf.de/ihd/content/pageview/3383596 (f.) (05.07.2013); – Anm. u. Ergg. d. Übers.]

[*] [Zu Begriff und Konzeption der Christologien siehe oben im Kap. 1, 62-64; zur Übersetzung auch 63 Anm. [*]; – Erg. d. Übers.]

* Dieses Detail wird vielleicht am deutlichsten zum Ausdruck gebracht in 4 Esra 12,32, wo darauf bestanden wird, dass der himmlische Menschensohn aus der Nachkommenschaft Davids stammt, „wenngleich nicht deutlich ist, warum ein Nachkomme Davids auf den Wolken kommen sollte". Collins/Collins, King and Messiah (s. Anm. 4), 207.

[29] [Vgl.] Stone, Fourth Ezra (s. Anm. 28), 383.
[30] a.a.O., 387.

dig, manche traurig, einige gefesselt, einige diejenigen heranbringend, die dargebracht werden (sollten)^b [als Opfergaben/as offerings].[*] [4 Esra 13,12-13a]

Dieser kurze Textabschnitt untermauert die Behauptung, dass *der* Mensch, der Messias, Gott ist, weil diese eschatologische Vision mit ihren Opfergaben direkt aus Jes 66,20 entlehnt ist: „Und sie werden alle eure Brüder aus allen Völkern herbringen dem HERRN zum Weihgeschenk". Diese anderen, hierher gebracht als Weihegeschenke, werden dann zum Herrn, dem *Kyrios*, dem Menschensohn, dem Erlöser gebracht. Man beachte, dass dieselbe Art des Arguments, die verwendet wurde, um die Göttlichkeit Jesu zu beweisen – u. zw. die Übertragung der Verse, die in der Bibel von JHWH ausgesagt werden, auf ihn – hier ebenso für *den* Menschen greift. Dieser Mensch ist der Herr. Wenn Jesus Gott ist, dann ist es durch genau dieselbe Argumentation auch dieser Mensch.

Auch hier, wie in Dan 7 selbst, begegnet uns ein anderer Zeuge für einen vorchristlichen religiösen Konflikt innerhalb Israels zwischen denen, die die sehr alte Idee einer älter erscheinenden göttlichen Gestalt und einer jüngeren, die seinen Thron teilt und der die ältere Gestalt Macht verleiht, anerkannten, und anderen Juden, die diese Idee als scheinbaren Widerspruch zum Monotheismus verwarfen.* Zwei abweichende Stränge der religiösen Vorstellung leben Seit' an Seit' in

---

[*] [4 Esra 12,12-13a in der Übersetzung von Schreiner, 4 Esra (s. Anm. 28), 394f. Die Ergänzung in eckigen Klammern gibt eine Hinzufügung der Übersetzung von Nickelsburg/VanderKam (s. Anm. 5) wieder; textkritische Anmerkungen Schreiners hier nur i. A. –
4 Esra 12,13aß in wörtlicher Übersetzung: „einige von ihnen waren gebunden und einige brachten andere *als Opfergaben*."
Zur textkritischen Anm. V. 3^b vgl. die Ausführungen Schreiners im Apparat (395): „Einige – diejenigen heranbringend, die dargebracht werden (sollten) [gemäß] Lat[einischer Übers. und] Syr[ischer Übers.]; nach Gunkel, der auf Lupton verweist, eine Anspielung auf Jes 66,20; vgl. PsSal 17,34. – »Die Sammlung der friedlichen Schar in 4 Esr 13,12f. umfasst« nach U. B. Müller: Messias [und Menschensohn in jüdischen Apokalypsen und in der Offenbarung des Johannes ([Studien zum Neuen Testament] StNT 6), Gütersloh 1972], 118f., der auf Gunkel verweist, »Juden und Heiden."
Vgl. Gunkel: Das vierte Buch Esra (s. Anm. 28), 395, Digitalisat unter http://de.wikisource.org/wiki/Das_vierte_Buch_Esra/Kapitel_13#cite_ref-4 (05.07.2013); und Rießler, Schrifttum (s. Anm. 1), 302f, Faksimile unter http://digital.ub.uni-duesseldorf.de/ihd/content/pageview/3383597 (f.) (05.07.2013); – Anm. u. Ergg. d. Übers.]

* Dieses Argument wird unterstützt durch eine sehr bedeutsame Beobachtung Michael Stones: die Beschreibung des Erlösers in Kap. 13, die hier dargeboten wird, ist im 4 Esra selbst einzigartig. In allen anderen Momenten innerhalb dieses Textes scheint der Erlöser, obgleich in gewissem Sinne präexistent, eher in Richtung der Tradition des menschlichen davidischen Messias zu tendieren als zur zweiten Gottheit, die wir in Dan 7, den Bilderreden Henochs und 4 Esra 13 finden. Überdies, wie von Stone ebenso scharfsinnig beobachtet, unterdrückt die Interpretation der Vision in der zweiten Hälfte des Kap. 13 den kosmisch-göttlichen Aspekt des Menschen. Was nicht bemerkt wurde, ist meines Erachtens, dass dies wunderbar zu Dan 7 selbst passt, wo die Vision einer zweiten göttlichen Gestalt, der Eine wie ein Menschensohn, ebenfalls – durch die Interpretation in der zweiten Hälfte des Kapitels – als gänzlich menschlich und als ein allegorisches Symbol wiedergegeben wird. [Vgl.] Stone, Fourth Ezra (s. Anm. 28), 211-213.

der jüdischen Gedankenwelt [der Periode] des Zweiten Tempels und darüber hinaus: Der eine Strang, in dem der uralte Binitarianismus (binitarianness) des Gottes Israels wesenhaft bewahrt und umgeformt wird, und der andere Strang, in dem diese Dualität eher sorgfältig unterdrückt wurde, werden auf unterschiedliche Weisen vermischt, stellen einander infrage und streben mitunter danach, den anderen vollständig zu verdrängen. Dieser Hintergrund erhellt m. E. vieles der Religion der Evangelien – als Fortsetzung und Fortentwicklung eines Stranges der israelitischen Religion, der in der Tat sehr alt ist.

Die Verwendung des Wortes „Menschensohn" in den Evangelien ist verknüpft mit dem Beleg eines solchen Sprachgebrauchs durch die Bilderreden. Dies führt uns dazu, diesen so gebrauchten Ausdruck (und wichtiger noch: seine Einbeziehung einer zweiten, als Messias verkörperten Gottheit) als „gängige Münze", als allgemein bekannte Wort-Prägung des Judentums bereits vor Jesus anzusehen. Das bedeutet nicht – ich betone es noch einmal –, dass dieses gedankliche Allgemeingut überall gültig oder unbestritten gewesen ist.[31]

Das Markusevangelium und die Bilderreden Henochs sind eigenständige Zeugnisse für ein jüdisches Religionsmuster zu ihrer jeweiligen Zeit. Texte sind keine Religionen (ebenso wenig wie eine Landkarte eine Landschaft ist)[*], aber sie sind Anzeichen der Religion, Spitzen der Eisberge, die auf gewaltige religiöse Veränderungen und Ausformungen unter der Oberfläche hinweisen, oder: vielleicht besser gesagt, oberirdische Knoten eines unterirdischen Wurzelsystems, die auf die Form der Wurzeln schließen lassen. Das Gelände war sicher so uneben und vielfältig, wie ein irdisches Gelände sein kann; wie Carsten Colpe es beschrieben hat: „Die Unterschiede in der Funktion des Menschensohns erklären sich dann aus der Ver-

---

[31] Ich biete eine abweichende Weise der Annäherung an den Menschensohn an, einen Zugang, der nicht so sehr die berühmte Menschensohn-Debatte auflöst, aber gleichsam eine Schlussrunde um sie herum läuft, indem er andersartige Fragen stellt. Joel Marcus hat dasselbe in einer ganz anderen Redeweise verfolgt, als er schrieb: „Diese Schlussfolgerung [dass der „Menschensohn" in den Bilderreden vor-christlich ist (– D. B.)] wird durch die Art und Weise gestützt, in der Jesus in den Evangelien den Menschensohn grundsätzlich als eine bekannte Größe behandelt – da er sich niemals die Mühe macht, den Ausdruck zu erklären –; auch wird jene Schlussfolgerung dadurch getragen, dass gewisse Eigenschaften dieser Gestalt, wie z. B. seine Identität mit dem Messias oder sein Anspruch zu richten, als selbstverständlich angesehen werden. Mit Abbitten an Voltaire können wir sagen, dass – falls der Menschensohn im Buch Henoch nicht existiert hätte – es unbedingt notwendig gewesen wäre, ihn zu erfinden, um die Menschensohn-Sprüche in den Evangelien zu erklären." Joel Marcus, Mark 1-8: A New Translation with Introduction and Commentary [The Anchor Bible (AncB) 27], New York: Doubleday, 2000, 530.

[*] [Vgl. Jonathan Zittell Smith, Map is not Territory. Studies in the History of Religions, Chicago: University of Chicago Press, 1978 (freundlicher Hinweis von Johann Ev. Hafner) unter Rückgriff auf die gleichlautende Formulierung Alfred Korzybskis (1931) und weitere dekonstruktivistische Diskussionen; vgl. https://en.wikipedia.org/wiki/Map–territory_relation (14.10.2014); – Erg. d. Übers.]

schiedenheit der Gruppen, die ihn erwarteten, und aus der Verschiedenheit der Zeiten, in denen sie es taten."³²

Das große Novum der Evangelien bestand einzig darin: zu verkünden, dass der Menschensohn bereits gegenwärtig ist, dass er unter uns wandelt. Im Gegensatz zu Henoch, der in jenen letzten Tagen der Messias-Menschensohn sein wird, *ist* es Jesus schon. Im Gegensatz zu dem Menschensohn, der auf den Wolken fliegt, der ein Ausblick auf die Zukunft ist, *ist* Jesus gekommen – erklären die Evangelien und die Gläubigen. Die letzten Tage sind jetzt, im Augenblick – tut das Evangelium kund. Alle Vorstellungen über Christus sind altvertraut; das oder der Neue ist Jesus. Es gibt nichts in der Lehre des Christus, was neu ist, außer der Ausrufung *dieses* Menschen als Menschensohn. Dies ist selbstverständlich eine außerordentliche Aussage, eine gewaltige Innovation in sich selbst und eine, die schicksalhaftverhängnisvolle historische Folgen gehabt hat.

---

[32] Carsten Colpe, Art. ὁ υἱὸς τοῦ ἀνθρώπου [(in der engl. Ausg.:) Ho Huios Tou Anthrōpou; d. h.: Der Menschensohn], in: Theological Dictionary of the New Testament [TDNT] 8, Grand Rapids, MI: Eerdmans, 1972, [400-477]: 420.
[Der dt. Text zit. n. der dt. Vorlage: C. Colpe, Art. ὁ υἱὸς τοῦ ἀνθρώπου, Theologisches Wörterbuch zum Neuen Testament (ThWNT/TWNT) 8, Stuttgart [u.a.]: Kohlhammer, 1969, 403-481: 422, ZZ. 24-26; – Ergg. d. Übers.].

3 Jesus lebte koscher

Die meisten (wenn nicht alle) Vorstellungen und Gebräuche der Jesusbewegung des ersten und beginnenden zweiten Jahrhunderts – und auch später – können offenkundig verstanden werden als ein Teil der Vorstellungen und Gebräuche, die wir als das betrachten, was das Judentum dieses Zeitraums ausmachte. Die Vorstellungen der Trinität und der Inkarnation, oder sicherlich die Keime jener Ideen, waren bereits unter jüdischen Gläubigen gegenwärtig, längst bevor Jesus die Bühne betrat, um – sozusagen – in ihm selbst jene theologischen Auffassungen zu inkarnieren und seiner messianischen Berufung nachzukommen.

Allerdings ist der jüdische Hintergrund der Vorstellungen der Jesusbewegung nur ein Teil des neuen Bildes, das ich hier entwerfe. Der überzeugendste Beweis für die Jüdischkeit der frühen Jesusgemeinschaften kommt überwiegend aus den Evangelien selbst. Die Evangelien werden natürlich fast immer als Markierung eines großen Bruches mit dem Judentum verstanden. Immer wieder finden wir in ihren Kommentaren (– ob fromm oder gelehrt –) Äußerungen darüber, welch radikaler Bruch durch Jesu Lehre im Hinblick auf das „Judentum" seiner Zeit begründet wird. Die Auffassungen vom Judentum als legalistisch, Regeln verhaftetet, als ein düsteres Reich religiöser Ängstlichkeit – im Gegensatz zur gänzlich neuen Lehre Jesu von Liebe und Glauben, halten sich hartnäckig.

Sogar unter denen, die anerkennen, dass Jesus selbst sehr wohl ein frommer Jude gewesen sein könnte – ein besonderer Lehrer, gewiss, aber keiner, der einen konsequenten Bruch mit dem Judentum auslöste –, werden die Evangelien und insbesondere Markus als ein Markstein des Bruches des Christentums, seiner fast vollständigen Aufhebung der Formen traditioneller Frömmigkeit angesehen. Eine der radikalsten dieser Ablösungen ist, nahezu allen Meinungsäußerungen zufolge, die völlige Ablehnung der jüdischen Speisepraktiken, der Kaschrut-Bestimmungen (kosher rules) durch den markinischen Jesus.

Den meisten Ansichten in dieser Frage zuwider hielt Jesus nach dem Markusevangelium die Speisevorschriften ein, d. h., dass er sich nicht als jemanden ansah, der die Tora außer Kraft setzt, sondern sie verteidigt. Es gab mit einigen anderen jüdischen Oberhäuptern Auseinandersetzungen, wie das Gesetz am besten zu halten ist, aber keine darüber – so wende ich ein –, *ob* es eingehalten werden muss. Nach dem Markus- (und mehr noch dem Matthäus-)Evangelium war Jesus – weit entfernt davon, die Gesetze und Gebräuche der Tora außer Kraft zu setzen – ein überzeugter Verfechter der Tora gegen das, was er als Gefährdungen für sie seitens der Pharisäer wahrnahm.

Die Pharisäer waren eine Art von Reformbewegung innerhalb des jüdischen Volkes, die hauptsächlich auf Jerusalem und Judäa hin orientiert war. Die Pharisäer versuchten, andere Juden zu ihrer Denkweise hinsichtlich Gottes und der Tora zu bekehren, eine Denkweise, die augenfällige Veränderungen an den schriftlich festgelegten Verhaltensweisen der Tora einschloss; Veränderungen, die vorgeschrieben wären durch etwas, das die Pharisäer „die Tradition[*] der Ältesten" nannten [Mt 15,2; Mk 7,3.5]. Die Rechtfertigung dieser Reformen im Namen einer mündlichen Tora – einer Tradition, die durch die Ältesten vom Sinai her überliefert wurde – könnte durch manche traditionellen Juden als ein radikaler Umbruch wahrgenommen worden sein, besonders wenn sie einherging mit einer Änderung der traditionellen Wege, wobei sie und ihre Vorfahren seit unvordenklichen Generationen die Tora gehalten haben. Wenigstens einige dieser pharisäischen Neuerungen können sehr wohl Änderungen in der religiösen Praxis dargestellt haben, die sich während des Babylonischen Exils vollzogen haben, während die Juden, die „im Lande" verblieben waren, ihre alten Verhaltensweisen fortgeführt haben. Es ist daher durchaus einleuchtend, dass andere Juden, wie z. B. der Galiläer Jesus, diese Vorstellungen als einen Angriff auf die Tora und als einen Frevel erbost zurückweisen würden.

Das Judentum Jesu war eine konservative Reaktion gegen einige radikale Innovationen im Gesetz, die von den Pharisäern und Schriftgelehrten Jerusalems stammten.

Das Markusevangelium bietet die sichere Grundlage für dieses neue Verständnis von Jesus, eine Auffassung mit Folgen nicht nur dafür, wie wir *dieses* Evangelium verstehen, sondern auch für unsere Interpretation der Evangelien im allgemeineren Sinne. Im 20. Jh. begann sich eine neue historische Vorstellung der Beziehungen der Evangelien untereinander auszubilden und wird nunmehr von den meisten (doch nicht allen) akademischen Lagern geteilt. Markus wird jetzt von den meisten Wissenschaftlern als frühestes der Evangelien angesehen, die es in eine Zeit irgendwann gleich nach der Zerstörung des Tempels 70 n. Chr. datieren. Matthäus und Lukas werden so verstanden, dass sie Markus verwendet und ihn für ihre Zwecke sowohl verändert als auch andere Quellen für das Evangelium hinzugefügt haben, besonders eine Quelle, die viele Sprüche Jesu mitteilte [die sog. Reden-, Spruch- oder Logienquelle Q; – Anm. d. Übers.].

Diese neue und überzeugende Erklärung, wie die synoptischen Evangelien sich aufeinander beziehen, hat die vielleicht unabsichtliche Folge, dass die Vorstellung einer fast völligen Aufhebung des Gesetzes durch Jesus zum grundlegendsten Moment der christlichen Bewegung gemacht wird. Falls, wie die meisten Neutestamentler meinten, der Verfasser des Markusevangeliums ein Heide (Nichtjude) und dabei des jüdischen Weges eher unkundig war, dann waren schon die Anfänge der Jesusbewegung in die Ablehnung der jüdischen Lebensweise einbezogen. Andererseits, falls Markus – und auch sein Jesus – selbst ein Mitglied der jüdischen Gemeinschaft war, dann können die Anfänge des Christentums in einem ganz anderen Licht betrachtet werden: als eine – vielleicht radikale – Version der Religion der Juden. In der Version des Markus kämpfte Jesus nicht gegen das Ju-

---

[*] [Überlieferung, Lehre (παράδοσις, Parádosis); *Luther:* Satzungen; – Anm. d. Übers.]

dentum, vielmehr mitten in ihm – was eine vollkommen andere Sache ist. Weit davon entfernt, ein jüdischer Außenseiter zu sein, war Jesus der Anführer eines Typs des Judentums, der dabei war, von einer anderen Gruppe, den Pharisäern, an den Rand gedrängt zu werden; und er kämpfte gegen sie als gefährliche Neuerer. Diese Sicht des Christentums lediglich als einer Variante innerhalb des Judentums, und sogar einer höchst konservativen und traditionalistischen, ist zentral bei unserer Beschreibung der Beziehungen zwischen der sogenannten jüdischen Christenheit und ihrem frühen Rivalen, der sogenannten heidnischen Christenheit im 2., 3. und 4. Jh., die letztendlich (nach einigen Jahrhunderten) die Oberhand gewinnen sollte.

Markus 7 und die Nicht-Trennung der Wege

In den hergebrachten Interpretationen des Markusevangeliums wird Jesu Beziehung zu den jüdischen Speisevorschriften als Wendepunkt in der religiösen Geschichte verstanden, als eine Reihe fundamentaler Glaubensüberzeugungen zugunsten einer neuen Weltsicht verworfen wurden. Jahrhundertelang haben christliche Prediger, Gelehrte und eine Leserschaft aus Laien das Markusevangelium so gelesen, als lehre es uns nicht nur, dass Jesus die Speisevorschriften nicht einhielt, vielmehr dass er alle Speisen erlaubte, die die Tora den Juden zu essen verboten hatte.[1] Das wäre eine Veränderung nicht geringen Ausmaßes, da die Speisevorschriften damals zu den wesenhaften Markenzeichen der jüdischen Religionsausübung gehörten und noch heute bestehen. Falls Markus hingegen missdeutet worden wäre, und sein Jesus solch grundlegende jüdische Praktiken wie das Halten der Speisevorschriften nicht verlassen oder aufgehoben hätte, dann würde sich unsere Wahrnehmung dessen, wo die Jesusbewegung in Beziehung auf das Judentum seiner Zeit steht, vollständig ändern. Kurz gesagt: falls die Urchristen glaubten, dass Jesus die Speisegebote hielt, dann haben wir gute Gründe, dieses Christentum als einen anderen, konkurrierenden Zweig des Judentums anzusehen.

Die Frage der „Jüdischkeit" des Markus ist wesentlich für unser Verständnis der historischen Bedeutung der Jesusbewegung in ihrer frühesten Periode. Jesus hat m. E. nicht gegen die Juden oder das Judentum gekämpft, sondern mit einigen Juden

---

[1] Dies hängt teilweise von der sehr verbreiteten Sichtweise ab, dass Markus selbst, der Autor des Markusevangeliums, ein Glaubensanhänger aus den Heiden [*hier:* Nicht-Juden] gewesen ist, für den die Praktiken des kosheren Essens völlig fremd und abschreckend waren. Die Folge dieser beiden Ansichten ist, wenn man sie zusammenfügt, dass die Jesusbewegung zu ihrem frühesten Zeitpunkt charakterisiert war durch eine völlige Veränderung hinsichtlich der Vorstellungen darüber, wie man Gott dienen soll, und etwas gänzlich anderes gegenüber dem Judentum wurde. Die anderen Evangelisten – besonders Matthäus, der offensichtlich einen Jesus zeichnet, der weitaus freundlicher gegenüber der Tora als religiöser Praxis ist – werden als die Hervorbringung der Gemeinschaften verstanden, die z. B. durch Benennungen wie jüdisch-christliche oder judaisierende Gemeinschaften bezeichnet werden, die selbst Fachbegriffe in einem alten christlichen Diskurs über Häresie darstellen.

darüber gestritten, was er als die rechte Art und Weise des Judentums ansah. Wie wir in den letzten beiden Kapiteln gesehen haben, schloss diese Art des Judentums die Vorstellung einer zweiten göttlichen Figur ein, die sich auf Erden in menschlicher Gestalt als der Messias (und in der Person dieses Jesus) finden würde. Die Auseinandersetzung um Jesus ging einzig darum, ob dieser Sohn des Tischlers aus Nazareth wirklich derjenige war, auf den die Juden warteten. Ungeachtet dessen, dass er von sich selbst annahm, eben dieser jüdische Messias, der Menschensohn, zu sein, hätte Jesus gewiss nicht verächtlich von der Tora gesprochen, sondern sie wertgeschätzt.

Nach dem Verständnis der meisten Kommentatoren bildete Mk 7 den Beginn der so genannten Trennung der Wege zwischen Judentum und Christentum. Dies ist – den traditionellen Interpretationen und nahezu allen modernen Wissenschaftlern zufolge – so, weil Jesus in diesem Kapitel einen Hauptaspekt der Toragebote, die Kaschrut-Bestimmungen (die Anordnungen zum Genuss erlaubter, koscherer Speisen), für nicht länger gültig erklärt, was also einen größeren Bruch mit den Glaubensvorstellungen und -praktiken fast aller anderen Juden – pharisäisch oder nicht – darstelle. Die Repräsentanten der drei wohl wichtigsten wissenschaftlichen biblischen Kommentarserien in den Vereinigten Staaten, von der „Word"-Serie für evangelikale Gelehrte über die „Anchor"-Bibel für das nichtkonfessionelle und breitere (aber fortgeschrittenere) Publikum bis zu den sehr wissenschaftlichen und kirchlich nicht gebundenen „Hermeneia"-Kommentaren – die zusammen gleichsam die maßgebliche moderne Interpretation dieses Abschnitts bilden –: alle stimmen in ihren Kommentaren zu Mk 7 überein, selbst wenn sie in vielem anderen uneins sind. So schreibt Adela Yarbro Collins in ihrem Hermeneia-Kommentar zu V. 19 („Damit erklärte er alle Speisen für rein."): „Die Äußerung zu V. 19c geht einen gewaltigen Schritt nach vorn und schließt allermindestens ein, dass die Befolgung der Speisegesetze für die Nachfolger Jesu nicht verpflichtend war."[2] In dem evangelikalen wissenschaftlichen „Word"-Kommentar führt Robert A. Guelich ebenso aus: „Jesu Spruch in 7,15 – wenn man ihn mit Bezug auf das, was jemand isst, durch 7,18b-19 erklärt – bedeutet, dass keine Speisen, selbst jene, die durch das levitische Gesetz (Lev 11-15) verboten sind, eine Person vor Gott unrein machen können. Im Wesentlichen ‚macht (Jesus) alle Speisen rein'".[3] In seinem Kommentar in der altehrwürdigen Anchor-Bibel schreibt Joel Marcus, dass „jeder, der tat, was der markinische Jesus in unserem Abschnitt tut, indem er diese Reinheitsunterscheidung verleugnete und alle Speise für genießbar erklärte (7,19), sofort als ein

---

[2] Adela Yarbro Collins, Mark: A Commentary, ed. Harold W. Attridge, Hermeneia – a Critical and Historical Commentary on the Bible, Minneapolis: Fortress Press, 2007, 356. Es sollte betont werden, dass Collins dies nicht unbedingt als Sinngehalt der ursprünglichen Äußerung Jesu im V. 15 ansieht, jedoch liest sie V. 19, der eine Randbemerkung des Evangelisten Markus ist, derart, dass sie auf diese Weise Markus (wie Paulus) als Beginn des Endes des Gesetzes für die Christen darstellt.

[3] Robert A. Guelich, Mark 1-8:26 (Word Biblical Commentary [WBC] 34A; Mark; I-VIII), Dallas, TX: Word Books, 1989, 380.

Verführer identifiziert werden konnte, der das Herz des Volkes von Gott (vgl. 7,6) und seinem heiligen Gebot, das er Mose gegeben hat (vgl. 7,8f.13), wegführt."[4] Diese Sicht ist die allgemein verbreitete Interpretation dieses Abschnitts, sowohl in der frommen als auch in der wissenschaftlichen Tradition.[5]

Allerdings – beging der markinische Jesus wirklich dieses Sakrileg? Und ist dieser Passus wirklich eine Trennung der beiden Wege von Judentum und Christentum? Indem sie den Text rückwärts von späteren christlichen Praktiken und Glaubensvorstellungen über die schriftliche Tora und ihrer Aufhebung her lasen, haben die Interpreten und Gelehrten in diesem Kapitel einen Anfangspunkt gefunden, sogar eine Ursprungslegende für ihre Version des Christentums. Dagegen bringt eine Lesung des Textes durch die Brille, die durch Jahre des Eintauchens in die jüdische religiöse Literatur der Zeiten um Jesus und die Evangelisten gefärbt ist, eine völlig andere Sicht auf das Kapitel hervor als jene, die so vorherrschend geworden ist. Wenn wir Markus in seinem eigenen historischen und kulturellen Kontext verankern, finden wir in der Tat einen ganz anderen Text, einen, der eher eine innerjüdische Kontroverse offenbart als eine Aufhebung der Tora und eine Absage an das Judentum.

Es wird vorteilhaft sein, die gesamte Erzählung (narrative) für die Diskussion im Kopf zu haben; so lassen Sie mich damit beginnen, indem ich den Text [Mk 7] der NRSV-Übersetzung zitiere:

> [1] Und es versammelten sich bei ihm die Pharisäer und einige von den Schriftgelehrten, die aus Jerusalem gekommen waren. [2] Und sie sahen einige seiner Jünger mit unreinen, das heißt: ungewaschenen Händen das Brot essen.
>
> – [3] Denn die Pharisäer und alle Juden essen nicht, wenn sie nicht die Hände gründlich[6] gewaschen haben, und halten so die Satzungen der Ältesten; [4] und [wenn sie] vom Markt [kommen], essen sie nicht(s), wenn sie sich nicht gewaschen haben. Und es gibt viele andre Dinge, die sie zu halten angenommen haben, wie: Trinkgefäße und Krüge und kupferne Kessel [und Bänke] zu waschen. –

---

[4] Joel Marcus, Mark 1-8: A New Translation with Introduction and Commentary [The Anchor Bible (AncB) 27], New York: Doubleday, 2000, 450. Es muss, damit hier keine irreführenden Unklarheiten bestehen, deutlich angemerkt werden, dass [Joel] Marcus [den Ev.] Markus als einen „jüdischen Christen" ansieht, wenngleich als einen radikaleren als Matthäus (ausführlicher unten in diesem Kapitel).

[5] Vgl. z. B. das Votum: „Markus, unser frühestes Evangelium, bietet einen verlässlicheren Maßstab [als Paulus (– D. B.)]; und d. h., dass Jesus die Speise- und Reinheitsvorschriften aufhob und den Sabbat verletzte"; Robert H. Gundry, Mark: A Commentary on His Apology for the Cross, Grand Rapids, MI: Eerdmans, 2004 [Nachdr. in 2 Bdd., I: Mk 1-8; II: Mk 9-16] (1993), [I, 370]. Das mag für Gundry „eine bekannte Tatsache" sein; für mich kaum.

[6] Vgl. die andere Übersetzung, die hier weiter unten 114f angeführt wird. [Der hier *oben* angeführte Text der NRSV (New Revised Standard Version) „thoroughly" (gründlich, sorgfältig, gehörig, gut) stützt sich auf die handschriftlich weniger gut bezeugte, erleichternde Lesart πυκνά (pykná oft); die schwierigere Lesart πυγμῇ (pygmē mit der Faust; – zum Problem s. u.) wird von Luther – dessen Übersetzung von Mk 7 hier zur Grundlage genommen wird – gebraucht, aber wiederum erleichternd und ausdeutend übersetzt: „mit einer Handvoll Wasser". – Anm. d. Übers.]

⁵ Da fragten ihn die Pharisäer und Schriftgelehrten: „Warum leben deine Jünger nicht nach den Satzungen der Ältesten, sondern essen das Brot mit unreinen Händen?" ⁶ Er aber sprach zu ihnen: „Wie fein hat von euch Heuchlern Jesaja geweissagt, wie geschrieben steht (Jesaja 29,13): »Dies Volk ehrt mich mit den Lippen; aber ihr Herz ist fern von mir. ⁷ Vergeblich dienen sie mir, weil sie lehren solche Lehren, die nichts sind als Menschengebote.« ⁸ Ihr verlasst Gottes Gebot und haltet der Menschen Satzungen. ⁹ Und er sprach zu ihnen: Wie fein hebt ihr Gottes Gebot auf, damit ihr eure Satzungen aufrichtet! ¹⁰ Denn Mose hat gesagt (2. Mose 20,12; 21,17): »Du sollst deinen Vater und deine Mutter ehren«, und: »Wer Vater oder Mutter flucht, der wird gewiss des Todes sterben.«⁷ ¹¹ Ihr aber lehrt: Wenn einer zu Vater oder Mutter sagt: Welche Unterstützung auch immer ihr von mir gehabt hättet ist Korban (– das heißt: Opfergabe für Gott –), ¹² so lasst ihr ihn nichts mehr tun für seinen Vater oder seine Mutter ¹³ und hebt so Gottes Wort auf durch eure Satzungen, die ihr überliefert habt; und dergleichen tut ihr viel."

¹⁴ Und er rief das Volk wieder zu sich und sprach zu ihnen: „Hört mir alle zu und begreift's! ¹⁵ Es gibt nichts, was von außen in den Menschen hineingeht, das ihn unrein machen könnte; sondern was aus dem Menschen herauskommt, das ist's, was den Menschen unrein macht." [16] [*]

¹⁷ Und als er von dem Volk ins Haus kam, fragten ihn seine Jünger nach diesem Gleichnis. ¹⁸ Und er sprach zu ihnen: „Seid ihr denn auch so unverständig? Merkt ihr nicht, dass alles, was von außen in den Menschen hineingeht, ihn nicht unrein machen kann? ¹⁹ Denn es geht nicht in sein Herz, sondern in den Bauch, und kommt heraus in die Grube." Damit erklärte er alle Speisen für rein.[**] ²⁰ Und er sprach: „Was aus dem Menschen herauskommt, das macht den Menschen unrein; ²¹ denn von innen, aus dem Herzen der Menschen, kommen heraus böse Gedanken, Unzucht, Diebstahl, Mord, ²² Ehebruch, Habgier, Bosheit, Arglist, Ausschweifung, Missgunst, Lästerung, Hochmut, Unvernunft. ²³ Alle diese bösen Dinge kommen von innen heraus und machen den Menschen unrein." [Mk 7,1-23]

---

⁷   Durch die Verwendung der textgetreuen [Übersetzung] „flucht" („curses") anstelle des [Ausdrucks] der NRSV „beschimpft" („speaks evil of") könnte ich in der Lage sein, hier die Lösung zu einem hermeneutischen Problem vorzuschlagen. [Joel] Marcus schreibt: „Jedoch, falsch wie es sein könnte, materielle Unterstützung gegenüber jemandes Eltern vorzuenthalten: inwiefern ist es gleichbedeutend damit, sie zu *verfluchen*?" ([Joel] Marcus, Mark 1-8 [s. Anm. 4], 444); wenn wir jedoch an die hebräische Sprache denken, ist dies vielleicht weniger ein Problem. Im Hebräischen bedeutet das Verb für „ehren" buchstäblich „schwer/gewichtig/bedeutend machen", etwa: „mit Würde (Gewichtigkeit, Zumessung der Bedeutung) behandeln". Andererseits ist das Wort für „fluchen": „leicht machen". So bedeutet der Vers in Ex 20[,12] wortwörtlich: „Mache gewichtig deinen Vater und deine Mutter", während es in 21,17 heißt: „Alle, die leicht machen ihren Vater und ihre Mutter, werden gewiss sterben". Wenn „gewichtig machen" (ehren) bedeutet: „mit materieller Unterstützung" versorgen, dann ist „leicht machen" (fluchen) das Gegenteil, also: jemandes Eltern nicht zu speisen ist gleichbedeutend damit, ihnen zu fluchen. Falls diese Interpretation etwas für sich hat, dann gäbe es einen Hinweis auf wenigstens eine Schicht im Markusevangelium, die der *veritas Hebraica* [jüdischen Wirklichkeit; – Anm. d. Übers.] viel näher stand.

[*]   [Zum ausgelassenen V. 16 s. u. Seite 119; – Anm. d. Übers.]
[**]   [Dieser kommentierende Satz (!) in der Originalausgabe (NRSV) in Klammern; bei Luther 1534 und 1545 (-1950) ausgelassen; allerdings ohne Anhaltspunkt in den relevanten Handschriften; – Anm. d. Übers.]

Die lange Geschichte der Interpretation dieses Abschnitts könnte allein ein Buch füllen. Die Dämonen, die die „Traditionsgeschichte" dieses Passus befallen haben, sind Legion; einige Gelehrte betrachten manche Verse als ursprünglich und andere als spätere Ergänzungen; während andere Gelehrte gerade das Gegenteil im Hinblick darauf behaupten, welche Verse ursprünglich und welche später hinzugefügt worden sind. Ich habe vor, diese Dämonen auszutreiben, indem ich sie ignoriere und den Text lese, wie er ist. Mein Ziel ist, dem Sinn dessen näher zu kommen, was das kanonische Markusevangelium in seinem ursprünglichen kulturellen, religiösen Kontext gemeint haben könnte: ein Zusammenhang, der durch und durch bekannt sein und deutlich ausgesprochen werden muss, um seine interpretative Arbeit zu tun.

Das erste, was anerkannt werden muss, ist der Umstand, dass von den *Lesern* des Markusevangeliums eindeutig angenommen wird, dass sie fern von der traditionellen jüdischen Praxis als auch von der aramäischen und hebräischen Sprache sind, währenddessen der *Verfasser* des Markusevangeliums alles andere als fern von diesen Dingen und ihrer unkundig ist. Er beweist tatsächlich ein feines und klares Verständnis der jüdischen Praxis und der jüdischen Sprachen, wie es sein Jesus tut. Diese Unterscheidung wurde in vielen der früheren Arbeiten zu Markus und besonders zu diesem Kapitel übersehen.

Im Gegensatz zu fast allen christlichen Kommentatoren schlage ich vor, dass, wie immer Jesus in dem obigen Text von Markus handelnd beschrieben wird – einschließlich: „damit erklärte er alle Speisen für rein" –, dies nicht den Verzehr aller Speisen erlaubt, selbst wenn wir jedes Wort des Abschnitts so annehmen, wie es in dem Text vor uns liegt.

Um diesen Vorschlag zu erhärten, ist es sehr wichtig, dass wir einige Unterscheidungen zwischen verschiedenen Gebieten des Gesetzes der Tora und der Speisevorschriften im Besonderen vornehmen, weil es in dieser Hinsicht viel Verwirrung gegeben hat. Eine Speise koscher zu nennen, bezieht sich auf die Zulässigkeit oder die Unzulässigkeit des Verzehrs durch Juden, wie in der Bibel und der späteren rabbinischen Literatur festgelegt. Unter den verbotenen Speisen gibt es Nichtwiederkäuer wie Schweine und Hasen, Raubvögel und Seetiere, die keine Flossen und Schuppen haben. Fleisch muss, um koscher zu sein, ebenso in einer besonderen Weise geschlachtet sein, die als schmerzlos für das Tier angesehen wird; und Milch- und Fleischspeisen müssen voneinander getrennt gehalten werden. Diese Gesetze werden auch heute von frommen Juden buchstabengetreu gehalten. Obwohl auf Tiere, die nicht koscher sind, in gewisser Weise verwirrend Bezug genommen wird als auf „unreine" Tiere, haben diese Kaschrut-(Koscher-) Gesetze nichts zu tun mit Reinheit und Unreinheit des Körpers oder anderer Dinge. Es gibt eine besondere Reihe von Bestimmungen, die festlegen, wann eine beliebige Speise – koscher oder nicht – rein oder unrein ist, abhängig davon, wie diese Speise behandelt wurde und mit welchen anderen Dingen sie in Kontakt gekommen sein könnte. Allerdings gibt es koschere Speisen, die unter *gewissen* Umständen und für *gewisse* Juden zu essen verboten wären, ungeachtet dessen, dass sie in sich aus gänzlich koscheren Zutaten hergestellt, in koscheren Töpfen gekocht sind und nicht Milch und zugleich Fleisch enthalten. Solche Speisen sind unrein geworden durch irgendein Missgeschick, wie z. B., dass sie durch eine Person mit einem Ausfluss von seinem oder ihrem Körper berührt worden ist. Während allen Juden stets untersagt ist, Schwein, Hummer, sowie Milch *und* Fleisch zusammen, außerdem Fleisch, das nicht ordnungsgemäß geschlachtet wurde, zu essen, ist es nur einigen Juden – einigen zeitweilig – verboten, koschere Speise zu verzehren, die mit ritueller Unreinheit behaftet ist. Obwohl sie in englischer Sprache manchmal durcheinander gebracht werden, stellen das System von Reinheits- und Unreinheitsbestimmungen und das System der Speisegebote zwei unterschiedliche Systeme innerhalb der Speisegebote der Tora dar. Markus und Jesus kannten den Unterschied. Eines der größten Hindernisse für dieses Verständnis lag im Gebrauch der englischen Wörter „clean" („rein") und „unclean" („unrein"), um sowohl die Gesetze der erlaubten und unerlaubten Speisen als auch die Gesetze der Verunreinigung oder Unreinheit und Reinheit zu bezeichnen. Diese Wörter übersetzen zwei ganz verschiedene Begriffspaare (Sets) hebräischer Wörter, jeweils ausgehend von *muttar* [muṭṭar, erlaubt] und *tahor* [ṭahor, rein]. Es wäre besser, das erste Paar mit „permitted" („erlaubt") und „forbidden" („verboten") zu übersetzen und nur für das letztere Paar die Ausdrücke „clean" oder „pure" („rein") und „unclean" oder „impure" („unrein") zu verwenden.

Einerseits listet die Tora verschiedene Arten von Vögeln, Fischen sowie anderen See- und Landtieren auf, die niemals gegessen werden sollten. Sie verbietet ebenfalls das Essen des Hüftnervs, den Verzehr gewisser Arten von Fett von sonst koscheren Tieren, den Verzehr von Blut und das Kochen eines Zickleins in seiner Mutter Milch (– schon früh von den meisten Juden offensichtlich in dem Sinne verstanden, Fleisch und Milch nicht miteinander zu kochen). Zusammen machen diese Regeln aus, was die jüdischen Speisegebote oder Kaschrut-Bestimmungen genannt werden. Wie ich erwähnt habe, gelten sie für alle Juden überall und zu jeder Zeit.

Reinheit und Unreinheit oder Verunreinigung (*ṭum'ah weṭaharah* [*Unreinheit und Reinheit*]) ist ein [davon] vollständig getrenntes System aus Regeln und Bestimmungen, das auf einen anderen Lebensbereich Anwendung findet, namentlich haben die Gesetze mit der Berührung verschiedener Objekte zu tun, wie z. B. verstorbenen Menschen oder Menschen, die verstorbene Menschen berührt und sich nicht ordnungsgemäß gewaschen haben, ebenso wie mit anderen Ursachen der Unreinheit, wie z. B. Hautkrankheiten oder Ausflüssen aus dem Körper, einschließlich Menstruationsblut und Sperma (nicht aber Ausscheidungen), was eine Person gemäß der Tora „unrein" macht, aber keinen moralischen Vorwurf mit sich bringt. Menschen können ohne irgendeine Handlung ihrerseits einfach unrein werden. Tatsächlich waren die Israeliten die meiste Zeit unrein (und heute sind wir es alle die ganze Zeit), da es einer Reise zum Tempel bedarf, um von manchen Arten allgegenwärtiger Verunreinigungen gereinigt zu werden. Die Berührung solcher „unreinen" Personen lässt gewisse, vollkommen koschere Speisen zu solchen werden, die von Priestern oder Israeliten, die den Tempel betreten, nicht verzehrt werden dürfen. Während der Zeiten des Zweiten Tempels gibt es ein starkes Anzeichen dafür, dass viele Juden erstrebten, eine solche Unreinheit zu vermeiden und sich selbst, so schnell wie sie konnten, gemäß den Regeln der Tora zu reinigen, selbst wenn sie nicht planten, zum Tempel zu gehen. Die Pharisäer weiteten diese Verfahrensweisen aus und legten sogar fest, dass der Genuss koscherer Speise, die mit Unreinheiten in Kontakt gekommen ist, jemanden verunreinigt.

Entsprechend dem biblischen System (dem die galiläische Praxis sehr wahrscheinlich entsprach) wurden diese beiden Regelwerke streng auseinander gehalten. Ein Jude aß keine nicht-koschere Speise, aber Regeln rings um unreine koschere Nahrung waren abhängig von verschiedenen Lebensumständen des Essenden und machten den Körper des Essenden keineswegs unrein. Die pharisäische Tradition scheint jenes Verbot des Verzehrs unreiner koscherer Speise ausgedehnt zu haben und machte den Esser oder die Esserin selbst durch dieses Essen unrein. Die Pharisäer versuchten, andere Juden zu überzeugen, ihre neuen strengen Standards einzuhalten (dies ist offensichtlich die Bedeutung [des Ausrufs Jesu hinsichtlich] derer, die über Land und See fahren, um Menschen zu bekehren [Mt 23,15] – sie versuchten, andere Juden, nicht Heiden zu „bekehren").[8] Sie führten deshalb die Praxis der rituellen Handwaschung durch Vergießen des Wassers über die Hände vor dem Verzehr des Brotes ein, so dass die Hände das Brot nicht unrein machen konnten.

Um zu verstehen, worüber Jesus im Evangelium spricht, müssen wir folglich ein deutlicheres Verständnis dessen haben, was seine Wortwahl (terminology) in seiner, statt in unserer Kulturwelt bedeutet haben könnte.[9] Im Evangelium wird uns berichtet, dass Pharisäer von Jerusalem kamen, offensichtlich um für ihr Verständnis der Tora und ihrer Regeln zu missionieren (proselytize), einschließlich dieser Erweiterungen der Reinheitsbestimmungen, wie z. B. das Waschen der Hände. Jesus protestiert, indem er geltend macht, dass Speisen, die in den Körper hineingehen, den Körper nicht unrein machen; nur Dinge, die aus dem Körper herauskommen,

---

[8] Martin Goodman folgend, der schreibt: „Jesus (oder Matthäus) griff die Pharisäer wegen ihres Eifers an, andere Juden zu überzeugen, der pharisäischen *Halacha* zu folgen"; Martin Goodman, Mission and Conversion: Proselytizing in the Religious History of the Roman Empire, Oxford: Clarendon Press, 1994, 70. Das ist mit Sicherheit nicht die einzig mögliche Interpretation, aber es ist diejenige, die mir am sinnvollsten erscheint.

[9] Selbstverständlich ist die Verwirrung teilweise durch den biblischen Gebrauch selbst hervorgerufen worden. Es gibt ein Gebiet, in dem die Terminologie durcheinander geht. Für die Tiere, die wir essen dürften und nicht essen dürften, gebraucht die Tora die Ausdrücke „rein" und „unrein". Gleichwohl bleibt die Unterscheidung zwischen den beiden Systemen – was ein Nahrungsmittel koscher macht oder nicht, und was koschere Speisen unrein macht oder nicht – klar und deutlich, ungeachtet dieser begrifflichen Unzulänglichkeit. In der späteren Tradition wird nur das Wort „koscher" für das erste verwendet, während „rein" ausschließlich nicht-verunreinigt bedeutet.

haben die Fähigkeit zu verunreinigen. Das Evangelium beschreibt einen Jesus, der die pharisäischen Erweiterungen dieser Reinheitsgesetze jenseits ihrer ursprünglichen biblischen Grundlagen ablehnt. Er lehnt die Regeln und Verhaltensweisen der Tora nicht ab, sondern hält sie aufrecht.

Im Gegensatz zu vielen früheren Ansichten ist deutlich, dass Markus sehr genau wusste, worüber er sprach, als er die pharisäischen Ritualpraktiken und Reinheitsregeln diskutierte. Die deutlichste Veranschaulichung (bzw. den Nachweis) dessen schließt ein griechisches Wort ein, das gewöhnlich in den englischen Übersetzungen von Mk 7,3 verdunkelt wird: „οἱ γὰρ Φαρισαῖοι καὶ πάντες οἱ Ἰουδαῖοι ἐὰν μὴ πυγμῇ νίψωνται τὰς χεῖρας οὐκ ἐσθίουσιν, κρατοῦντες τὴν παράδοσιν τῶν πρεσβυτέρων [Denn die Pharisäer und alle Judäer[10] essen nicht, wenn sie nicht die Hände *mit einer Faust* gewaschen haben, und halten so die Satzungen der Ältesten." (– D. B.)] Erst kürzlich hat die Wissenschaft die Übersetzung „mit einer Faust" nach Jahrhunderten der „Verbesserung" (emendation) des Textes gegen die mehrheitlich bezeugte [und damit in diesem Fall als die beste vorzuziehende] Texttradition akzeptiert.[11] Der Gebrauch des Ausdrucks „mit einer Faust", wenngleich für das Kämpfen und Schlagen, ist in der alten griechischen Übersetzung, der Septuaginta, mehr als einmal bezeugt (Ex 21,8; Jes 58,4). Als jemand, der tatsächlich Juden beim Vollzug des Rituals des Händewaschens zugesehen hat, bezieht sich Markus auf den Vorgang der Formung einer lockeren Faust mit der einen Hand und des Vergießens des Wassers über diese Faust mit der anderen.[12] Darüber hin-

---

[10] Diese Worte, gewöhnlich mit „und alle Juden" übersetzt, ergeben gemäß dieser üblicher Übersetzung keinen Sinn, da sie beinahe regelrecht der Aussage der gesamten Perikope widerspricht. Weshalb [sollte man] die Pharisäer allein angreifen, wenn ihre Praxis schlicht die Praxis aller Juden ist? Zu „Judäer" als eine legitime Übersetzung von *Ioudaioi*, falls nicht stets und überall die einzig legitime, vgl. jüngst Steve Mason, Jews, Judaeans, Humanizing, Judaism: Problems of Categorization in Ancient History, Journal for the Study of Judaism [JSJ] 38,4-5 (2007), 457-512. Es muss ebenso erwähnt werden, dass die Übersetzung „Judäer" anstatt „Juden" solchen Kommentaren vorbeugt, die behaupten, dass Markus, indem er dies schreibt, eine Position außerhalb des Judentums zu erkennen gibt. Vgl. Guelich, Mark 1-8:26 (s. Anm. 3), 364.

[11] Marcus, Mark 1-8 (s. Anm. 4), 439; aber auf S. 441 zweifelt er immer noch. Natürlich stimme ich der Übersetzung zu, dem Zweifel nicht. [Die Anführungszeichen beim Wort „Verbesserung" v. Übers.]

[12] Vgl. auch Stephen M. Reynolds, Πυγμῇ [Pygmē] (Mark 7:3) as "Cupped Hand", Journal of Biblical Literature [JBL] 85,1 (März 1966), 87f, der unterstützt wird durch den letzten großen talmudischen Gelehrten Saul Lieberman, meinen Lehrer (in einem Brief an Reynolds): „Der Brauch der Formung der Hände wie Schalen, wenn sie von einem Gefäß aus für rituelle Zwecke gewaschen wurden, war vermutlich sehr alt. Die Öffnung des [Gefäßes (– D. B.)] war gewöhnlich nicht sehr breit; Wasser war in Palästina wertvoll. Wenn man die Hand wie eine lockere Faust formt, bedeckt der dünne Wasserstrahl gleichzeitig die gesamte äußere und innere Seite der Hand. Auf diese Weise wird Wasser gespart. Zu Zwecken der Reinheit war es ausreichend, etwas Wasser auf einen Teil der Hand zu gießen, das anschließend durch das Reiben beider Hände über die ganze Hand verteilt wurde. Das Vergießen von Wasser auf ‚hohle Hände' ('cupped hands') deutete unmittelbar auf die rituelle Waschung in Vorbereitung einer Mahlzeit hin." Bedauerlicherweise wurde diese höchst an-

aus würde ich vorschlagen, dass die Betonung des Ausdrucks „mit einer Faust" durch Markus sehr wohl eine Beschreibung der Praxis selbst, aber auch eine Anspielung, beinahe eine wortspielerische Bezugnahme auf die Kampfeslust der Pharisäer sein könnte.[13] Aber ungeachtet des letzten Gesichtspunktes: wenn das Evangelium in dieser Weise verstanden wird, liefert es einen unglaublich wertvollen, nirgendwo anders verfügbaren Anhaltspunkt für das hohe Alter einer jüdischen Praxis, die sonst erst später bezeugt wird. Falls Markus ein solch naher Beobachter war und eine derart intime Kenntnis der pharisäischen Praxis an den Tag legt, dann ist – so wie ich die Textstelle lese – meine Vermutung, dass er wusste, wovon er die ganze Zeit sprach. Dies legt eindringlich nahe, dass seine Perspektive (wie die seines Jesus) sicherlich aus der jüdischen Welt heraus stammt – nahezu das Gegenteil dessen, was über Markus bisher gesagt wurde.

Yaïr Furstenberg, ein junger Talmudgelehrter an der Hebrew University, hat kürzlich eine überzeugende Erklärung der grundlegenden Auseinandersetzung zwischen Jesus und solchen Pharisäern geboten. Furstenberg schreibt, dass Jesu Äußerung wortwörtlich gelesen werden muss und bedeutet, dass der Körper unrein gemacht wird nicht durch aufgenommene unreine Speisen, sondern allein durch verschiedene Substanzen, die aus dem Körper kommen. Wie schon erwähnt, ist es der Tora gemäß nicht das, was in den Körper hineingeht, was ihn unrein macht, sondern allein Dinge, die aus dem Körper herauskommen: Blutfluss, Sperma und Gonorrhö (Tripper). Die einzige Speise, die nach der Tora einen Körper unrein macht, ist Aas – sicher nicht der Verzehr erlaubter Speise, die unrein geworden ist,

---

sprechende und bedeutsame Interpretationen bis vor etwa zwei Jahrzehnten fast völlig ignoriert, obwohl sie m. E. offenkundig richtig ist.

Vgl. z. B.: Joel Marcus, The Jewish War and the *Sitz im Leben* of Mark, Journal of Biblical Literature [JBL] 111,3 (1992), [441-462]: 444 Anm. 15: „Standaert (Marc, 472-73)[*] wiederholt ebenso Hengels Argument in einer früheren Arbeit (Mk 7,3 Πυγμῇ: die Geschichte einer exegetischen Aporie und der Versuch ihrer Lösung, [Zeitschrift für neutestamentliche Wissenschaft] ZNW 60 [1969], 182-98), dass πυγμῇ in Mk 7,3 ein Latinismus ist, Herkunft und Bedeutung jedoch so dunkel sind, dass daraus keine sicheren Schlüsse gezogen werden können (vgl. Guelich, Mark 1-8:26[**], 364-65), 16[***]". Viele, besonders europäische Wissenschaftler scheinen noch der Ansicht zu sein, dass Markus ein Heide war, was teilweise seiner angeblichen Ignoranz der jüdischen Praxis gegenüber geschuldet ist. Ich hoffe, dass dieses Buch diese Sicht wenigstens etwas ins Wanken bringt. –

[*] [Standaert, Benoît, L'Évangile selon Marc: Commentaire (Lire la Bible 61), Paris: Cerf, 1983; – Erg. d. Übers. n. Ang. d. Vf.]

[**] [Guelich, Robert A., Mark 1-8:26 (s. Anm. 3); – Erg. d. Übers.]

[***] [Die Angabe „16" in der Originalausgabe findet sich nicht im zitierten Text und ist zu streichen; – Erg. d. Übers. n. Ang. d. Vf.]

13 Die hermeneutische Logik ist hier ähnlich der von [Joel] Marcus in Bezug auf Mk 2,23 (Marcus, Mark 1-8 [s. Anm. 4], 239), wo die Betonung des [Ausdrucks] „einen Weg zu machen" als Anspielung auf den Weg verstanden wird, den Jesus in der Wildnis (im Feld [– beide Ortsangaben v. D. B.]) bahnt[*]. Ich behaupte, dass Markus' Betonung des [Ausdrucks] „mit einer Faust", der in sich selbst durchaus wirklichkeitsnah, aber anscheinend trivial ist, denselben symbolischen Beiklang hat.

[*] [vgl. oben Kap. 1, S. 67; – Erg. d. Übers.]

oder unerlaubter Speisen überhaupt. Nach dem Talmud waren es die Rabbinen (oder die legendären Pharisäer), die die Neuerung des Waschens der Hände vor den Mahlzeiten einführten – was unterstellt, dass die Aufnahme unrein gewordener oder verunreinigter Speisen jemanden unrein macht. Es waren daher solche pharisäischen Neuerungen, die sie ihren Schülern aufzuerlegen suchten, wogegen Jesus schimpfte, und nicht grundsätzlich gegen die Einhaltung der Speisegebote.[14] Dies ist eine Auseinandersetzung unter Juden über die richtige Weise, die Tora zu halten, und kein Angriff auf die Tora. Furstenberg hat brillant dargelegt, dass im ursprünglichen Sinn Jesu Angriff auf die Pharisäer hier wörtlich zu nehmen ist: sie *haben* die Regeln der Tora geändert. Dies wird in einem rabbinischen Schlüsseltext deutlich, der, obwohl viel später als das Evangelium, die Veränderung in der Halacha zu Zeiten des Markus' beschreibt:

> Diese Kategorien machen die priesterliche Gabe untauglich [um vom Priester gegessen zu werden]: Derjenige, der unmittelbar unreine Speise isst; ... und derjenige der unreine Flüssigkeiten trinkt; ... und die Hände.
>
> ([Babylonischer Talmud, Traktat] Zabim 5,12)

Wenn jemand unreine Speise isst oder trinkt, dann macht seine Berührung den priesterlichen Anteil unrein und für den Priester unbrauchbar.[15] Diese neue Anordnung ist darüber hinaus in dieser Aufzählung ausdrücklich auch mit den Händen verbunden, genauso wie der markinische Jesus sie gedanklich verbindet. Nunmehr werden diese Anordnungen ausdrücklich innerhalb der talmudischen Tradition als rabbinischen Ursprungs bezeichnet und nicht als Anordnungen der Tora. D. h., die klassischen Rabbinen selbst machten eine Unterscheidung zwischen dem, was in der Tora geschrieben, und dem, was durch sie oder ihre pharisäischen Vorläufer hinzugefügt worden war. Sie führen eindeutig aus, dass wir hier eine pharisäische Erweiterung der Tora haben, indem sie somit bestätigen, was Jesus gesagt hat. Nach der Tora kann nur das, was aus dem Körper kommt (Ausflüsse verschiedener Art) verunreinigen, keine Speisen, die hineingehen.[16] Folglich ist es eine Änderung in der Gesetzgebung, wenn die Pharisäer behaupten, dass Speise selbst verunreinigt.

---

[14] Yair Furstenberg, Defilement Penetrating the Body: A New Understanding of Contamination in Mark 7.15, New Testament Studies [NTS] 54 (2008), [176-200]: 178.

[15] Tomson, 81,[*] brachte diesen Text ein, um ihn auf Markus 7 zu beziehen. Es muss ferner darauf aufmerksam gemacht werden, dass dem Babylonischen Talmud, Schabbat 14a, zufolge Rabbi Elieser einen noch strengeren Maßstab als diesen anlegte; dies geschieht noch innerhalb der Kategorien der rabbinischen (pharisäischen) Neuerung oder der „Traditionen der Ältesten", genau wie Jesus es bezeichnet.

[*] [Tomson, Peter J., Jewish Purity Laws as Viewed by the Church Fathers and by the Early Followers of Jesus, in: J. Schwartz/M. J. H. M. Poorthuis (Hgg.), Purity and Holiness: The Heritage of Leviticus [Jewish and Christian Perspectives Series [JCPS] 2), Leiden, Boston: Brill, 2000, 73-91: 81; – Erg. d. Übers. n. Ang. d. Vf.]

[16] Furstenberg, Defilement (s. Anm. 14), 200.

Der Angriff auf das Händewaschen in der Geschichte steht zudem im Einklang mit Jesu folgendem Angriff auf das Gelübde, das jemanden von der Unterstützung seiner Eltern entbindet [Mk 7]:

> 11 Ihr aber lehrt: Wenn einer zu Vater oder Mutter sagt: „Welche Unterstützung auch immer ihr von mir gehabt haben könntet, ist Korban (d. h. eine Opfergabe für Gott), 12 so lasst ihr ihn nichts mehr tun für Vater oder Mutter 13 und hebt so Gottes Wort auf durch eure Satzungen [Tradition], die ihr überliefert habt; und dergleichen tut ihr viel."

Jesus klagt hier die Pharisäer an, die offenkundige Bedeutung der Tora verlassen zu haben, die verlangt, dass Juden ihre bejahrten Eltern unterstützen. Angeblich haben sie dieses Sakrileg verübt durch die Behauptung, dass jemand sich selbst (rechts-)wirksam eine Bereitstellung dieser Unterstützung untersagt hat, wenn er ein Gelübde ablegt, das seinen Eltern nicht erlaubt, Gebrauch von allem, was er hat, zu machen, da es ein Gott geweihtes Opfer wäre.* Dies stellt ein anderes Beispiel dar, bei dem die Pharisäer offenkundig die Tora durch ihre „Tradition der Ältesten" ersetzen. Abermals haben Jesus und Markus es sofort präzise im Sinne der Tora und der mündlichen – durch die Pharisäer und andere Umgestalter durch ein Beispiel erläuterten – Traditionen verstanden. Für Jesus (Markus) sind die „Traditionen der Ältesten" eine *menschliche* Schöpfung, im Gegensatz zur schriftlichen Tora, die göttlich ist. Daher die Kraft des Zitats aus Jesaja, wobei Jesus zu ihnen sagt [Mk 7,6-8]:

> „6 Wie trefflich hat von euch Heuchlern Jesaja geweissagt, wie geschrieben steht (Jesaja 29,13): »Dies Volk ehrt mich mit den Lippen; aber ihr Herz ist fern von mir. 7 Vergeblich dienen sie mir, weil sie lehren solche Lehren, die nichts sind als Menschengebote.« 8 Ihr verlasst Gottes Gebot und haltet der Menschen Satzungen."

Von Jesu Standpunkt aus stellt die „Tradition der Ältesten" – später die mündliche Tora genannt – gerade „menschliche Vorschriften" dar, die als Lehren erteilt werden, wie es in prophetischer Formulierung heißt. Für die Pharisäer und später für die Rabbinen bedeutet die „Tradition der Ältesten" göttliches Wort und nicht menschliche Vorschriften (obwohl sie eher mündlich als schriftlich überliefert wurden).[17] Darüber hinaus haben wir in diesem Fall zugegebenermaßen eine pharisäische Neuerung, die sogar durch einige andere Pharisäer bekämpft wurde. Kein

---

* Die späteren Rabbinen, wenigstens vom 2. Jh. an, entwickelten eine Methode zur Ungültigmachung eines solchen Gelübdes, das in der Tat gegen die Tora steht. Es ist schwer, die historische Zuverlässigkeit der Klage des markinischen Jesus gegen die Pharisäer einzuschätzen, aber es kann nicht bestritten werden, dass dies sehr wohl der Fall gewesen sein könnte, insbesondere in Anbetracht seiner Treffsicherheit bei anderen Fragen der jüdischen, v. a. pharisäischen Verhaltensweisen.

[17] Collins, Mark: A Commentary (s. Anm. 2), 350. Wenn man jedoch bedenkt, dass sie dies so präzise formuliert, kann ich nicht verstehen, warum sie auf der nächsten Seite der Äußerung Claude Montefiores zustimmt, dass „das Argument in VV. 6-8 nicht zwingend ist". Es ist so überzeugend, wie es nur sein kann, wie oben beschrieben: „Warum, ihr Pharisäer, verlasst ihr Gottes Gebote zugunsten der Satzungen der Menschen – Händewaschen, Gelübde –, wie der Prophet geweissagt hat?" [nach Mk 7,8]

Wunder, dass Jesus sich sperren und protestieren würde. Ich hoffe, in diesem Abschnitt gezeigt zu haben, dass Markus' Worte καθαρίζων πάντα τὰ βρώματα, „[Jesus] erklärte alle Speisen für rein" [Mk 7,19], nicht bedeuteten: „somit erlaubte er alle Speisen", sondern vielmehr: „somit erklärte er alle Speisen für rein". D. h., dass Jesus die besonders strengen Gesetze zu verunreinigten Speisen zurückwies, denen die Pharisäer derart ergeben waren. Es bedeutet aber nicht, dass er die Speisegebote (Kaschrut-Bestimmungen, kosher rules) ablehnte.[18] Jesus war hier gewiss nicht dabei, den Verzehr von Schinkenspeck mit Eiern zu erlauben; vielmehr, genau wie der Text sagt, erlaubte er den Verzehr von Brot ohne rituelle Waschung der Hände, was eine gänzlich andere Sache ist. Die Auseinandersetzung endet, wo sie begann: im Streit über die Frage der körperlichen Unreinheit, die durch Aufnahme unreiner Speisen verursacht wurde. Es ist höchst unwahrscheinlich, dass das Markusevangelium in seinem ursprünglichen Kontext so lautete, als ob es besagen wollte, dass Jesus die Regeln bezüglich verbotener und erlaubter Tiere aufgehoben hätte.

Was dies nicht einfach zu einer „halachischen [auf das Gesetz bezogenen] Plänkelei unter Juden des ersten Jahrhunderts" macht (um ein schillerndes Bonmot John Paul Meiers wiederzugeben), ist Jesu Gebrauch der Auseinandersetzung, um eine starke theologische Aussage in Gleichnisform zu machen. Ob die Pharisäer Heuchler waren oder nicht (ich vermute, dass einige es waren und andere nicht): sicher ist es zutreffend, dass die Beschäftigung mit außergewöhnlichen Leistungen der äußerlichen Frömmigkeit – während man die ethischen und spirituellen Erfordernisse der Tora ignoriert (oder schlimmer) – armselige Religion ist, als ob einer predigt, dass Jesus Liebe ist, die Homosexuellen hingegen hasst. Wir sollten jedoch in Erinnerung rufen, dass „in antiken jüdischen und christlichen Kontexten ein Heuchler im allgemeinen eine Person ist, dessen Auslegung des Gesetzes von der eigenen abweicht", wie Joel Marcus es treffend formulierte.[19] Es gibt eine Geschichte des Rabbi Mendel von Kotzk (der berühmte Kotzker Rebbe) im 19. Jh., der sagt, dass viele Juden sich mehr um einen Blutfleck an einem Ei sorgten denn um einen Blutfleck an einem Rubel. Aber er selbst blieb genauso sorgfältig hinsichtlich der Blutflecke an den Eiern und erwartete dies nicht weniger von seinen Nachfolgern „und allen Juden". (Kürzlich hat Marcus den Sinnspruch des Kotzkers in genau diesem markinischen Zusammenhang re-zitiert.) Jesu Predigt steht wirklich in dieser radikal kritischen jüdischen Tradition, die mit den großen Propheten begann und für Jahrtausende fortbestand.

Lassen Sie mich einige Verse aus diesem Text, Mk 7, wiederholen:

¹⁴ Und er rief das Volk wieder zu sich und sprach zu ihnen: „Hört mir alle zu und begreift's! ¹⁵ Es gibt nichts, was von außen in den Menschen hineingeht, das ihn unrein machen könnte; sondern was aus dem Menschen herauskommt, das ist's, was den Menschen unrein macht." [16]

---

[18] Mit Verlaub *gegen* Collins, Mark: A Commentary (s. Anm. 2), 356.
[19] Marcus, Mark 1-8 (s. Anm. 4), 444.

17 Und als er von dem Volk ins Haus kam, fragten ihn seine Jünger nach diesem Gleichnis. 18 Und er sprach zu ihnen: „Seid ihr denn auch so unverständig? Merkt ihr nicht, dass alles, was von außen in den Menschen hineingeht, ihn nicht unrein machen kann? 19 Denn es geht nicht in sein Herz, sondern in den Bauch, und kommt heraus in die Grube." Damit erklärte er alle Speisen für rein.

20 Und er sprach: „Was aus dem Menschen herauskommt, das macht den Menschen unrein; 21 denn von innen, aus dem Herzen der Menschen, kommen heraus böse Gedanken, Unzucht, Diebstahl, Mord, 22 Ehebruch, Habgier, Bosheit, Arglist, Ausschweifung, Missgunst, Lästerung, Hochmut, Unvernunft. 23 Alle diese bösen Dinge kommen von innen heraus und machen den Menschen unrein." [Mk 7,14f.17-23]

Aufmerksame Leser werden bemerkt haben, dass V. 16 in meiner Übersetzung des Textes ausgelassen wurde, wie es in vielen Standardausgaben geschieht. Der Vers wird gewöhnlich als eine spätere Hinzufügung zum Text angesehen; er ist jedoch wirklich ursprünglich und der Schlüssel zum Verständnis dieses Abschnittes. Er lautet: „Lass(t) jene, die Ohren haben, hören!" [vgl. Luther, der *mit* dem Urtext übersetzt: „Hat jemand Ohren zu hören, der höre!"] und signalisiert damit, dass das Gesetz selbst eine tiefere Bedeutung hat. Aber die Jünger konnten den tieferen Sinn nicht begreifen, den zu übermitteln die Jesu Worte bestimmt waren. Und daher baten sie ihn, die Worte auszulegen. Was hast du beabsichtigt, Lehrer, uns mit diesem Gleichnis zu lehren? Und Jesus antwortete ihnen: „Warum macht [erklärt] die Tora nur das unrein, was [aus dem Körper] herauskommt, und nicht das, was hineingeht; es sei denn, dass sie uns lehrt: Sittlichkeit ist wichtiger als die Reinheitsgebote – und insbesondere wichtiger als ihre vorgeblichen, pharisäischen Erweiterungen?" Dies hat absolut nichts zu tun mit einer Abschaffung des Gesetzes; dies bedeutet gerade, es an seinen Platz zu rücken. Die Auslegung, die Jesus gibt, ist dazu da, den tiefen Sinn der Regeln der Tora auszudeuten, nicht dazu, sie zu beseitigen. Und es ist diese tiefe Interpretation des Gesetzes, die Jesu großen Beitrag ausmacht – nicht eine angebliche Ablehnung des Gesetzes überhaupt. Nicht also eine Aufforderung, die Tora zu verlassen, sondern ein Ruf, unsere eigene Verpflichtung zu vertiefen: sowohl sie zu praktizieren als auch ihre Bedeutungsgehalte in uns zu verankern – Jesu berühmter Spruch kann als gänzlich innerhalb der jüdischen geistlichen Welt angesehen werden.

Als Jesus das Gleichnis seinen unverständigen Jüngern erklärt, zeigt er, dass die buchstäbliche Kraft der Halacha selbst gedeutet werden sollte als eine, die ihre spirituelle bzw. moralische Bedeutung kenntlich macht.[20] Es ist tatsächlich nicht das,

---

20 In [Mk] Kap. 2 gibt es ebenfalls einen Abschnitt, der m. E. durch eine solche Perspektive erhellt wird. In VV. 18-22 fragen sich einige Leute, warum andere Fromme (die Jünger Johannes' [des Täufers] und die Pharisäer) die Fastenbräuche halten, während die Jünger Jesu dies nicht tun. Jesus antwortet, dass diese in Gegenwart des Bräutigams nicht fasten können, was deutlich eine *halachische* Stellungnahme ist, die geistlich interpretiert wird, um den heiligen, göttlichen Bräutigam Israels zu bezeichnen. Wie Yarbro Collins deutlich macht, ist dies ein weiterer direkter Anspruch seitens Jesu, göttlich zu sein (Mark: A Commentary [s. Anm. 2], 199).

was in den Mund hineingeht, was jemanden unrein macht; sondern die unreinen Absichten des Herzens, wie durch die halachische Gegebenheit angezeigt wird, die Dinge, die aus dem Körper herauskommen, verursachen Unreinheit. Wie ich oben erwähnt habe, sind alle Bräuche, auf die sich Jesus als pharisäische bezieht – das Waschen der Hände und Gefäße – eng mit den Sondertraditionen der Pharisäer verknüpft, nach denen die körperliche Reinheit durch unreine Speisen beeinträchtigt wird. Jene Pharisäer, die glauben, dass Unreinheit (schriftgemäße, halachische Unreinheit) von außen kommt, übersehen vollkommen die spirituelle Bedeutung der Toraregel betreffs Unreinheit, die von innen kommt. Anders gesagt: Jesu Klage gegen sie ist keine belanglose Frage über unnötige Strenge (was immer manche denken mögen: er war kein liberaler Prediger bzw. Lehrer), sondern eine äußerst wichtige Frage der Interpretation der Halacha, die die Pharisäer in seiner Sicht völlig verdreht haben, indem sie die Tora verlassen – sowohl hier als auch in dem anderen angeführten Beispiel (die Fürsorge für die Eltern). Was Jesus vorbringt, ist dies: Wenn die Pharisäer das Gesetz missverstehen und es in Übereinstimmung mit ihrer Tradition verändern, um Unreinheit von außen zu berücksichtigen, dann lassen sie erkennen, dass sie das Gesetz überhaupt nicht hören(d verstehen). Sie lesen es ausschließlich von außen und übersehen die innere Bedeutung, gerade wenn sie die von außen kommende Unreinheit hinzufügen. Die halachische Angelegenheit ist daher ein ausgezeichnetes kleines Gleichnis. Wenn Jesus über Reinheit oder Unreinheit von Speisen spricht, geht es überhaupt nicht um das Regelwerk der Speisegebote (kosher system), sondern um das pharisäische Verständnis der Reinheitspraktiken. Weder Jesus noch der Evangelist meinten oder deuteten an, dass die neue Jesusbewegung ein Ausscheren darstellte, um eine neue Religion zu bilden.

Wie alle Denker und Lehrer war Jesus als Denker und Lehrer Teil eines bestimmten historischen und kulturellen Zusammenhangs, in dem er sein kreatives religiöses Werk verrichtete und in den er sich einmischte. Sein Kontext war das palästinische Judentum Nordpalästinas (Galiläas) im ersten Jahrhundert und seine religiösen Praktiken, Ideen und Auseinandersetzungen, einschließlich der Konfrontationen mit den jüdischen Lehrern anderer Orte wie Jerusalem. Die Lektüre des Markusevangeliums in seinem weitesten Kontext deutet an, dass Jesus hier von der Position eines traditionellen galiläischen Juden aus spricht: einer, dessen Gemeinschaft und traditionelle Gebräuche von außen kritisiert und gestört werden, d. h. von Jerusalem, durch die Judäer (wie es im Anfangssatz der Geschichte selbst betont wird).[21] Jesus klagt diese Pharisäer der Einführung von Praktiken an, die über

---

[21] „Es scheint, dass dies nicht die einzige Gelegenheit darstellt, bei der Jesus einen konservativen halachischen Standpunkt verteidigt. In den Weherufen in Mt 23 schimpft Jesus zweimal gegen das pharisäische Gesetz und hat eine alternative halachische Meinung. In beiden Angelegenheiten, dem Fall der Schwüre (VV. 16-22) und dem Fall der Reinigung der Gefäße (VV. 25f), steht Jesus gegen die Nachsichtigkeit die Pharisäer und schlägt eine strengere Vorschrift vor. Dieser Punkt wird betont durch K. C. G. Newport, The Sources and Sitz im Leben of Matthew 23 ([Journal for the Study of the New Testament Supple-

das in der Tora Geschriebene hinausgehen oder diesem sogar entgegengesetzt sind, und kämpft gegen ihre sogenannte Tradition der Ältesten (κατὰ τὴν παράδοσιν τῶν πρεσβυτέρων [Mk 7,5]). Diese Tradition wird von ihnen für so wichtig wie die Tora gehalten bzw. gelegentlich – in der Sicht ihrer Gegenspieler wie Jesus – als Entwurzelung aus der Tora oder Ersatz derselben.[22] Ich würde zudem behaupten, dass die galiläischen Jünger Jesu ihrer eigenen, allgemein anerkannten traditionellen Praxis folgten – durch ihre Zurückweisung der (unbiblischen) Auffassung, dass unreine Speise den Körper unrein machen könnte; und daher kam ihre Ablehnung des Waschens der Hände vor dem Essen. Jesu Jünger werden durch diese dahergelaufenen Emporkömmlinge aus Jerusalem dafür zurechtgewiesen, dass sie die auf die Reinheit bezogenen Einschränkungen nicht beachten, die sie – die Pharisäer – eingeführt hatten und auf der Basis der „Traditionen der Ältesten" einforderten. Jesus antwortet den Pharisäern heftig, indem er sie der Heuchelei beschuldigt und dass sie ihren eigenen Regeln und Praktiken eine größere Bedeutung als der Tora beimessen. Es gibt somit nichts in der markinischen, geschweige denn matthäischen Version dieses Abschnittes, das im Entferntesten nahe legen würde, dass Jesus ein Verlassen der Tora verlangt. Die Galiläer standen den städtischen, judäisch/Jerusalemer pharisäischen Neuerungen ablehnend gegenüber.[23]

Wenn man es in seinen historischen Kontext stellt, ist das Kapitel vollkommen verständlich. Markus war ein Jude, und sein Jesus hielt die Speisevorschriften. Wenigstens in seiner Haltung gegenüber den zum Ausdruck gebrachten Praktiken der Tora stellt das Markusevangelium in keiner Weise den allerkleinsten Schritt in Richtung der Erfindung des Christentums als einer neuen Religion dar oder gar als Abweichung vom Judentum.[24]

---

ment Series] JSNTS [JSNTSup/JSNTSS] 117), Sheffield: Sheffield Academic Press, 1995, 137-145; Furstenberg, Defilement (s. Anm. 14), 178.

22 Albert I. Baumgarten, The Pharisaic Paradosis, Harvard Theological Review [HTR] 80 (1987), 63-77.

23 Dies steht nahe der Sichtweise von Seán Freyne, Galilee, from Alexander the Great to Hadrian, 323 B.C.E. to 135 C.E.: A Study of Second Temple Judaism (University of Notre Dame Center for the Study of Judaism and Christianity in Antiquity 5), [Notre Dame: University of Notre Dame Press;] Wilmington, DE: M. Glazier, 1980, 316-318, 322.

24 Wenn wir Markus in dieser Weise betrachten, richtet das auch unser Verständnis seiner Beziehung zum Matthäusevangelium vollständig neu aus. Lassen Sie uns auf den entscheidenden Paralleltext von Mt 15[,15-20] blicken:

[15] Da antwortete Petrus und sprach zu ihm: „Deute uns dies Gleichnis!" [16] Und Jesus sprach zu ihnen: „Seid denn auch ihr noch immer unverständig? [17] Merkt ihr nicht, dass alles, was zum Mund hineingeht, das geht in den Bauch und wird danach in die Grube ausgeleert? [18] Was aber aus dem Mund herauskommt, das kommt aus dem Herzen, und das macht den Menschen unrein. [19] Denn aus dem Herzen kommen böse Gedanken, Mord, Ehebruch, Unzucht, Diebstahl, falsches Zeugnis, Lästerung. [20] Das sind die Dinge, die den Menschen unrein machen. Aber mit ungewaschenen Händen essen macht den Menschen nicht unrein."

Der matthäische Text stellt das klar heraus, was bei Markus zweideutig sein könnte, wie wir gelesen haben. Vom Anfang bis zum Ende dieses Textabschnitts geht es um nichts anderes als das Waschen der Hände. Es gibt bei Matthäus nicht die leiseste Andeutung, dass Jesus

Markus wird am besten als ein jüdischer Text gelesen – selbst in seinen radikalsten christologischen Elementen. Nichts, was der markinische Jesus vorschlägt oder wofür er eintritt oder was er verfügt, wäre für einen durch und durch jüdischen Messias, den Menschensohn, unangemessen gewesen; und was später Christentum genannt werden sollte, ist eine glänzend erfolgreiche – die geistvoll gelungenste – jüdische, apokalyptische und messianische Bewegung. In seinem heute als Klassiker geltenden Buch *„The Ghost Dance: The Origins of Religion"* hat Weston La Barre das Folgende über das Christentum gesagt: „In der Tat war das Christentum, um einen entschieden säkularen Blick darauf zu werfen, selbst eine Krisenreligion. Anfänglich war es ein gewöhnlicher politisch-militärischer Aufstand nach der traditionellen hebräischen Schablone der weltlichen Messiasse, ein Messias, den der römische Statthalter Pilatus ohne Umschweife als einen rebellischen Thronprätendenten, einen Möchtegern-König der Juden aus der davidischen Dynastie betrachtete und der nach gewohntem Brauch hingerichtet wurde."[25] La Barre folgt diesem „dezidiert säkularen" Ansatz mit einer weiteren Geschichte davon, wie die Juden niemals über ihren „übernatürlichen hellenistischen Messias" gedacht hätten, und dass die Vorstellung eines sterbenden und auferstandenen Jesus einzig durch „einen neolithischen Vegetations-Geist aufkommen konnte: der ‚sterbende Gott' des Nahen Ostens". Sogar von einer rein historischen Warte aus hat diese Darstellung, die hier als typisch für viele zitiert wird, keinen Anhaltspunkt, weil sie völlig die *jüdische* Geschichte (history) des göttlichen, „übernatürlichen" Erlösers übersieht, die wir durch dieses Buch hindurch bis hierher untersucht haben. La Barre schreibt – sonderbarerweise – über Daniel 7, dass es ebenso eine Erzählung eines „Krisenkultes" sei, scheint aber dann völlig die Beziehungen dieses alten Textes zu jeglicher späteren Entwicklung innerhalb des Judentums zu übersehen oder zu verneinen.

---

    die Gesetze zu erlaubten oder unerlaubten Speisen aufhob: der Jesus des Matthäus hielt natürlich die Speisevorschriften und lebte koscher, eine Tatsache, die niemand leugnen kann. Aber ist Matthäus eine „judaisierende" Version des Markus, wie viele Kommentatoren meinen, eine Version, die vor den radikalen Folgerungen des markinischen Jesus zurückschreckte? Ist es echte, „originale" christliche Rechtgläubigkeit zu behaupten, dass die in der Tora des Mose niedergeschriebenen Speisegesetze (und folglich alle anderen so genannten rituellen Gesetze der Tora) nichts bedeuten, und Matthäus als eine sich an die zeitlichen Umstände anpassende bzw. opportunistische Stimme zu halten, die tatsächlich dazu diene, die authentische christliche Botschaft in Bezug auf das Gesetz, wie sie durch Markus und Paulus vertreten wird, aufzuheben; nämlich: dass das Christentum eine ganz neue Religion ist, ein vollkommen anderer Weg, Gott zu dienen, als der Weg, den die Israeliten und Juden darunter verstanden haben? Nach meiner Lesart ist es das nicht. Entweder geht Markus voraus (wie ich glaube), oder Matthäus geht voraus (wie ein paar Wissenschaftler noch meinen), so oder so: Jesus hielt die Speisevorschriften und wurde daher für jemand gehalten, der die Speisevorschriften hielt. Die toratreuen Jesusleute weichen nicht ab; sie sind einfach die früheste Kirche.

[25] Weston La Barre, The Ghost Dance: Origins of Religion, London: Allen and Unwin, 1972, 254.

Im nächsten und abschließenden Kapitel dieses Buches gehe ich daran, die Argumente dafür zu liefern, dass sogar das Leiden und Sterben des Messias einsichtig auf die jüdische Umwelt von Markus und seines Jesus zurückgeführt werden können, und, wie ich behaupte, auf eine ihnen eigene, weiterführende Auslegung von Daniel 7; und dass in jedem Fall eine solche Idee der jüdischen Vorstellungskraft kaum fremd war.

4 Der leidende Christus als ein Midrasch zu Daniel[*]

Der leidende Jesus an seinem Kreuz mag in mancher Hinsicht für die meisten von uns das zentrale, prägende Bild des Christentums und sogar der Christenheit sein. Christen tragen das Kreuz, und sie bekreuzigen sich. Über Jahrhunderte haben Künstler die Szene des leidenden Messias unzählige Male dargestellt; in der Moderne haben sogar jüdische Künstler wie Chagall dieses bildhafte christliche Wahrzeichen dargestellt. Immer wieder finden wir den allgemein akzeptierten Gemeinplatz, dass das, was Christen und Juden am schärfsten trennt, die Vorstellung ist, dass der göttliche Messias leiden und sterben konnte; tatsächlich meinen viele, dass es dieser (angeblich *nach* dem Ereignis [des Sterbens und Auferstehens Jesu] gebildete) Glauben war, der das greifbarste Kennzeichen eines völligen Bruchs zwischen [damaligen] Juden und ihren neuen Rivalen, den Christen, war. In seiner fast klassischen Äußerung im Hinblick auf die völlige Differenz von jüdischen und christlichen Messias-Vorstellungen, *Die messianische Idee in Israel*, bringt Joseph Klausner, der bedeutende jüdische Historiker zur Thematik des Zweiten Tempels, das folgende Argument, oder besser: er bietet die uneingeschränkt vorherrschende und allgemein geltende Meinung zu diesem Thema: dass anfangs der einzige Unterschied zwischen „Christen" und „Juden" darin bestand, dass die ersteren glaubten, dass der Messias schon gekommen sei, während die letzteren glaubten, dass er noch kommen müsse:[1]

> Aber aufgrund dessen, dass der bereits erschienene Messias, nachdem er gegeißelt und gedemütigt worden war, als gewöhnlicher Rebell gekreuzigt wurde, also politisch nicht erfolgreich war, sondern daran scheiterte, sein Volk Israel zu erlösen; aufgrund des geringen politischen Status der Juden am Ende der Periode des Zweiten Tempels und nach seiner Zerstörung; und aufgrund der Furcht, dass die Römer die Gläubigen eines politischen Messias verfolgen würden – aus diesen Gründen ergab sich zwangsläufig eine Entwicklung von Ideen, die nach Jahrhunderten der Auseinandersetzung als Christenheit auskristallisiert sind.[2]

Klausners allgemein geteilter Sichtweise zufolge kam die Vorstellung eines messianischen Leidens, Sterbens und Auferstehung erst nach dem Ereignis des Todes

---

[*] [Vgl. Daniel Boyarin, The Suffering Christ as a Jewish Midrash, in: Religion und Politik. Das Messianische in Theologien, Religionswissenschaften und Philosophien des zwanzigsten Jahrhunderts (Religion und Aufklärung 23), hrsg. v. Gesine Palmer und Thomas Brose, Tübingen: Mohr Siebeck, 2013, 209-224. – Erg. d. Übers.]

[1] Joseph Klausner, The Jewish and Christian Messiah, in: [Ders.:] The Messianic Idea in Israel, from its Beginning to the Completion of the Mishnah, trans. [from the 3d Hebrew edition by] W. F. Stinespring: New York: Macmillan, 1955, 519-531 [Nachdr.: London: George Allen & Unwin, 1956; Lexington, KY: ULAN Press, 2013. – Die Ausg. v. 1955 unter https://archive.org/details/messianicideaini013825mbp (10.12.2014); – Erg. d. Übers.]

[2] a. a. O., 526.

Jesu als eine Apologie auf. In dieser Sicht ist es einfach ein Skandal für das christliche messianische Denken, dass Jesus als ein gewöhnlicher Rebell gegeißelt und verspottet wurde, ungeachtet der Tatsache, dass er ein Messias war. In diesem Falle: „Warum also ließ Gott es zu, dass sein Erwählter, der Messias, schrecklichem Leiden unterzogen und sogar gekreuzigt wurde – Cicero[*] und Tacitus[**] zufolge die schändlichste aller Todesarten –, und er ihn nicht vor all diesem bewahrte? Die Antwort kann nur lauten, dass es der Wille Gottes und der Wille des Messias selbst waren, dass er gegeißelt, verspottet und gekreuzigt würde. Aber woher kam eine Bestimmung wie diese, die zu Leiden und Tod ohne Sünde führen würde?"[3] Die Antwort auf die Frage nach Jesu Leiden und Tod ist nach Klausner (und beinahe allen anderen), dass das Leiden des Messias stellvertretend und der Tod ein Sühnetod war – anders gesagt: die allgemeine christliche Theologie des Kreuzes. Nach Verspottung, Leiden und Tod des Messias Jesus, wurde seiner Sicht entsprechend – vertreten durch viele christliche als auch jüdische Denker und Gelehrte – die Theologie des erlösenden, stellvertretenden Leidens Jesu in Jesaja 53 sozusagen entdeckt, was angeblich als eine Bezugnahme nicht auf das verfolgte Volk Israel, sondern auf den leidenden Messias hin umgedeutet wurde (reinterpreted):

> 10 So wollte ihn der HERR zerschlagen mit Krankheit. Wenn er (du[***]) sein Leben zum Schuldopfer gegeben ha(s[***])t, wird er Nachkommen haben und in die Länge leben, und des HERRN Plan wird durch seine Hand gelingen. 11 Weil seine Seele sich abgemüht hat, wird er das Licht schauen und die Fülle haben. Und durch seine Erkenntnis wird er, mein Knecht, der Gerechte, den Vielen Gerechtigkeit schaffen; denn er trägt ihre Sünden. 12 Darum will ich ihm einen Anteil bei den Großen geben, und mit Starken soll er Beute teilen, zum Lohn dafür, dass er sein Leben in den Tod hingegeben hat und un-

---

[*] [Die Angabe „Cicero 24" (sic!) in der Originalausgabe soll heißen: „Cicero[24]", also: Klausner, Messianic Idea in Israel (s. Anm. 1), 526 Anm. 24, wo es (in Übers.) heißt: „Vgl. Cicero, In Verrem, V 64." [lies: „II V 64", nach älterer *Kapitel*-Zählung] Vgl. Klausner unter https://archive.org/stream/messianicideaini013825mbp#page/n545/mode/2up (526f = pdig 547/572; im PDF-Dokument als Download pdig 546/572; 10.12.2014). –
An eben dieser Stelle bei Cicero, In Verrem II 5,165 (nach *Paragraphen*-Zählung) heißt es vom Kreuz: „crudelissimum taeterrimumque supplicium" (die grausamste und abstoßendste/scheußlichste Hinrichtung/Todesart); vgl. http://www.thelatinlibrary.com/cicero/verres.2.5.shtml (07.07.2013); – Erg. d. Übers.]

[**] [Die Angabe „Tacitus 2B" (sic!!) in der Originalausgabe soll heißen: „Tacitus[25]", also: Klausner, Messianic Idea in Israel (s. Anm. 1), 526 Anm. 25, wo es (in Übers.) heißt: „Vgl. Tacitus, Historiae, IV 3 und 11." Vgl. Klausner unter https://archive.org/stream/messianicideaini013825mbp#page/n545/mode/2up (526f = pdig 547/572; im PDF-Dokument als Download pdig 546/572; 10.12.2014). –
Bei Tacitus, Historiae, IV 3 heißt es: „servus … patibulo adfixus" (der Sklave… ans Kreuz gehängt); vgl. http://www.thelatinlibrary.com/tacitus/tac.hist4.shtml#3 (11.12.2014). – Und IV 11: „servili supplicio" (durch sklavengemäße Hinrichtungsart/Sklaventod); vgl. http://www.thelatinlibrary.com/tacitus/tac.hist4.shtml#11 (dto.); – Erg. d. Übers.]

3 Klausner, Messianic Idea in Israel (s. Anm. 1), 526f.

[***] [Text bei Boyarin folgt Ketib (dem Konsonantentext); – Anm. d. Übers.]

ter die Übertreter gezählt worden ist, während er doch die Sünde der Vielen getragen hat und für die Übertreter fürbittend eingetreten ist.[*] [Jes 53,10-12]

Falls sich diese Verse tatsächlich auf den Messias beziehen, sagen sie deutlich sein Leiden und seinen Tod voraus, um die Sünden der Menschen zu sühnen; doch interpretierten die Juden diese Verse mutmaßlich immer auf das Leiden Israels selbst und nicht auf den Messias, der nichts als triumphieren würde.[**] Um diese allgemein vertretene Sicht zusammenzufassen: Die Theologie des Leidens des Messias war apologetische Antwort im Nachhinein (after-the-fact), um das Leiden und die Schmach, die Jesus erlitten hatte, zu erklären, da er von den „Christen" für den Messias gehalten wurde. Das Christentum war in dieser Wahrnehmung durch die Tatsache der Kreuzigung angestoßen worden, die als Auslöser der neuen Religion angesehen wird. Außerdem meinen viele, die diese Auffassung vertreten, auch, dass Jesaja 53 durch die Christen verfälscht wurde: weg von seinem vermeintlich ursprünglichen Sinn – bei dem diese Stelle sich auf das Leiden des Volkes Israel bezog –, um die schockierende Tatsache zu erklären und zu begründen, dass der Messias gekreuzigt worden ist.

Diese zum Gemeinplatz gewordene Auffassung muss entschieden zurückgewiesen werden. Der Gedanke des gedemütigten und leidenden Messias war innerhalb des Judentums vor der Ankunft Jesu keineswegs fremdartig, und er blieb in der folgenden Zeit unter den Juden durchaus geläufig – sogar bis in die frühe Neuzeit.[4] Die faszinierende (und für einige zweifellos unbequeme) Tatsache ist, dass diese Tradition durch moderne messianische Juden gut belegt wurde, die bemüht sind, dass der Glaube an Jesus sie nicht unjüdisch macht. Ganz gleich, ob man ihre Theologie akzeptiert: es bleibt dabei, dass sie eine sehr starke textliche Grund-

---

[*] [VV. 10f nach Luther 1984, V. 12 nach der Bibelübersetzung von Hermann Menge (1939), zit. n. http://www.bibelwissenschaft.de/online-bibeln/menge-bibel/bibeltext/ (29.06.2013); – Anm. d. Übers.]

[**] [Vgl. 143f Anm. 22^i; – Anm. d. Übers.]

4 Vgl. Martin Hengel [mit Daniel P. Bailey], The Effective History of Isaiah 53 in the Pre-Christian Period,[*] in: Bernd Janowski/Peter Stuhlmacher (Hgg.), The Suffering Servant: Isaiah 53 in Jewish and Christian Sources, trans. Daniel P. Bailey, Grand Rapids, MI: William B. Eerdmans, 2004, [75-146]: 137-145, im Hinblick auf gute Gründe für dieses Ergebnis. Hengel folgert: „*Die Erwartung einer eschatologischen, leidenden Rettergestalt, verbunden mit Jesaja 53, kann daher nicht mit absoluter Sicherheit und in fest umrissener Form im vorchristlichen Judentum nachgewiesen werden.* Dennoch legen eine Reihe von ernstzunehmenden Hinweisen in Texten verschiedener Herkunft nahe, dass diese Typen der Erwartungen, nebst vielen anderen, an den Rändern *durchaus* existiert haben könnten. Dies würde dann erklären, warum ein leidender oder sterbender Messias in verschiedenen Formen bei den Tannaim des 2. Jh. u. Z. auftaucht und warum Jesaja 53 im Targum und rabbinischen Texten offensichtlich messianisch interpretiert wird" (140). Obwohl es einige Punkte in Hengels Äußerung gibt, die der Überprüfung bedürfen, ist der Targum eher ein Gegenbeispiel als ein Belegtext; und größtenteils liegt Hengel goldrichtig. [*Kursive* Hervorhebungen im Original bei Hengel; – Anm. d. Übers.]

[*] [Zuvor in Deutsch erschienen in: Bernd Janowski/Peter Stuhlmacher (Hgg.), Der leidende Gottesknecht. Jesaja 53 und seine Wirkungsgeschichte (Forschungen zum Alten Testament [FAT] 14), Tübingen: Mohr Siebeck, 1996), 49-92; – Erg. d. Übers.]

lage für ihre Sicht haben, dass der leidende Messias in tief verwurzelten jüdischen Texten – frühen und späten – seinen Platz hat. Es scheint, dass Juden keinerlei Schwierigkeiten mit dem Verständnis eines Messias hatten, der stellvertretend leiden würde, um die Welt zu erlösen. Nochmals: Was Jesus angeblich nachträglich zugeschrieben worden ist, ist tatsächlich ein Stück fest verwurzelter messianischer Spekulation und Erwartung, die umlief, bevor Jesus überhaupt in die Welt kam. Dass der Messias leiden und erniedrigt werden sollte, haben Juden aus dem genauen Lesen (close reading) der biblischen Texte gelernt, aus einer sorgfältigen Deutung in genau derselben Art der klassischen rabbinischen Interpretation, die als Midrasch bekannt wurde: die Verknüpfung von Versen und Abschnitten aus verschiedenen Schriftstellen, um neue Erzählungen (narratives)[*], Bilder und theologische Vorstellungen abzuleiten.

Durch dieses Buch hindurch haben wir beobachtet, wie Ideen, die für die charakteristischsten Neuerungen Jesu selbst oder seiner Nachfolger gehalten worden sind, in der religiösen Literatur der Juden zur Zeit Jesu und davor gefunden werden können. Diese Beobachtung schmälert keineswegs die Erhabenheit oder Würde der christlichen Geschichte, noch ist solches beabsichtigt. Anstatt das Christentum als eine neue Erfindung anzusehen, sondern anzusehen als *einen* der vom Judentum eingeschlagenen Wege – ein Pfad, so alt in seinen Quellen wie der, den die rabbinischen Juden beschritten –: dies hat eine Würde eigener Art. Viele Juden erwarteten den göttlich-menschlichen Messias, den Menschensohn. Viele akzeptierten Jesus als diese Gestalt, während andere es nicht taten. Obwohl recht wenige vor-christliche Hinweise unter den Juden für das Leiden des Messias vorhanden sind, gibt es gute Gründe, dies gewiss nicht als Hindernis anzusehen für die „Jüdischkeit" der Ideen über den Messias noch für die „Jüdischkeit" Jesu. Lassen Sie es mich klar sagen: Ich behaupte nicht, dass Jesus und seine Anhänger nichts zur Geschichte des leidenden und sterbenden Messias beigetragen haben; ich spreche ihnen natürlich nicht ihre eigene religiöse Kreativität ab. Ich behaupte, dass sogar diese Neuerung, falls sie diese wirklich einführten, sich vollständig innerhalb des Geistes und der hermeneutischen Methode des alten Judentums bewegte und kein skandalöses Abrücken von ihm war.

Dieser Gesichtspunkt der „Jüdischkeit" des stellvertretenden Leidens des Messias kann in zweierlei Hinsicht begründet werden: indem man erstens zeigt, wie die Evangelien ganz traditionelle midraschische Methoden der Argumentation benutzen, um diese Vorstellungen zu entwickeln und sie auf Jesus anzuwenden; und indem man zweitens zeigt, wie verbreitet die Vorstellung eines leidenden und sterbenden Messias unter den vollkommen „orthodoxen" rabbinischen Juden von der Zeit des Talmuds an war. Meine Überlegung ist die: falls diese Vorstellung ein solch schockierender Gedanke wäre, wie kommt es, dass die Rabbinen des Tal-

---

[*] [Zum Verhältnis von Geschichte (story) und Erzählung/Narrativ (narrative) vgl. 39 Anm. [*]; – Anm. d. Übers.]

muds und Midraschs nur wenige Jahrhunderte später keinerlei Schwierigkeit hatten, das stellvertretende Leiden des Messias zu beschreiben oder ihn in Jesaja 53 zu entdecken, genau wie die Anhänger Jesu es taten?[5] Aber ich greife mir selbst vor: lassen Sie uns zunächst sehen, wie die genaue biblische Lektüre in der Art des Midraschs den Abschnitt bei Markus am besten auslegen kann, der von der Scham wegen Jesus und von seinem Tod spricht.

Sich des Menschensohns schämen: Markus 8,38

Das erste Mal, dass Jesus bei Markus die Unvermeidlichkeit seines Leidens und Todes offenbart, steht in Kapitel 8. Wie wir gesehen haben, können die bisweilen rätselhaften und schockierenden Äußerungen Jesu zu seiner Autorität aus der sorgfältigen Lesung (close reading) der Abschnitte in Daniel über den Menschensohn hergeleitet werden. Diese Juden sannen über die Schrift nach und interpretierten jedes Detail, um zu verstehen, wie der Messias aussehen könnte und was zu erwarten wäre, wenn er käme. Wir haben hier ein weiteres Beispiel, das unsere Frage zum Leiden des Messias veranschaulicht:

> 27 Und Jesus ging fort mit seinen Jüngern in die Dörfer bei Cäsarea Philippi. Und auf dem Wege fragte er seine Jünger und sprach zu ihnen: „Wer sagen die Leute, dass ich sei?" 28 Sie antworteten ihm: „Einige sagen, du seist Johannes der Täufer; einige sagen, du seist Elia; andere, du seist einer der Propheten." 29 Und er fragte sie: „Ihr aber, wer sagt ihr, dass ich sei?" Da antwortete Petrus und sprach zu ihm: „Du bist der Christus!" 30 Und er gebot ihnen, dass sie niemandem von ihm sagen sollten.
>
> 31 Und er fing an, sie zu lehren:
> „Der Menschensohn muss viel leiden und verworfen werden von den Ältesten und Hohenpriestern und Schriftgelehrten und getötet werden und nach drei Tagen auferstehen." 32 Und er redete das Wort frei und offen. Und Petrus nahm ihn beiseite und fing an, ihm zu wehren. 33 Er aber wandte sich um, sah seine Jünger an und bedrohte Petrus und sprach: „Geh weg von mir, Satan! Denn du meinst nicht, was göttlich, sondern was menschlich ist."
>
> 34 Und er rief zu sich das Volk samt seinen Jüngern und sprach zu ihnen: „Wer mir nachfolgen will, der verleugne sich selbst und nehme sein Kreuz auf sich und folge mir nach. 35 Denn wer sein Leben erhalten will, der wird's verlieren; und wer sein Leben verliert um meinetwillen und um des Evangeliums willen, der wird's erhalten.
>
> 36 Denn was hülfe es dem Menschen, wenn er die ganze Welt gewönne und nähme an seiner Seele Schaden? 37 Denn was kann der Mensch geben, womit er seine Seele auslöse? 38 *Wer sich aber meiner und meiner Worte schämt unter diesem abtrünnigen und sündigen Geschlecht, dessen wird sich auch der Menschensohn schämen, wenn er kommen wird in der Herrlichkeit seines Vaters mit den heiligen Engeln.*" [Mk 8,27-38]

---

5   Hengel, Effective History (s. Anm. 4), 133-137, plädiert sogar dafür, dass die Septuaginta (jüdische griechische Übersetzung) zu Jesaja (2. Jh. v. Chr.) den Abschnitt aus Jesaja bereits als Bezug auf den Messias gedeutet haben könnte.

In diesem Abschnitt, wie in dem dicht folgenden Vers Markus 9,12, wird uns durch Jesus gesagt, dass der Menschensohn „viel leiden" muss. Im Abschnitt der VV. 29-31 wird ganz deutlich erklärt, dass der Christus leiden wird und dass Jesus überzeugt ist, dass er der Christus ist. Die Gleichsetzung des Menschensohns und seines Leidens mit dem Christus wird in diesen Versen ebenfalls vollkommen klar herausgestellt. Das alles wird am sinnvollsten verstanden, wenn wir annehmen, dass Jesus auf die Menschensohngestalt von Daniel und sein Schicksal anspielt: dass er zerschlagen werden muss für eine Zeit, zwei Zeiten und eine halbe Zeit [Dan 7,25, vgl. 12,7 und Apk 12,14; – Erg. d. Übers.], bevor er triumphierend aufersteht.

Jesus hatte ein sehr deutliches Gespür für seine messianische Rolle und sein Geschick sowie dafür, dass seine Bestimmung und sein Schicksal das waren, was für den Menschensohn in Dan 7 vorausgesagt worden war. Jesus wird zuerst als Messias von anderen identifiziert und bezeichnet sich dann selbst als Menschensohn, indem er so die Identität des Messias und dessen endgültigen Schicksals als das des danielschen Menschensohns begründet. Jesus beansprucht ebenso deutlich diese Identität für sich selbst.

In Mk 14,62 begegnet uns eine ähnliche, und womöglich sogar deutlichere Selbst-Identifizierung als Messias durch Jesus. Es wäre keine Übertreibung zu sagen, dass diese beiden anschaulichen Stellen, in denen diese Gleichsetzung vorgenommen wird, einen Schlüssel bereitstellen zum Verständnis aller Menschensohn-Stellen im Evangelium als Hinweis auf Jesu Empfindung seiner göttlichen Berufung und Beauftragung:

> 61b „Bist du der Christus, der Sohn des Hochgelobten?" 62 Jesus aber sprach: „Ich bin's; und ihr werdet sehen den Menschensohn sitzen zur Rechten der Kraft und kommen mit den Wolken des Himmels." 63 Da zerriss der Hohepriester seine Kleider und sprach: „Was bedürfen wir weiterer Zeugen? 64a Ihr habt die Gotteslästerung gehört!" [Mk 14,61-64]

Wir lernen mehrere entscheidende Dinge aus dieser Textstelle.[6] Das Erste, wie wir oben gesehen haben, ist, dass „Messias" für Jesus gleichbedeutend mit „Menschensohn" ist. Zweitens lernen wir, dass der Anspruch, der Menschensohn zu sein, seitens des Hohenpriesters als Gotteslästerung angesehen wurde und daher als Anspruch nicht nur auf den messianischen Status, sondern ebenso auf die Göttlichkeit. Als Jesus antwortet: „Ich bin's", geht dieser sogar weiter, als nur den messianischen Status zu beanspruchen, weil „Ich bin's", *egṓ eimi* [ἐγώ εἰμι], exakt

---

[6] Obwohl es allgemein anerkannt ist, dass die Verse [Mk] 14,61-64 eine unzweideutige Anspielung auf Daniel 7,13 sind, haben Gelehrte, die die Vorstellung nicht ertragen können, dass Jesus selbst den messianischen Status oder der Menschensohn zu sein beanspruchte, entweder bestritten, dass diese Worte authentische Worte Jesu gewesen sein könnten (Lindars), oder sie verstanden sie als Jesus-Rede über jemand anderen (Bultmann); vgl. auch 13,25. Die klare Bedeutung dieser Wörter jedoch, wie durch Markus in seinem Evangelium geschrieben, ist, dass hier Jesus über sich selbst spricht. [Vgl. Johann Ev. Hafner (im Geleitwort oben) zu Geza Vermes, 14, 15 (Anm. 6); – Anm. d. Übers.]

das ist, wie JHWH sich selbst nennt, als Mose seinen Namen erfragt: „So sollst du zu den Israeliten sagen: ‚»Ich bin« [*egő eimi*][*], der hat mich zu euch gesandt'" (Ex 3,14). Vom Hohenpriester der Juden konnte kaum erwartet werden, diese Anspielung (Allusion) zu überhören. Eine Äußerung wie diese ist also nicht bloß wahr oder falsch; sie ist Wahrheit oder Gotteslästerung.* Sie ist ebenso die gleiche Blasphemie, derer Jesus in Kap. 2 angeklagt wurde, als er sich das göttliche Vorrecht

---

[*] [Nach der Septuaginta (LXX): ἐγώ εἰμι ὁ ὤν (...) Ὁ ὤν ἀπέσταλκέν με πρὸς ὑμᾶς. (egő eimi ho őn usw.: Ich bin der, der ist *oder* der Seiende. (...) Der, der ist, hat mich zu euch gesandt. (wörtliche Übersetzung) - Vgl. aber in der hebräischen Vorlage zweimal אֶהְיֶה usw.: Ich werde sein, der ich sein werde. Und (Gott) sprach: So sollst du zu den Israeliten sagen: »Ich werde sein«, der hat mich zu euch gesandt. (Luther 1984) - Auf die mannigfachen Übersetzungsvarianten nicht nur im Deutschen sowie die lang anhaltenden linguistischen und exegetisch-theologischen Diskussionen dazu kann hier nur hingewiesen werden. - Erg. d. Übers.]

* Entsprechend der Mischna, Sanhedrin 7,5 [55b] ist es die Erwähnung des Namens Gottes, die eine Gotteslästerung darstellt. Sowohl Josephus als auch die Gemeinderegel von Qumran gehen der Mischna in dieser Bestimmung voraus. Ich behaupte deshalb, dass es höchst plausibel ist, das „Ich bin" Jesu als Namen Gottes zu verstehen: daher die [Feststellung der] Blasphemie. Viele Wissenschaftler bestreiten dieses Argument, indem sie behaupten, dass „Ich bin" lediglich ein Aussagesatz ist und keine Bestimmung des Namens Gottes im Blick auf sich [d. h. Jesus] selbst (vgl. Adela Yarbro Collins, Mark: A Commentary, ed. Harold W. Attridge, Hermeneia - A Critical and Historical Commentary on the Bible [Minneapolis, MN: Fortress Press, 2007], 704-706). Die Blasphemie müsse mithin anders verstanden werden, u. zw. in Verbindung mit Philos Definition der Gotteslästerung, die - wie sie sagt - etwas weniger schlüssig ist als die der Mischna, des Josephus oder der von Qumran (Adela Yarbro Collins, The Charge of Blasphemy in Mark 14:64, Journal for the Study of the New Testament [JSNT] 26,4 [2004], 379-401).

In meiner Sicht ist eine Interpretation des Textes, die sehr nahe zu anderen palästinischen Anschauungen steht, vorzuziehen, aber Yarbro Collins kann natürlich recht haben. Zugunsten ihrer Sicht spricht der oben erörterte Vers aus Markus 2[,7], wo Jesus der Gotteslästerung angeklagt ist, weil er sich selbst das göttliche Vorrecht zur Sündenvergebung angemaßt hat. Jedoch besteht sogar in Philos Interpretation die Blasphemie darin, sich selbst oder einem anderen Menschen den göttlichen Status zuzuschreiben; daher rührt mein Argument, dass die Gotteslästerung genau in dem Anspruch Jesu auf den göttlichen Status für sich besteht. Selbst wenn *egő eimi* keine Schuld darstellt, so stellt doch - der Reaktion des Hohenpriesters zufolge - Jesu weitere Anspielung auf ihn selbst als Menschensohn, der mit den Wolken des Himmels kommt, gewiss eine Lästerung und somit den Anspruch auf den göttlichen Stand dar.

Vgl. auch Joh 8,57-59a:

„⁵⁷ Da sprachen die Juden zu ihm: ‚Du bist noch nicht fünfzig Jahre alt und hast Abraham gesehen?' ⁵⁸ Jesus sprach zu ihnen: ‚Wahrlich, wahrlich, ich sage euch: Ehe Abraham wurde, bin ich [egő eimi].' ⁵⁹ᵃ Da hoben sie Steine auf, um auf sie ihn zu werfen."

Das ist haargenau dasselbe wie das, was hier bei Markus geschieht. Jesus wird in beiden Evangelien als einer verstanden, der den göttlichen Status beansprucht, indem er sich so wie JHWH selbst nennt. Da die Steinigung die biblisch festgesetzte Bestrafung für Blasphemie ist, sucht das Volk, ihn zu steinigen. Dies ist Apg 7,56 zufolge exakt dieselbe Gotteslästerung, für die Stephanus gesteinigt wurde, obwohl die Entweihung dort in der Unterstellung des göttlichen Ranges Jesu, natürlich nicht seiner selbst, besteht. Meines Wissens ist dies die einzige Stelle, in der [der Ausdruck] „Menschensohn" auf Jesus durch einen anderen als er selbst angewandt wird; das zeigt, wie aufgeladen und bedeutungsschwer der Anspruch war, der Menschensohn zu sein, was nur nachvollziehbar ist, wenn er ein Anspruch auf die Göttlichkeit ist.

der Sündenvergebung anmaßte. Drittens lernen wir, dass für den Jesus der Evangelien der Titel „Menschensohn" aus Dan 7 stammt und der Name für den göttlichen Erlöser einer Hohen Christologie (Christologie von oben; high Christology[*]) ist und dadurch die Lästerung darstellt, von der der Hohepriester spricht.

Der Hohepriester kennt zweifellos die Ausdrücke „Christus", „Gottessohn" und „Menschensohn". Er nimmt auch wahr, dass, wenn Jesus „Ich bin" sagt, er sich selbst als derjenige erklärt, dessen Name „Ich bin" lautet, JHWH selbst. Durch alle diese Ausdrücke beansprucht Jesus einen gewissen Anteil an der Göttlichkeit, daher die Anschuldigung der Blasphemie.[7] Es kann natürlich nicht bestritten werden, dass es hier eine direkte Anspielung auf die danielsche Quelle der Erzählung (narrative) vom Menschensohn gibt, die offenkundig durch die Wörter „kommend mit den Wolken des Himmels" [Mk 14,62] angezeigt wird; daher behaupte ich, dass die Parallele einen guten Beleg für meine Interpretation auch des Abschnitts in Markus 8 liefert. Wie in 14,62 bezieht er sich auf die Erhöhung des Menschensohns; in 8,31 bezieht er sich auf das Leiden und die Erniedrigung des Menschensohns, was danach wiederum in 9,12 zitiert wird: „wie es geschrieben steht". Die beiden Verse vervollständigen demnach einander.

Der Fortgang der Erzählung des Evangeliums (Gospel narrative [Mk 8,29-38 i. A.]) geschieht folgendermaßen:

- Jesus fragt die Jünger, für wen sie ihn halten.
- Petrus antwortet, dass er der Messias ist.
- Jesus antwortet, dass der Menschensohn vieles leiden muss.
- Petrus wehrt dies ab (er schämt sich eines leidenden Messias).
- Jesus weist ihn zurecht.
- Jesus ruft die Jünger zusammen, um ihnen die Belehrung zu erteilen, die aus seiner scharfen Zurechtweisung des Petrus zu entnehmen ist.
- Alle, die Jesu Jünger sein wollen, müssen ihr Kreuz aufnehmen und bereit sein, ihr Leben zu verlieren, wie er es verlieren wird.

---

[*] [Zu Begriff und Konzeption der Christologien siehe Kap. 1, S. 62-64; zur Übersetzung auch 63 Anm. [*]; – Anm. d. Übers.]

[7] Vgl. den völlig überzeugenden Joel Marcus, Mark 14:61: "Are You the Messiah-Son-of-God?", Novum Testamentum [NT/NovT] 31,2 (April 1989), [125-141]: 139. Der Vergleich zwischen diesem Abschnitt und [Mk] 8,31 zeigt im Übrigen, dass Jesus die Fragen hinsichtlich der Messianität unter Verwendung des Ausdrucks „Menschensohn" beantwortet, der demnach mit [dem Ausdruck] Messias in seinem Gehalt gleichbedeutend ist. Er gebraucht den Ausdruck „Menschensohn" in diesen Beispielen, weil er in beiden Fällen in ausschlaggebender Weise den danielschen Kontext aufruft. Dies vermeidet das bei einigen Kommentatoren zu beobachtende Problem dahingehend, dass Jesus Petrus nicht bestätigend antwortet, als dieser ihm gegenüber das Messiasbekenntnis ablegt. Vgl. Morna Hooker, The Son of Man in Mark: A Study of the Background of the Term "Son of Man" and Its Use in St Mark's Gospel [(Carleton Library Series 8)], Montreal: McGill University Press, 1967, 104f. Hooker selbst vertritt auf S. 112 eine Interpretation ähnlich meiner; vgl. auch S. 126.

– Wenn sich aber welche wegen Jesus in seiner Erniedrigung und seiner Kreuzigung schämen, derer wird sich der erhöhte Menschensohn (der gerechtfertigte Jesus) schämen in der letzten Zeit, wenn er kommt in Herrlichkeit mit seinen Engeln (Daniel 7).[8]

Gerade unter dem Titel Menschensohn bringt Jesus also seine Leiden zur Sprache. Am Ende des Kap. 7 von Daniel wird das Symbol des Menschensohns interpretiert als „das Volk der Heiligen des Höchsten", das niedergedrückt werden wird für eine gewisse Dauer unter die Füße des vierten Tieres und danach aufstehen wird; und gegen das Tier kämpfend „wird es das Reich empfangen und wird das Reich immer und ewig besitzen".[9] Es kann sicher kaum bezweifelt werden, dass die Formulierung, „der Menschensohn muss vieles leiden und verworfen werden", eine greifbare Anspielung auf Jesaja 53,3 ist, worin uns gesagt wird, dass der leidende Knecht Gottes „von den Menschen verachtet und verworfen" wird. Dies ist, wie wir gesehen haben, eine sehr einleuchtende Lesart hinsichtlich des Messias. Wir müssen natürlich hier auch andere biblische Texte im Hintergrund berücksichtigen, einschließlich der Klagepsalmen. Deshalb brauchen wir keine besondere christliche Methode des Lesens vorauszusetzen, die zu dieser Idee führte. Nochmals: die vorrangige Methode der frühen jüdischen biblischen Exegese ist der Midrasch, der die Verknüpfung von verwandten (oder sogar scheinbar nicht verwandten) Abschnitten und Versen aus der ganzen Bibel darstellt, um neue Lehrinhalte und Erzählungen (narratives) abzuleiten. Es ist der Midrasch, den wir auch hier am Werke sehen.

Die Verbindung dieser prophetischen Texte mit dem Menschensohn aus Daniel ist genau das, was die volle Entfaltung einer Leidens-Christologie ermöglichte, der zufolge Jesu Verachtung (und Erhöhung) ausgelegt wurde. Mit anderen Worten: es ist genauso plausibel anzunehmen, dass Juden diese Anschauung des stellvertretenden Leidens des Messias und seines Sühnetodes – wie durch den Propheten Jesaja vor Jesu eigenem Leiden und Tod vorausgesagt – teilten, wie es plausibel ist anzunehmen, dass sich das Christentum diese Anschauung nachträglich (*nach dem Ereignis* [des Leidens, Todes und der Auferstehung Jesu]) ausgedacht hat.

---

[8] Zu einer ähnlichen Rekonstruktion vgl. Hooker, Son of Man in Mark (s. Anm. 7), 118f und bsd. 120-122.

[9] C. H. Dodd, According to the Scriptures: The Sub-Structure of New Testament Theology, London: Nisbet, 1952 [1953], 116-119. Dodd beschreibt die Übertragung dieses Themas vom Volk der Heiligen Gottes (ein körperschaftliches Wesen [a corporate entity]) auf Jesus (ein Individuum) auf der Basis einer vermeintlichen „christlichen exegetischen Tradition, die Jesus als einen umfassenden Vertreter [inclusive representative] des Volkes Gottes" betrachtet. Die „christliche" exegetische Tradition hat ihren Ausgangspunkt in Daniel 7, das dann einfach in der Art des Midraschs mit dem leidenden Knecht aus Jesaja 53 und den Psalmen des gerechten Leidenden verbunden wurde, für die es offensichtlich ebenfalls eine Tradition der messianischen Deutung gab. Dennoch glaube ich, dass dies keine eigens christliche exegetische Tradition ist, sondern eine, die mit hinreichender Glaubhaftigkeit die bestehende jüdische Tradition gewesen ist – selbst wenn man von Jesus absieht.

Noch einmal: Wir finden einen Jesus, der sich selbst als jemanden ansah, wähnte und darstellte, der die messianischen Erwartungen schon hier und jetzt vollkommen in dem Sinne erfüllte, dass der „Menschensohn vieles leiden müsse".

Zur Zeit Jesu erwarteten die Juden einen Erlöser. Ihre eigenen Leiden unter der römischen Herrschaft schienen so groß; und der Erlöser war ihnen prophezeit worden. Indem sie das Buch Daniel genau lasen, hatten wenigstens einige Juden – jene, die hinter den Bilderreden Henochs im 1. Jh. standen, und jene, die mit Jesus gingen – geschlossen, dass der Erlöser eine göttliche Gestalt namens Menschensohn sein würde, der als ein Mensch auf die Erde kommen, die Juden von der Bedrückung befreien und die Welt als ihr Herrscher regieren würde. Jesus erschien vielen als einer, der diesen Anforderungen entsprach. Von seinem Leben und Tod wurde behauptet, gerade die Erfüllung dessen zu sein, was von dem Messias, dem Menschensohn, durch die alten Schriften und Traditionen vorhergesagt worden ist. Was geschah, als diese Erwartung der Erlösung sich verzögerte und als weitere Heiden sich dieser Gemeinschaft anschlossen – das ist die Geschichte der Kirche, des Christentums. Es ist keineswegs das Leiden und Sterben des Messias, das diese Geschichte auslöste, wie wir sehen, sobald wir das Evangelium in seinem engen Zusammenhang mit Daniel lesen.

Die Verbindung mit Daniel mag deutlicher erscheinen, wenn wir auf die parallele Version dieser Unterweisung der Jünger durch Jesus in [Mk] 9,31 blicken:

> [30] Und sie gingen von dort weg und zogen durch Galiläa; und er wollte nicht, dass es jemand wissen sollte. [31] Denn er lehrte seine Jünger und sprach zu ihnen: „Der Menschensohn wird überantwortet werden in die Hände der Menschen, und sie werden ihn töten; und wenn er getötet ist, so wird er nach drei Tagen auferstehen." [32] Sie aber verstanden das Wort nicht und fürchteten sich, ihn zu fragen. [Mk 9,30-32]

Dass diese Feindseligkeit gegen den Messias sich einstellen würde, kann ebenso deutlich auch durch eine midraschische Auslegung des Endes von Daniel 7 hergeleitet werden:

> [25] Er wird den Höchsten lästern und die Heiligen des Höchsten vernichten und wird sich unterstehen, Festzeiten und Gesetz zu ändern. Sie werden in seine Hand gegeben werden eine Zeit und zwei Zeiten und eine halbe Zeit. [26] Danach wird das Gericht gehalten werden; dann wird ihm seine Macht genommen und ganz und gar vernichtet werden. [27] Aber das Reich und die Macht und die Gewalt über die Königreiche unter dem ganzen Himmel wird dem Volk der Heiligen des Höchsten gegeben werden, dessen Reich ewig ist, und alle Mächte werden ihm dienen und gehorchen. [Dan 7,25-27]

Jene Juden, die in Übereinstimmung mit dem Ende des Kapitels den Menschensohn als das Volk Israels repräsentierend deuteten, hatten einige Harmonisierungsarbeit zu leisten, um die offensichtlich göttlichen Implikationen der Vision im ersten Teil wegzuerklären; doch jene Juden wiederum, die die Göttlichkeit des Menschensohns priesen, mussten ebenso einige Harmonisierungsarbeit leisten, um das Ende des Kapitels in Übereinstimmung mit ihrer Deutung des ersten Teils zu erklären, da sie unter dem „Volk des Höchsten" diesen göttlichen Messias verstanden. Es ist der Christus, Jesus, der folgerichtig dem Bösen für eine vorgeschriebene Frist in die Hand gegeben wird – hier „eine Zeit, zwei Zeiten und eine halbe Zeit" genannt. Diese Erzählung (narrative) über den Messias war kein revolutionärer Aufbruch in der religiösen Geschichte der Gemeinschaften der Bibelleser, sondern eine nahe liegende und einleuchtende Wirkung einer gut eingeführten Tradition der Deutung von Daniel 7, bei dem es um einen göttlich-menschlichen Messias geht.[10] Jesu Auferstehung „nach drei Tagen" gemäß der markinischen Version, gegenüber dem [Ausdruck] „in drei Tagen" der späteren Evangelisten, könnte möglicherweise ebenso aus einer textnahen Deutung (close reading) des danielschen Abschnitts stammen, denn falls Jesu Leiden vor der Erhöhung von der „Zeit, zwei Zeiten und einer halben Zeit" kommt, während derer der Eine wie ein Menschensohn in Daniel 7 leiden muss, und falls diese „Zeiten" als Tage verstanden werden, dann sollte Jesus nach einem Tag, zwei weiteren Tagen und einem Teile eines Tages auferstehen, d. h.: kurz nach dem dritten Tag. Doch muss dies eine Spekulation bleiben.

„Wie von ihm geschrieben steht": Markus 9,11-13

Die Geschichte Jesu und seine fortschreitende Selbstoffenbarung seinen Jüngern gegenüber kehrt wieder und wieder zur Schrift zurück – und zum Midrasch dieser Schrift. Markus 9,11-13 ist der Bericht über Jesu Gespräch mit seinen Jüngern nach der Verklärung auf dem Berge. Er stellt daher einen überaus hervorgehobenen, eine Steigerung bildenden Moment in der Geschichte des Evangeliums dar sowie einen, der besonders aufschlussreich für die Christologie ist. Diese Passage hat die meisten Ausleger bis jetzt verwirrt, doch wir werden sehen, dass der Text am besten verstanden wird als wesentlicher Bestandteil einer jüdischen Tradition des leidenden Messias. Hier sind die Verse in ihrem unerlässlichen und unmittelbaren Kontext, die der Verklärung folgen, worin Mose, Elija und Jesus als (zum allermindesten) enge Gefährten in einer Vision offenbart werden [Mk 9,9-13]:

> 9 Als sie aber vom Berge hinabgingen, gebot ihnen Jesus, dass sie niemandem sagen sollten, was sie gesehen hatten, bis der Menschensohn auferstünde von den Toten. 10 Und sie behielten das Wort und befragten sich untereinander: „Was ist das, auferstehen von den Toten?" 11 Und sie fragten ihn und sprachen: „Sagen nicht [*oder*: Warum sagen; – D. B.] die Schriftgelehrten, dass zuvor Elia kommen muss?" 12 Er aber sprach zu ihnen:

---

[10] Ich kenne keinen frühen Beleg außerhalb der Evangelien für diese besondere Weise der Deutung des danielschen Materials, der sich auf einen leidenden Messias bezieht, noch weniger auf einen sterbenden und auferstehenden; und ich habe keinen Grund zu zweifeln, dass er sich in dieser besonderen jüdischen messianischen Bewegung von selbst ergeben und Gestalt angenommen hat (did ... fall into place). (Wie wir gleichwohl weiter unten sehen werden, ist die Deutung dieses Materials unter Bezugnahme auf den Messias dem späteren rabbinischen Judentum keineswegs unbekannt.) Es sollte beachtet werden, dass auch in 4 Esra, wie oben in Kap. 2 erörtert, dem Messias ein Feind ersteht: ein Feind, der schließlich durch ihn auf ewig besiegt wird.

„»Elia soll ja zuvor kommen und alles wieder zurechtbringen.« [*oder:* »Wenn Elia zuvor kommt, bringt er alles zurecht.« – D. B.] Und wie steht dann geschrieben von dem Menschensohn, dass er viel leiden und verachtet werden soll?[11] [13] Aber ich sage euch: Elia ist gekommen, und sie haben ihm angetan, was sie wollten, wie von ihm geschrieben steht."

Wie viele Kommentatoren geschrieben haben, bereitet dieser Abschnitt große Schwierigkeiten. Es gibt keinen Beleg in den Schriften, dass Elia misshandelt werden würde; auf welcher Grundlage also sagt das Evangelium: „es steht von ihm geschrieben"?[12] Ferner, worauf Joel Marcus aufmerksam gemacht hat: „wenn Elia alle Dinge zurechtbringt – warum dann sich noch einmal einen Messias ausdenken, dessen Leiden und Verwerfung in der Schrift vorausgesagt ist (9,12c)? Die beiden Erwartungen scheinen einander zu widersprechen."[13] Hier ist es [Joel] Marcus' geistreicher Schachzug, zu erkennen, dass dies keine fehlerhafte Stelle im Text des Evangeliums ist, vielmehr gerade seine eigentliche Bestimmung.[14] Dieser

---

[11] Diese Zeichensetzung stammt von Wellhausen[(*)], wie bei Joel Marcus mitgeteilt wird: The Way of the Lord: Christological Exegesis of the Old Testament in the Gospel of Mark, Louisville, KY: Westminster/John Knox Press, 1992, 99 [u. zw.: "The hypothesis that Mark 9:11-13 presents a contrast between two scriptural expectations is strengthend if, with J. Wellhausen, we read 9:12c as a question". (Die Hypothese, dass Mk 9,11-13 einen Kontrast zwischen zwei aus der Schrift gespeisten Erwartungen bietet, wird unterstützt, wenn wir mit J[ulius] Wellhausen 9,12c als Frage verstehen.) – J. Marcus, 99, sieht mit Kodex D (ει, wenn) bereits in V. 12b eine Frage und keine Aussage, indem er V. 12 gegen die RSV-Übersetzung liest: „Er sagte zu ihnen: Ist es wahr, dass – wenn er vor dem Messias kommt – Elia alles zurechtbringen wird? Wie wurde dann vom Menschensohn geschrieben, dass er vieles leiden und zurückgewiesen werden sollte...?" –
Vgl. den griechischen Text des Novum Testamentum Graece (ed. Nestle-Aland), 28. Auflage, Stuttgart 2012, z. St.; online unter http://www.bibelwissenschaft.de/online-bibeln/novum-testamentum-graece-na-28/lesen-im-bibeltext/bibelstelle/Markus_9/ (06.08.2013). – Die darüber hinaus in V. 12 v. Übers. ergänzten »inneren« Anführungszeichen kennzeichnen ein Zitat der Pharisäer im Munde Jesu gemäß den Ausführungen D. B.s weiter unten S. 136-138. –
[(*)] Vgl. Marcus, Way of the Lord [s. ob.], 99 Anm. 25. – Vgl. Julius Wellhausen, Das Evangelium Marci übersetzt und erklärt, Berlin: Verlag Georg Reimer, 1903, 75f, hier 76, zu Mk 9,12: „Das logische Verhältnis der beiden Sätze in der Antwort Jesu wird in [Kodex] D richtig so ausgedrückt: wenn Elias vorher alles für den Messias in Ordnung bringt, wie ist dann die von der Schrift geweissagte Passion desselben zu verstehn? Denn darnach u n t e r l i e g t er ja den Schwierigkeiten, die Elias ihm aus dem Wege geräumt haben soll. – 9,13 ist keine Fortsetzung von 9,12, sondern eine andere Antwort auf die Frage der Jünger. In 9,12 wird die Schwierigkeit, worauf die Jünger hinweisen, damit abgetan, daß die von den Schriftgelehrten behauptete Apoka[ta]stasis des Elias sich nicht mit der Weissagung der Schrift vertrage. In 9,13 dagegen wird gezeigt, dass jene Schwierigkeit gar nicht besteht. Elias ist in der Tat schon dagewesen, freilich nicht ein siegreicher Wegräumer aller Hindernisse, sondern dem leidenden und sterbenden Messias entsprechend ein leidender und sterbender Elias (Johannes der Täufer), der ebenfalls in der Schrift geweissagt ist." – Ergg. d. Übers.]

[12] Marcus, Way of the Lord (s. Anm. 11), 97.
[13] a. a. O., 100.
[14] Marcus' (s. Anm. 11) tiefe Einsicht war, dass der Evangelientext den Widerspruch thematisiert. Am Beginn seiner Erörterung [99-101] kommt er ein wenig vom Thema ab, wenn er

Widerspruch ist es, worum es dem Evangelientext geht; dies ist – wie wir sagen würden – kein Produkt- oder Programmierfehler, sondern ein Ausstattungsmerkmal (this is not a „bug"…, but a feature). Wir haben hier etwas, das der midraschischen Standardform sehr nahe steht; die Frage der Jünger ist nicht: „Warum steht geschrieben, dass Elia zuerst kommen wird?", sondern: „Warum sagen die Schriftgelehrten dies? Denn falls das, was sie sagen, wahr ist: Warum steht geschrieben, dass der Menschensohn vieles leiden wird?" Sie machen auf den Widerspruch zwischen dem Vers, auf den Jesus sich bezieht, und den Äußerungen der Schriftgelehrten aufmerksam, nicht auf den Widerspruch zwischen zwei Bibelversen.[15]

Die Jünger verstehen den Jesus der VV. 9-11 sehr gut. Sie verstehen, dass das, was ihnen offenbart worden ist, heißt, dass Jesus der Menschensohn ist, und sie wissen, was das bedeutet. Sie sind bestürzt, wie sie es immer sind, dass Jesus leiden wird, trotz der Tatsache, dass es – wie Jesus betont – tatsächlich geschrieben steht, dass der Menschensohn leiden wird. Übrigens werden sie am Ende des Kapitels – [Mk] 9,31 – Jesu Ankündigung immer noch nicht verstanden haben: dass er den Menschen überantwortet werden wird, dass sie ihn töten werden und dass er auferstehen wird. Sie sind auch darüber verwirrt, dass Jesus als Messias gekommen *ist*, Elia jedoch anscheinend nicht; und dass die Schriftgelehrten sagen, dass Elia vor dem Messias kommt und alle Dinge zurechtbringen wird.

Jesu Antwort auf diese Verlegenheit ist brillant [Mk 9,11-13]:

11 Und sie fragten ihn und sprachen: „Sagen nicht [*oder:* Warum sagen; – D. B.] die Schriftgelehrten, dass zuvor Elia kommen muss?" 12 Er aber sprach zu ihnen: *»*Elia soll ja [μέν mén; zwar] zuvor kommen und alles wieder zurechtbringen.*«* [*oder: »*Wenn Elia zuvor kommt, bringt er alles zurecht.*«*; – D. B.] Und [*hier besser:* aber] wie steht dann geschrieben von dem Menschensohn, dass er viel leiden und verachtet werden soll? 13 Aber ich sage euch: Elia ist gekommen, und sie haben ihm angetan, was sie wollten, wie von ihm geschrieben steht."

Die *Schriftgelehrten* sagen, dass Elia, der vor dem Menschensohn kommt, alle Dinge zurechtbringen wird; und wie könnte es daher sein, dass der Menschensohn leiden wird? Jesus antwortet: Sagt der Prophet wirklich, dass Elia alle Dinge zurechtbringt; wäre das der Fall, wie könnte dann geschrieben stehen, dass der Menschensohn vieles leiden wird? Nein, Jesus hält (zu Recht) die Behauptung auf-

---

(in der Art von Dahl[(*)]) die tannaitische Regel der „zwei Verse, die einander widersprechen", zitiert; der korrekte Vergleich geschähe mit der midraschischen Form der Mekhilta, der später geboten wird. Die anfängliche Verwirrung zeitigt einige Folgen, vgl. unten.

[(*)] [Vgl. Nils A. Dahl, Contradictions in Scripture, in: Ders., Studies in Paul: Theology for the Early Christian Mission, Minneapolis: Augsburg, 1977, 159-177 (zit. n. Marcus, Way of the Lord [s. Anm. 11], 99 Anm. 29); – übersetzter Nachdruck von: N. A. Dahl, Widersprüche in der Bibel, ein altes hermeneutisches Problem, [Studia Theologica – Nordic Journal of Theology] StTh/ST 25 (1971), 1-19; – Erg. d. Übers.]

15 Von hier an werde ich mich eng an [Joel] Marcus anschließen. Marcus, Way of the Lord (s. Anm. 11), 106.

recht, dass es in dem Vers nicht heißt, dass Elia alle Dinge zurechtbringen wird; es sind die Schriftgelehrten, die auf diese Idee gekommen sind. Und die Schriftgelehrten müssen mit ihrer Interpretation des Kommens Elias schlicht falsch liegen; alles wird zurechtgebracht, nicht durch Elia, sondern durch den Menschensohn und erst nach den schrecklichen Leiden des Tages des Herrn: genau dieselben, die in der Schrift des Maleachi [3,23] drastisch geschrieben stehen. Nun ist die Antwort klar: Elia ist bereits in der Gestalt Johannes' des Täufers, des Vorläufers, gekommen (so ausdrücklich bei Matthäus), und sie taten ihm an, was sie wollten.[16] Sein Leiden gestaltet sich zu einer Art des Leidens, dem sich auch der Menschensohn unterwerfen wird. Und die Jünger erhalten zu beiden ihrer Fragen eine Antwort. Jesus wird hier – wie in den vorausgegangenen halachischen Diskussionen – als einer gezeigt, der die Schriftgelehrten und Pharisäer auf ihrem eigenen Feld, dem Midrasch, schlägt. Die Vorstellung des Leidens des Menschensohnes ist alles andere als ein wesensfremder Import in das Judentum; sie ist seine ureigene Bestimmung.

Hier vielleicht mehr als sonst irgendwo im Markusevangelium nehmen wir seinen Hintergrund in der jüdischen Methode biblischer Interpretation, dem Midrasch, wahr. Zur Erinnerung: der Midrasch ist eine Methode, Verse mit anderen Versen und Abschnitten in der Bibel vielfältig zu verknüpfen, um ihre Bedeutung zu bestimmen.[*] Dieser Textabschnitt hier ähnelt der Form nach dem Typ des tannaitischen Midraschs, in dem ein Vers zitiert, ein Kommentar angeboten, ein anderer, widersprechender Vers zitiert und der erste Kommentar entweder überarbeitet oder verworfen wird.[17] Dieses Argument würde eindrücklich die Be-

---

[16] Es sollte beachtet werden, dass in gewisser Hinsicht die matthäische Parallele in eine ganz andere Richtung als Markus geht, insbesondere die Auslassung der entscheidenden „Es-steht-geschrieben"-Aussagen in beiden Fällen. Es gibt bei Matthäus hier überhaupt keinen Midrasch. Zu anderen, folgenreichen Unterschieden in diesem Abschnitt zwischen dem zweiten und dem ersten Evangelium vgl. W. D. Davies und Dale C. Allison Jr., A Critical and Exegetical Commentary on the Gospel According to Saint Matthew (International Critical Commentary [ICC (on the Holy Scriptures)], Edinburgh: T & T Clark, 1988, 712. Falls [Joel] Marcus [(s. Anm. 11)] und ich recht haben, dann ist Markus in diesem Punkt der jüdischen hermeneutischen Form sehr viel näher als Matthäus.

[*] [Zum Midrasch vgl. oben 85 (Anm. *); – Anm. d. Übers.]

[17] Marcus, Way of the Lord (s. Anm. 11), 108. Eigentlich gibt es in der tannaitischen Literatur sehr viel öfter das Erstere, aber es gibt auch Beispiele des letzteren (Verfahrens-)Musters, in denen die vorgeschlagene Interpretation zurückgewiesen wird. Meinem Verständnis nach ist die Rede „wie geschrieben steht" im Hinblick darauf, dass der Menschensohns leiden wird, eine völlig überzeugende Schlussfolgerung aus der Schrift. [Joel] Marcus wird noch ein wenig durch seine (verwirrende) Vermischung der zwei getrennten midraschischen Formen missleitet: (1) zwei Verse, die einander widersprechen und versöhnt werden müssen, und (2) ein Vers, der die Folgerung eines Interpretationsschrittes bestreitet, der dann widerlegt werden kann (wie in den Stellen der Mekhilta, die Marcus richtig zitiert). Es ist einzig dieser Verschmelzung geschuldet, dass Marcus behaupten kann, dass „eine hermeneutische Regel für die Betrachtung eines biblischen Textes hier auf einen christlichen Midrasch angewendet wird". Es ist zudem der Midrasch der Schriftgelehrten, der hier durch Jesus angefochten wird. Es ist der Vorzug der Auslegung von [Joel] Marcus', wie hier

hauptung untermauern, dass die Evangelien – oder zumindest dieses Evangelium – ihre Erzählung (narrative) ähnlich der midraschischen Methode ausarbeiten, insbesondere im Hinblick auf die vorfindlichen Aussageabsichten (purposes), die irgendetwas mit dem Menschensohn zu tun haben. Abermals: wir erblicken hier die Bestätigung, dass die Vorstellung eines leidenden Messias den jüdischen Empfindungen ganz und gar nicht befremdlich gewesen sein dürfte, die ihre überaus messianischen Hoffnungen und Erwartungen aus solchen Methoden der textnahen Auslegung (close reading) der Schrift herleiteten, genau wie Jesus es tat. Diese Identifikation des Menschensohns mit dem Geschick Jesu kommt zu ihrem krönenden Abschluss in den (oben behandelten) Versen von Kapitel [Mk] 14, in denen Jesus kurz vor seiner Kreuzigung zu seiner messianischen Identität durch die Hohenpriester befragt wird. Dabei bekennt Jesus (zum ersten Mal) frei, dass er der Sohn Gottes ist, der Messias, der Menschensohn, der auf den Wolken des Himmels kommen wird [Mk 14,62].

Jesajas „Leidender Gottesknecht" als Messias in jüdischen Traditionen

Der leidende Messias, der für unsere Sünde büßt, war eine wohlbekannte Vorstellung im Laufe der jüdischen Religionsgeschichte, selbst lange nach der tatsächlichen Trennung vom Christentum. Die Idee eines leidenden Messias ist im antiken, mittelalterlichen und frühneuzeitlichen Judentum vorhanden. Zumindest dieser Umstand stellt den Gemeinplatz infrage, dass die Ausformung und Aufnahme dieser Auffassung durch die Nachfolger Jesu die unvermeidliche und absolute Bruchstelle mit der Religion Israels bildeten. Der leidende Gottesknecht ist wesentlicher Bestandteil der jüdischen Tradition von der Antike bis zur Moderne. Nicht nur also, dass das Evangelium auf die jüdische Tradition zurückgreift; vielmehr blieb diese Idee eine jüdische – lange nachdem das Christentum sich in der Spätantike wirklich abgetrennt hatte.

Einer von vielen Belegen für diese Sicht ist die Geschichte der Interpretation des Textes Jesaja 53[,1-12] durch jüdische Kommentatoren:

> [1] Aber wer glaubte dem, was uns verkündet wurde, und wem ist der Arm des HERRN offenbart worden? [2] Er schoss auf vor ihm wie ein Reis und wie eine Wurzel aus dürrem Erdreich. Er hatte keine Gestalt und Hoheit. Wir sahen ihn, aber da war keine Gestalt, die uns gefallen hätte. [3] Er war verachtet und unwert gehalten von anderen, voller Schmerzen und Krankheit. Er war so verachtet, dass man das Angesicht vor ihm verbarg; darum haben wir ihn für nichts geachtet.
>
> [4] Fürwahr, er trug unsere Krankheit und lud auf sich unsre Schmerzen. Wir aber hielten ihn für den, der geplagt und von Gott geschlagen und gemartert wäre. [5] Aber er ist um unsrer Missetat willen verwundet und um unsrer Sünde willen zerschlagen. Die Strafe

---

ergänzt wird, dass sie es überflüssig macht, Markus Unfähigkeit zu unterstellen (vgl. Davies/Allison, Critical [s. Anm. 16], 710). Das Argument bleibt freilich bestehen, dass der markinische Text hier eine *lectio difficilior* [die schwierigere Lesart; – Anm. d. Übers.] ist.

liegt auf ihm, auf dass wir Frieden hätten, und durch seine Wunden sind wir geheilt. ⁶ Wir gingen alle in die Irre wie Schafe, ein jeder sah auf seinen eigenen Weg. Aber der HERR warf unser aller Sünde auf ihn. ⁷ Als er gemartert ward, litt er doch willig und tat seinen Mund nicht auf wie ein Lamm, das zur Schlachtbank geführt wird; und wie ein Schaf, das verstummt vor seinem Scherer, tat er seinen Mund nicht auf. ⁸ Er ist aus Rechtsbeugung hinweggenommen. Wer aber kann sein Geschick ermessen? Denn er ist aus dem Lande der Lebendigen weggerissen, da er für die Missetat meines Volks geplagt war. ⁹ Und man gab ihm sein Grab bei Gottlosen und seine Gruft bei den Reichen, als er gestorben war, wiewohl er niemand Unrecht getan hat und kein Betrug in seinem Munde gewesen ist.

¹⁰ So wollte ihn der HERR zerschlagen mit Krankheit. Wenn er (du[*]) sein Leben zum Schuldopfer gegeben ha(s[*])t, wird er Nachkommen haben und in die Länge leben, und des HERRN Plan wird durch seine Hand gelingen. ¹¹ Weil seine Seele sich abgemüht hat, wird er das Licht schauen und die Fülle haben. Und durch seine Erkenntnis wird er, mein Knecht, der Gerechte, den Vielen Gerechtigkeit schaffen; denn er trägt ihre Sünden. ¹² Darum will ich ihm einen Anteil bei den Großen geben, und mit Starken soll er Beute teilen, zum Lohn dafür, dass er sein Leben in den Tod hingegeben hat und unter die Übertreter gezählt worden ist, während er doch die Sünde der Vielen getragen hat und für die Übertreter fürbittend eingetreten ist.[**] [Jes 53,1-12]

Ich kann nicht genug betonen, in welchem Maße die Auslegung dieses Kapitels die übliche Sicht der Beziehung des Judentums zum Messianismus verankert hat. Allgemein wurde durch die modernen Zeitgenossen angenommen, dass die Juden diesem Kapitel stets eine metaphorische Deutung gegeben haben, indem sie meinten, dass sich der leidende Gottesknecht auf das Volk Israel beziehe, und dass es die Christen waren, die seine Deutung verändert und verdreht haben, um es auf Jesus zu beziehen. Ganz im Gegenteil: wir wissen nun, dass viele, möglicherweise sogar die meisten jüdischen Autoritäten fast bis in die Neuzeit Jesaja 53 als einen Text gelesen haben, in dem es um den Messias geht; bis auf die letzten Jahrhunderte war die allegorische Deutung eine Minderheitenposition.

Abgesehen von einer sehr bedeutsamen – jedoch absolut isoliert dastehenden – Bemerkung in Origenes' *Contra Celsum* gibt es überhaupt keinen Hinweis, dass irgendwelche spätantiken Juden Jesaja 52f als auf einen anderen als den Messias bezogen deuteten.[18] Andererseits gibt es verschiedene Zeugnisse antiker rabbinischer Deutungen des Liedes, die sich auf den Messias und seine Drangsale beziehen.

Der Palästinische Talmud, der die Bibelstelle „Und das Land wird klagen" (Sacharja 12,12) kommentiert, zitiert zwei amoräische Meinungen: eine, die so auslegt: „Dies ist die Klage über den Messias"; und die andere, die widerspricht und

---

[*] [Text bei Boyarin folgt Ketib (dem Konsonantentext); – Anm. d. Übers.]
[**] [V. 12 nach der Bibelübersetzung von Hermann Menge (1939), zit. n. http://www.bibelwissenschaft.de/online-bibeln/menge-bibel/bibeltext/ (08.07.2013); – Anm. d. Übers.]
18 Origen, Contra Celsum, trans. with an introduction and notes by Henry Chadwick, Cambridge: Cambridge University Press, 1965, 50.
[Die erwähnte Stelle bei Origenes, Contra Celsum, I, 55. Im Übrigen wird Jes 52f in diesem Werk des Origines' mehrfach zitiert und ausführlicher besprochen. – Erg. d. Übers.]

darlegt, dass es die Klage über das sexuelle Verlangen ist (das im messianischen Zeitalter abgetötet worden ist) (pT Sukka 5,2, 55b[*]).¹⁹ Es gibt darüber hinaus Tra-

---

[*] [Vgl. zum Text die Ausgabe: Jerushalmi. Der palästinische Talmud. Sukkah. Die Festhütte, übers. u. interpret. v. Charles Horowitz, [Bonn:] Selbstverlag des Verfassers, 1963, 87f: „Zur zweiten Halacha: »Am Ausgang des ersten Festtages des (Laubhütten-)Festes stieg man in die Frauenhalle hinab, um dort bedeutsame Vorkehrungen zu treffen [...]«, schreibt die Gemara: »[...] Sie ließen die Männer und die Frauen getrennt Aufstellung nehmen [... / ...], damit die Frauen von oben [d. h. den später errichteten Galerien; – Erg. d. Übers.] und die Männer von unten zuschauen konnten und sich nicht untereinander mischen sollten. Woraus haben sie dies entnommen (= woher wussten sie, dass diese Vorsichtsmaßnahmen zu ergreifen sind)? Aus den Worten der Schrift³⁹⁾ (es heißt nämlich): ›Da wird das Land wehklagen, *jedes Geschlecht besonders*‹. (Über die Bedeutung des Verses streiten) zwei Amoräer; der eine sagt (daß) damit das Wehklagen um den Messias⁴⁰⁾ gemeint ist, der andere hingegen sagt (daß) damit das Wehklagen um den bösen Trieb gemeint ist⁴¹⁾. Derjenige, welcher sagt, (daß) damit das Wehklagen um den Messias gemeint ist (zieht daraus folgenden Schluß): wenn es in bezug auf die Zeit, in der man sich in Trauer befindet, heißt: (getrennt) die Männer für sich und die Frauen für sich (damit der böse Trieb über sie keine Gewalt hat), so (wird doch diese Vorsichtsmaßregel in der Zeit, in der man sich in festlicher Stimmung befindet, erst recht angebracht sein). Derjenige, welcher sagt, (daß) damit das Wehklagen um den bösen Trieb gemeint ist (zieht daraus folgenden Schluß): Wenn es in bezug auf die Zeit, in der der böse Trieb (= Satan) nicht (mehr) leben wird [,] heißt: die Männer für sich und die Frauen für sich, so (müßte es doch) in bezug auf die Zeit, in der der böse Trieb (noch) lebt, erst recht (so heißen).«" (Gesperrter Text im Orig. hier *kursiv*); – Vgl. Horowitz' Anmerkungen zum Text:

³⁹⁾ Siehe Sach 12,2 [sic!; lies: 12,12]

⁴⁰⁾ gemeint ist der Messias aus dem Stamme Josef, der in der Endzeit im Kampfe gegen Gog und Magog fallen wird.

⁴¹⁾ Der Prophet Sacharja spricht von der Endzeit; wenn Gott den bösen Trieb = den Satan vernichten wird, werden die Gerechten sich an den Kampf erinnern, den sie zu ihren Lebzeiten mit ihm führen mußten und darüber wehklagen. – Erg. d. Übers.]

¹⁹ Diese Version ist nahezu sicher älter als die Parallele des Babylonischen Talmuds, was darauf hindeutet, dass es der Messias, der Sohn Josephs, ist, um den sie klagen. Dieser alternative, nur aus dem Babylonischen Talmud und späteren Texten bekannte Messias scheint genauestens eine apologetische Art darzustellen, um die Folgerungen früherer Traditionen – in denen der Messias leidet und/oder erschlagen wird – zu vermeiden, so wie es hinsichtlich der P[alästinensischen]T[almud]-Version dieser Tradition ohne Zweifel der Fall ist. – David C. Mitchell kann mit seiner Interpretation des rabbinischen Materials in seinem Aufsatz, Rabbi Dosa and the Rabbis Differ: Messiah Ben Joseph in the Babylonian Talmud, Review of Rabbinic Judaism 8,1 (2005), 77-90, kaum weiter danebenliegen. Er besteht darauf, dass der Text des palästinischen Talmuds tannaitisch ist, ungeachtet der Tatsache, dass ausdrücklich von „zwei Amoräern" die Rede ist; er erachtet den Text des babylonischen Talmuds als primär und den des palästinischen als sekundär; und er scheint zu glauben, dass, wenn der Spruch im Namen Rabbi Dosas zitiert wird, damit gemeint sei, dass er wirklich durch eine Person ausgesprochen wurde, die lebte, während der Tempel noch stand. Schließlich behauptet er, dass ein Text, der ausdrücklich als amoräisch angeführt wird, tannaitisch sein müsse, schlicht weil seine Ausdrucksweise hebräisch ist und alle hebräischen Texte *eo ipso* palästinisch wären und vor 200 n. Chr. datierten, was darüber hinaus seine Ahnungslosigkeit hinsichtlich rabbinischer Textkenntnis offenbart.
Ich kenne keinen Beleg für einen Messias, den Sohn Josephs, vor der Spätantike. Behauptungen, einen Beleg in dem Hazon Gabriel [Offenbarung Gabriels] des 1. Jh. v. Chr. zu finden, scheinen höchst fragwürdig, da dieser Befund tatsächlich von einer sehr zweifelhaften Deutung abhängen würde. Israel Knohl, The Apocalyptic and Messianic Dimensions

ditionen im Babylonischen Talmud, daher [spätestens] als aus dem 4. bis 6. Jh. n. Chr. (aber sehr wahrscheinlich früher) bezeugt, deren bekannteste und vernehmlichste Sanhedrin 98b ist. Auf den Messias Bezug nehmend fragt der Talmud unverblümt: „Was ist sein Name?", und seitens verschiedener Rabbinen werden mehrere Namen vorgebracht. Nach mehreren unterschiedlichen Stellungnahmen finden wir diese vor: „Und die Rabbinen sagten, ‚der Aussätzige [Leprakranke]' des Hauses des Rabbis[*] ist sein Name, weil es heißt: ‚Fürwahr, er trug unsre Krankheit[20] und lud auf sich unsre Schmerzen. Wir aber hielten ihn für den, der geplagt

---

of the *Gabriel Revelation* in Their Historical Context, in: Matthias Henze (Hg.), Hazon Gabriel: New Readings of the Gabriel Revelation (Early Judaism and Its Literature [EJIL/SBLEJL] 29), Atlanta: Society of Biblical Literature, 2011, [39-59]: 43, hat vielleicht mit der Lesung des Namens Ephraim in den Zeilen 16f seines jüngst entdeckten Textes recht, doch ist die Lesung bestenfalls zweifelhaft und nach Meinung einiger Inschriftexperten nicht möglich. Vgl. Elisha Qimron/Alexey [(Eliyahu)] Yuditsky, Notes on the So-Called *Gabriel Vision* Inscription, in: Henze, Hazon Gabriel (s. ob.), [31-38]: 34. Es scheint eher eine [zu] schwache Lesart [zu sein], um darauf einen zweiten Messias beinahe ein halbes Jahrtausend vor seiner Bezeugung in der Literatur zu begründen.

Vgl. ebenso die Aufsätze von Adela Yarbro Collins[*] und John C. Collins[**] in demselben Band zu einer weiteren Untermauerung dieser Position. Wenn sich der Palästinische Talmud also einen toten Messias vorstellt, muss er *der* Messias sein und kein zweiter oder ein anderer Messias, worüber er spricht. Man beachte, dass die mutmaßliche Existenz eines „Kriegs-Messias" in der rabbinischen Literatur eine Chimäre, ein Hirngespinst ist. „Der *eine* Gesalbte – maschuach [מָשׁוּחַ], nicht maschiach [מָשִׁיחַ] – für den Krieg" ist ein besonderer Priester und nichts anderes, wie eine Untersuchung jeder Stelle der rabbinischen Literatur, wo der Begriff auftritt, leicht bestätigt.

Holger Zellentins Interpretation des Abschnitts des Babylonischen Talmuds mag darin etwas für sich haben, eine Anspielung auf die dortigen christlichen Passionserzählungen (passion narratives) zu finden; aber seine Behauptung, dass sie auf einer früheren Erzählung (narrative) über einen doppelten Messias beruht, scheint mir in ihrer Überspanntheit dubios; [vgl.] Holger Zellentin, Rabbinizing Jesus, Christianizing the Son of David: The Bavli's Approach to the Secondary Messiah Traditions, in: Rivka Ulmer (Hg.), Discussing Cultural Influences: Text, Context and Non-Text in Rabbinic Judaism (Studies in Judaism [SJ(L)]), Lanham, MD: University Press of America, 2007, 99-127. Sicherlich scheint der B[abylonische] T[almud] diese Auffassung hier nicht zu erfinden; er spiegelt vielmehr eine bekannte Größe, doch eine, für die es keinerlei früheren Beleg in irgendeinem vorhandenen Text gibt. Wenn der Palästinische Talmud sagt, dass der Messias gestorben ist, kann das demzufolge nur *den* Messias meinen.

[*] [Adela Yarbro Collins, Response to Israel Knohl, Messiahs and Resurrection in „The Gabriel Revelation", in: Henze, Hazon Gabriel (s. ob.), 93-97; – Erg. d. Übers.]

[**] [John C. Collins, Gabriel and David: Some Reflections on an Enigmatic Text, in: Henze, Hazon Gabriel (s. ob.), 99-112; – Erg. d. Übers.]

[*] [...des Lehrhauses, so L. Goldschmidt, Der Babylonische Talmud, IX, 73, z. St. – Zu den bibliographischen Angaben s. 52 Anm. *; – Erg. d. Übers.]

20 Das hiesige Wort für „Krankheit" meint in der rabbinische Literatur durchweg „Aussatz/Lepra" und wird auch durch Hieronymus mit *leprosus* [der Aussätzige] übersetzt (zur letzten Fundstelle vgl. Adolph Neubauer, The Fifty-Third Chapter of Isaiah According to the Jewish Interpreters [vol. I: Texts (A. Neubauer), Oxford: J. Parker u. Leipzig: T. O. Weigel, 1876; vol. II: Translations (S. R. Driver, A. Neubauer), ebd., 1877, hier: vol. I,] 6; [Neubauer unter https://archive.org/stream/fiftythirdchapte01neub#page/n205/mode/2up bzw. https://archive.org/details/fiftythirdchapte01neub (09.01.2015); im PDF-Dokument

und von Gott geschlagen und gemartert wäre' [Jes 53,4]."[*] Wir sehen hier sowohl das stellvertretende Leiden des Messias als auch die Verwendung von Jesaja 53, um diese Idee zu verankern. Dieser (oder ein ähnlicher) Midrasch steckt hinter dem erbarmungswürdigen Bild des Messias – das nur eine Seite zuvor im Talmud [Sanh 98a] erscheint –, der vor den Toren Roms unter den Armen und denen sitzt, die an schmerzlichen Krankheiten leiden. Sie alle lösen und binden ihre Verbände mit *einem* Mal; und er löst und bindet sie einzeln, einen *nach* dem anderen, und sagt: „Vielleicht werde ich gebraucht, und ich möchte mich nicht verspäten." Demzufolge leidet auch der Messias – seines soteriologischen [auf die Erlösung gerichteten] Auftrags sich immer bewusst – an derselben Krankheit und denselben Folterqualen wie die Bedürftigen und Kranken Roms.

Eine andere klassische rabbinische Passage könnte möglicherweise das erste Zeugnis dieser Tradition sein:[21]

> Rabbi Jose Hagelili[a] sagte: Geh hin und lerne das Verdienst des Königs Messias und den Lohn der Gerechten von dem Ersten[b] Adam. Denn ihm ward nur *ein* Du-sollst-nicht-Gebot gegeben, und er übertrat es. Siehe, mit wie vielen Tode(sfälle)n er und seine Nachkommen und die Nachkommen seiner Nachkommen bestraft wurden bis zum Ende aller Generationen. Nun, welche der Eigenschaften[c] Gottes ist größer[d] als die andere, das Maß der Gnade[e] oder das Maß der Vergeltung? Verkünde, dass das Maß der Güte[e] das größere ist[d] und das Maß der Vergeltung das mindere[f]! (Als wolle er gewissermaßen sagen, dass Gott stets unterhalb des Gebührenden straft und über das Gebührende hinaus belohnt.)[g] Und der König Messias[h] fastet und leidet für die Sünder, wie es heißt: „Er wurde mit Krankheit geschlagen um unserer Sünden willen usw." [Jes 53,5], um wieviel mehr wird er rechtfertigen[i] alle Generationen[k], wie es heißt: „Und der Herr suchte an ihm heim die Sünde aller" [Jes 53,6].[22]

---

pdig 206 (206 von 606); vgl. Jes 53,4 nach der Vulgata unter http://www.bibelwissenschaft.de/online-bibeln/biblia-sacra-vulgata/lesen-im-bibeltext/ (dto.); – Erg. d. Übers.]

[*] Nach der ausführlicheren Textfassung bei Raymundus Martini: „Und die Rabbis sagen, »der Leprakranke«; jene des Hauses des Rabbis[*] sagen, »der Kranke«, wie es heißt, »fürwahr, er trug unsere Krankheit«"; zit. u. übers. n. Neubauer, Fifty-Third Chapter (s. Anm. 20), vol. II, xxxiv; Neubauer unter https://archive.org/stream/fiftythirdchapte02neub#page/n39/mode/2up bzw. https://archive.org/details/fiftythirdchapte02neub (09.01.2015); im PDF-Dokument pdig 40\ [!] (40 von 662) sowie unter der nachfolgend angegebenen Website.

[*] d. h. Jehuda ha-Nasi; vgl. Neubauer II, 7[d], unter https://archive.org/stream/fiftythirdchapte02neub#page/7/mode/2up, im PDF-Dokument pdig 7 (89 von 662); – Erg. d. Übers.]

21 Aber da dieser Beleg ausschließlich durch einen Band der polemischen Quellenzeugnisse [Testimonia] (eines Dominikanermönchs im 13. Jh. [Raymundus Martini]) überliefert ist, dürfte er als zweifelhaft angesehen werden. Vgl. die nächste Anmerkung.

22 Raymundus Martini, Pugio Fidei [adversus Mauros et Iudaeos], Cum Observationibus Josephi de Voisin, et Introductione J. B. Carpzovj, Qui [simul] Appendicis Loco Hermanni Judæi Opusculum De Sua Conversion[e] Ex M[anu]sc[rip]to ... [Lipsiensis] Recensuit (Lipsiae [et Francofurti] 1687), [866-867[*] resp.] 674[-675[**]]. Martini zitiert[***] diesen Text als aus dem Midrasch Sifre des 4. Jh. stammend. Mir ist nicht bekannt, ob diese Zuschreibung richtig ist; und man muss fragen, ob dies ein echter rabbinischer Text ist. Obwohl andererseits Martini ein Polemiker war, hat es nicht den Anschein, dass selbst seine

Falls dieser Text als authentisch angesehen wird, dann haben wir einen deutlichen Beleg, dass rabbinische Leser spätestens im 3. Jh.[*] den leidenden Gottesknecht als Messias verstanden, der leidet, um stellvertretend für die Sünden von Menschen zu büßen.

Es gibt ebenso mehrere mittelalterliche jüdische Kommentatoren, unter denen für das rabbinische Judentum marginale (jedoch christlicher Neigungen kaum verdächtige) Gestalten wie der Karaït Jefet ben Ali, der den jesajanischen Text und seinen leidenden Gottesknecht offenkundig als auf den Messias bezogen

---

beachtlichen Fähigkeiten als Hebraist ihn in den Stand versetzt hätten, diesen Text in solch ausgereiftem midraschischen Stil zu fingieren. Moderne jüdische Wissenschaftler von Leopold Zunz bis zu meinem Lehrer Saul Lieberman haben Martinis Quellenzeugnisse [*lies:* testimonia] als authentische Texte anerkannt.

[*Kursive* Hervorhebung, Schriftzitatangaben und Anm. zum hebräisch/lateinischen Originaltext im *Zitat* Martinis (s. u.) sowie Ergg. zum Titel und zur Paginierung des Pugio Fidei in *dieser Anm.* vom Übers.; –

{*} nach der Paginierung der Leipziger Ausg. selbst (!): 866f; im PDF-Dokument pdig 901f; vgl. Raymundus Martini, Pugio fidei, Leipzig 1687, 866f unter http://books.google.de/books?id=4WpKAAAAcAAJ&pg=PA866 und http://books.google.de/books?id=4WpKAAAAcAAJ&pg=PA867 (29.06.2013); –

{**} nach der bei D. B. angegebenen *Marginal*paginierung (!!) der Leipziger Ausg. (das sog. „Folio"), die die Paginierung des Erstdruckes, Paris: Hénault, 1651, wiedergibt: 674f; im PDF-Dokument pdig 737f; vgl. Raymundus Martini, Pugio fidei, Paris 1651, 674f unter https://books.google.de/books?id=euQ3WzJrJXEC&pg=PA674 und https://books.google.de/books?id=euQ3WzJrJXEC&pg=PA675 (21.12.2014); –

{***} in p. III, dist. III, cap. XVI De passione Christi, membr. XXXVIII. –

Textkritische Anm. (hebr., lat., engl.): ᵃ Galilaeus, „der Galiläer". – ᵇ הקדמני, antiquo = alt, einstig, Ur-...; First. – ᶜ מידה, quae mensura = welches Maß; qualites. – ᵈ מרובה, multiplicatur = wird vervielfacht gegenüber... (Martini löst die [Verbal-]Adjektive auch im Folgenden verbal auf). – ᵉ חטוב, boni; mercy, goodness. – ᶠ מעוטה, minuitur = verringert wird. – ᵍ (der kommentierende Einschub Martinis in runden Klammern nur in seiner lateinischen Übersetzung der [umstrittenen] hebräischen Vorlage). – ʰ ומלך המשיח, Rex Messias (fehlt in der hebräischen Vorlage Jes 53,5). – ⁱ שיזכה, iustificabit; „will he justify" (v. זכי, זכה Pi. *od.* זכא, זכי Pa.) = (umso mehr) wird er rechtfertigen *od.* recht handeln gegen (alle Generationen im Ganzen). – In der Originalausgabe übersetzte D. Boyarin (wohl im Vorblick auf V. 12 und dessen – gegen ein stellvertretendes Sühneleiden des Messias gerichtete – kollektive Auslegung z. B. bei Isaak Orobio de Castro auf Israel hin, dem nach der Gefangenschaft und Kämpfen durch Gesetzestreue allein ein glänzender Sieg über alle Völker der Welt verliehen wird, vgl. Neubauer, Fifty-Third Chapter [s. Anm. 20], vol. II, 529, 461): will he be triumphant (for all of the generations) (v. זכי, זכא Pa.); [umso mehr] wird er triumphieren *od.* siegreich sein [auf ewig]. Nach Textdiskussion sieht der Vf. mit Rücksicht auf den Kontext die beste Übersetzung von שיזכה in V. 4 in der oben im Text wiedergegebenen Fassung. – ᵏ לכל הדורות, omnes generationes, & universas = (wird er rechtfertigen od. recht handeln gegen) alle Generationen im Ganzen. –

Der Wortlaut der lateinischen Schriftzitate Martinis folgt im Übrigen nicht der Vulgata, sondern den (z. T. frei zitierten) hebräischen Schriftstellen. – Ergg. d. Übers., z. T. n. Ang. d. Vf.]

[*] [Diese Zeitangabe bezieht sich auf Material, das in die im 4. Jh. redigierten Sifre einfloss; vgl. zur Datierung auch Anm. 22. – Anm. d. Übers. n. Ang. d. Vf.]

verstand.[23] Der frühneuzeitliche Kabbalist Rabbi Mose Alschech, ebenfalls ein unbescholtener „orthodoxer" rabbinischer Lehrer, schreibt: „Ich sollte außerdem anmerken, dass unsere Rabbis einstimmig die Meinung bejahen und bestätigen, dass der Prophet vom König Messias spricht, und wir selbst hängen derselben Ansicht an."[24] Der Geistesriese der spanischen Judenheit, Rabbi Moses ben Nachman [RaMBaN], räumt ein, dass dem Midrasch und den Rabbinen des Talmuds zufolge Jesaja 53 in Gänze vom Messias handelt; doch er selbst widerspricht.[25]

Wie wir sehen, haben weder das Judentum noch die Juden jemals mit *einer* Stimme in dieser (hermeneutischen) theologischen Frage gesprochen. Daher stellt die Behauptung vieler Leiden, dazu Verwerfung und Verachtung des Menschensohns in keinerlei Hinsicht einen Bruch mit dem Judentum oder der Religion Israels dar. Tatsächlich sind diese Ideen in den Evangelien von der Tora (der Schrift in ihrer umfassendsten Bedeutung) mittels dieses jüdischsten aller exegetischen Stilmittel, des Midraschs, abgeleitet worden.[26] Es gibt keine wesenhaft christliche (vom Kreuz gezeichnete) Auffassung des Messias im Gegenüber zu einer jüdischen (triumphalistischen), sondern nur *eine* vielschichtige und umstrittene messianische Idee, die von Markus und Jesus mit der ganzen Gemeinschaft der Juden geteilt wurde. Die Beschreibung des Christus, der sein eigenes Leiden voraussagt, und dann die Erzählung (narrative) eben dieses Leidens in der Passion[sgeschichte] des Christus widersprechen also in keiner Weise der These Martin Hengels, dass „das Christentum *vollständig* aus jüdischem Grund hervorgewachsen ist".[27]

Das „Evangeliumsjudentum" (Gospel Judaism) war geradewegs und gänzlich eine jüdisch-messianische Bewegung. Und das Evangelium ist die Geschichte des jüdischen Christus.

---

[23] Neubauer, Fifty-Third Chapter (s. Anm. 20), 23.
[24] a. a. O., 258.
[25] a. a. O., 78.
[26] Ich behaupte nicht, dass die Anhänger Jesu diesen besonderen Midrasch nicht hervorgebracht haben, vielmehr – falls und wenn sie es getan haben – ließ das hermeneutische Verfahren, mit dem sie befasst waren, durch sich selbst die Jüdischkeit ihres religiösen Denkens und ihrer Vorstellungswelt erkennen.
[27] Martin Hengel, Christianity as a Jewish-Messianic [and Universalistic] Movement, in: Jack Pastor/Menachem Mor (Hgg.), The Beginnings of Christianity: A Collection of Articles, Jerusalem: Yad Ben-Zvi Press, 2005, [85-100]: 85; *kursive* Hervorhebung im Original bei Hengel.

Nachwort
Das jüdische Evangelium

Juden argumentieren nicht selten, dass sich das Christentum die hebräische Bibel angeeignet und für seine eigenen, nicht-jüdischen Zwecke verdreht und damit ihre Sinngehalte verfälscht habe. Dieses Buch bestreitet diese Behauptung in zweifacher Weise. Einerseits ist die Schlussfolgerung meiner Erörterung, dass das Christentum nicht nur das Alte Testament, sondern auch das Neue Testament gekidnappt hat, indem es diesen durch und durch jüdischen Text von seinen kulturellen Ursprüngen inmitten der jüdischen Gemeinden Palästinas im ersten Jahrhundert wegführte und ihn zu einem Angriff auf die Traditionen der Juden machte: Traditionen, die – so behaupte ich – es zu bewahren und nicht zu zerstören suchte; Traditionen, die der Erzählung (narrative[*]) ihren reichsten literarischen und hermeneutischen [auf die Auslegung bezogenen] Kontext verschaffen. Andererseits bestreitet dieses Buch die Auffassung, dass das Neue Testament selbst eine Aneignung ist oder – noch genauer – eine Vereinnahmung des Alten Testaments. Wenn die Interpretation, die hier angeboten wird, stichhaltig ist, dann ist das Neue Testament sehr viel tiefer in das jüdische Leben und Denken während des Zweiten Tempels eingebettet, als viele gedacht hätten, selbst – und dieses betone ich abermals – in genau den Details, die wir als am charakteristischsten christlich – im Gegensatz zu jüdisch – angesehen haben: die Vorstellung einer zweifachen, dualen Gottheit mit einem Vater und einem Sohn, die Vorstellung eines Erlösers, der selbst sowohl Gott als auch Mensch sein wird, und die Vorstellung, dass dieser Erlöser im Zuge des Erlösungsprozesses leiden und sterben würde. Wenigstens einige dieser Ideen, die Vater/Sohn-Gottheit und der leidende Erlöser, haben ebenfalls tiefe Wurzeln in der hebräischen Bibel und dürften sich unter einigen der ältesten Vorstellungen über Gott und die Welt befinden, die das israelitische Volk jemals vertrat.

Viele, vielleicht sogar die meisten neutestamentlichen Wissenschaftler argumentieren heute, dass die beeindruckendsten Teile der Jesus-Geschichte, wie sie in den Evangelien erzählt wird – dass er der Messias war, der Menschensohn; dass er starb und auferweckt wurde; und dass er als Gott zu verehren ist – allesamt *ex eventu* (aufgrund der Ereignisse im Nachhinein) von den frühesten Nachfolgern Jesu stammen, die diese Vorstellungen im Gefolge seines Todes und ihrer Erfahrungen der Erscheinungen seiner Auferstehung entwickelten. Dementsprechend schreibt eine der besten und (auch von mir) höchst respektierten heutigen Neutestamentler_innen, Adela Yarbro Collins, frank und frei: „Die meisten Neutestamentler würden immer noch Bultmanns Urteil zustimmen, dass die ‚Neuprägung' der ‚Vorstellung eines leidenden, sterbenden und auferstehenden Messias oder »Menschen-

---

[*] [Zum Verhältnis von Geschichte (story) und Erzählung/Narrativ (narrative) vgl. 39 Anm. [*]; – Anm. d. Übers.]

sohnes«' (...) ‚nicht von Jesus selbst, sondern von der Gemeinde *ex eventu* vorgenommen' wurde, d. h. nach dem Ereignis der Kreuzigung und der Erfahrungen von Jesus als Auferstandenem."¹ Darin sei sie, wie sie sagt, vollkommenen repräsentativ für die gegenwärtig herrschende Lehrmeinung über den Menschensohn und den erhöhten Status Jesu, des Christus. Wie es mir kürzlich durch einen jüdisch-orthodoxen Gelehrten in rabbinischen Studien erklärt wurde, sei die Evangeliengeschichte (Gospel story) ein vollkommenes Novum, das durch das bemerkenswerte Leben und Sterben des Menschen Jesus von Nazareth hervorgerufen wurde.

Der Historiker in mir rebelliert gegen eine solche Darstellung. Selbst wenn man die bemerkenswerte Natur Jesu – und ich habe keinen Zweifel, dass er eine bemerkenswerte Person gewesen *ist* – als Argument beizieht: als historische Erklärung für einen weltverändernden Umsturz von Glaubensvorstellungen und -praktiken scheint mir dies wenig plausibel. Es mag notwendig gewesen sein, dass Jesus so außergewöhnlich war, damit eine derartig überzeugende Erzählung (narrative) von göttlichem Wesen und göttlicher Funktion entwickelt wurde – aber ausreichend war das kaum. Erst recht scheint mir die Auffassung, dass irgendeine Erfahrung des auferstanden Christus der Idee, dass er auferstehen würde, vorausging und sie verursachte, derart unwahrscheinlich wie nachgerade unglaubwürdig. Möglicherweise sahen seine Nachfolger ihn als Auferstandenen, doch gewiss ergibt sich dies notwendigerweise, weil sie eine Erzählung (narrative) besaßen, die sie dahin leitete, derartige Erscheinungen zu erwarten; und nicht dass die Erscheinungen eine Erzählung (narrative) hervorbrachten.* Eine alternative Beschreibung, wie ich sie hier gegeben habe, scheint wahrscheinlicher, um historisch nachvollziehbar zu sein: Ein Volk hatte jahrhundertelang von einem neuen König, einem Davidssohn, erzählt, über ihn nachgedacht und gelesen, der kommen würde, um sie von der seleukidischen und später römischen Unterdrückung zu erlösen, und sie hielten schließlich diesen König für eine zweite, jüngere, göttliche Gestalt auf der Grundlage der Re-

---

1 Adela Yarbro Collins, Response to Israel Knohl, Messiahs and Resurrection in "The Gabriel Revelation", in: Matthias Henze (Hg.), Hazon Gabriel: New Readings of the Gabriel Revelation (Early Judaism and Its Literature [EJIL/SBLEJL] 29), Atlanta: Society of Biblical Literature, 2011, [93-97]: 97.
[Collins, a. a. O., 97, zitiert in Anm. 23 Rudolf Bultmann, Theology of the New Testament, 2 vols.; trans. Kendrick Grobel; New York: Scribner, 1951, 1962, vol. I, 31; das Zitat Bultmanns wurde nach der deutschen Ausgabe angeglichen: R. Bultmann, Theologie des Neuen Testaments, Tübingen: J.C.B. Mohr (Paul Siebeck), ⁵1965, 32; zum Begriff „Neuprägung" vgl. ders. ebd. unmittelbar zuvor: „In den L e i d e n s w e i s s a g u n g e n ist freilich der jüdische Messias-Menschensohn-Begriff umgeprägt – oder besser: eigentümlich bereichert worden, sofern das Judentum die Vorstellung eines leidenden, sterbenden und auferstehenden Messias und ‚Menschensohnes' nicht kannte." – Anm. d. Übers.]

* Lassen Sie mich meine Position erklären: Ich widerspreche nicht der Stichhaltigkeit der religiösen christlichen Sicht der Dinge. Sie ist mit Sicherheit eine Angelegenheit des Glaubens, nicht der Wissenschaft. Ich widerspreche besagter Auffassung als einer historischen, wissenschaftlich-kritischen Erklärung.

flexion des Danielbuches über diese sehr alte Überlieferung. So gewannen sie die Überzeugung, in Jesus von Nazareth denjenigen zu sehen, den sie erwartet hatten, der kommen würde: den Messias, den Christus. Eine ziemlich gewöhnliche Geschichte eines Propheten, eines Zauberers, eines charismatischen Lehrers wird gänzlich transformiert, wenn dieser Lehrer sich selbst als dieser Kommende versteht – oder von anderen als dieser verstanden wird. Die Details seines Lebens, seine hoheitlichen Vorrechte, seine Tugenden und sogar sein Leiden und Tod vor dem triumphalen Sieg, sind alle aus einer sorgfältigen midraschischen Interpretation des biblischen Materials entwickelt, und sie erfüllen und ereignen sich in seinem Leben und Tod. Die Erhöhungs- und Auferstehungserfahrungen seiner Nachfolger sind eine Hervorbringung der Erzählung (narrative), nicht deren Ursache. Das bedeutet nicht, jegliche Kreativität aufseiten Jesu oder seiner frühen oder späteren Anhänger zu leugnen, sondern lediglich, es dringend nahe zu legen, dass dergleichen Kreativität höchst ergiebig und überzeugend inmitten der jüdischen textuellen und intertextuellen Welt verstanden wird: im Resonanzraum einer jüdischen Klanglandschaft des ersten Jahrhunderts.

Zur deutschen Ausgabe

Zur Übersetzung

Nachdem im Jahr 2009 mit dem Band *Abgrenzungen. Die Aufspaltung des Judäo-Christentums*, übersetzt von Gesine Palmer, die erste deutsche Übersetzung eines größeren Werkes Daniel Boyarins erschienen ist, wird hiermit eine weitere umfangreichere Publikation des Autors in Deutsch vorgelegt.[1]

Die Einteilung der deutschen Ausgabe entspricht der englischen. Das Inhaltsverzeichnis wurde um die Unterkapitel des Originals im Text ergänzt. Zur besseren Lesbarkeit werden die Anmerkungen der ursprünglichen Endnoten hier *als Fußnoten* wiedergegeben, deren Nummerierung identisch ist, was einen etwaigen Vergleich erleichtert. Zusätzliche, d. h. nicht nummerierte Fußnoten des Originals werden in gleicher Weise mit Asterisk (Sternchen) * gekennzeichnet, zusätzliche des Übersetzers mit [*].

Bei der Übersetzung der Texte aus verschiedenen kulturellen Zusammenhängen und der Einbettung in den deutschsprachigen kulturellen und wissenschaftlichen Kontext wurde dem Anliegen des Autors entsprechend versucht, eine der theologisch interessierten Leserschaft zugängliche Sprache zu gebrauchen – unter Berücksichtigung der Ausdrucksweise wissenschaftlicher Werke angelsächsischer Herkunft und der des Autors selbst. Für hilfreich wurde die vereinzelte Angabe eines englischen Wortes oder (Fach-)Begriffs aus dem Originaltext gehalten, der in Klammern vermerkt wird. Die Transkription altsprachlicher Wörter erfolgte meist in vereinfachter Umschrift.

Bei der Übersetzung von Zitaten aus der kanonischen und außer- bzw. deuterokanonischen, apokryphen, talmudischen und antiken Literatur wurde Wert gelegt auf die Nähe sowohl zu den jeweiligen Originaltexten als auch zur englischen Ausgabe, deren Formulierungen z. T. für die weitere Argumentation des Autors relevant sind.

Die Quellen verwendeter Übersetzungen sind jeweils verzeichnet, wobei im Hinblick auf die kanonische Literatur zunächst die Luther-Übersetzung von 1984 (in neuer Rechtschreibung) zugrunde gelegt wurde, die dann (oft) mit dem Urtext sowie den englischen Übersetzungen (der Revised Standard Version [RSV] und der New Revised Standard Version [NRSV] sowie der Übersetzung Daniel Boyarins selbst) abgeglichen wurde. Vereinzelt musste auf andere deutsche Übersetzungen

---

[1] Zu *Abgrenzungen* vgl. 23 Anm. [**]. Davor erschien in Deutsch eine Arbeit geringeren Umfangs: Daniel Boyarin, Den Logos zersplittern. Zur Genealogie der Nichtbestimmbarkeit des Textsinns im Midrasch (Schriftenreihe Ha'Atelier Collegium Berlin 3), Berlin, Wien: Philo, 2002 (n. Ang. d. Vf.).

zurückgegriffen werden, die den Urtext und/oder den englischen Text genauer wiedergeben.

Außerdem fanden die jeweiligen Übersetzungen des Sammelwerkes *Jüdische Schriften aus hellenistisch-römischer Zeit* (JSHRZ) Verwendung, deren textkritische Anmerkungen in Auswahl zum weiteren Verständnis ergänzend aufgenommen worden sind. Gelegentlich wurden zitierte Werke mittels der Online-Ausgaben (Scans) eingesehen, was jeweils verzeichnet ist (wobei aus der bloßen oder häufigeren, stets nur beispielhaften Nennung bestimmter Online-Archive nicht auf eine Präferenz oder Empfehlung geschlossen und keine Haftung für die Inhalte der Links übernommen werden kann). Bei Zitaten aus deutschsprachiger Literatur wurde durchgehend das Original herangezogen und wiedergegeben.

Bibliographische Angaben wurden nahezu vollständig nachgeschlagen und vielfach vervollständigt. Bei der Übersetzung bzw. Übertragung der englischen bibliographischen Zitierweise wurde versucht, diese weitgehend auf die deutsche umzustellen[2] – unter Beibehaltung der (in der hiesigen wissenschaftlichen Literatur sonst unüblichen) Nennung des Verlages im englischen Original und der vollständigen Nennung der Reihen- und Zeitschriftentitel zwecks leichterer Erreichbarkeit (andernfalls unter Ergänzung der Kürzel[3]). Rückverweise *nach Kurztiteln* „(s. Anm. …)" beziehen sich stets auf die vollständige Literaturangabe im jeweils *gleichen* Kapitel.

Mehrfach wurde Rücksprache mit dem Verfasser genommen: so weist der Zusatz „n. Ang. d. Vf." auf erläuternde und weiterführende Angaben desselben für die deutsche Ausgabe hin. Wo es für das bessere Verständnis des gelegentlichen Abbreviaturstils des Originals unerlässlich oder wenigstens sinnvoll schien, wurden durch den Übersetzer Anmerkungen und Ergänzungen in eckigen Klammern hinzugefügt: „[…; – Anm. d. Übers.]" bzw. „[…; – Erg. d. Übers.]". Bei (Bibel-)Stellen und bibliographischen Angaben in eckigen Klammern wurde meist auf den Ergänzungshinweis verzichtet; (Klammer-)Bemerkungen Daniel Boyarins werden in einigen Fällen mit „(D. B.)" gekennzeichnet.

Zum vorläufigen Vorabdruck des zweiten Kapitels in der Berliner Theologischen Zeitschrift (BThZ 31 [2014], 41-63) siehe oben S. 81 Anm. [*].

---

[2] Vgl. die Editionsrichtlinien der Berliner Theologischen Zeitschrift (BThZ): http://www2.hu-berlin.de/bthz/texts/NeueRichtlinienBThZOkt2010.pdf (auch als Link unter http://www2.hu-berlin.de/bthz/stylesheet.html, 15.10.2014). – Die verwendeten eckigen Klammern bei Titelangaben im vorliegenden Buch dienen ausschließlich der Erkennbarkeit von Vervollständigungen und sind bei eigenständigen Zitatangaben entsprechend zu kürzen.

[3] Gemäß Siegfried M. Schwertner, IATG[3] – Internationales Abkürzungsverzeichnis für Theologie und Grenzgebiete. Zeitschriften, Serien, Lexika, Quellenwerke mit bibliographischen Angaben, Berlin/Boston: De Gruyter, [3]2014; vgl. den Hinweis dort S. V, dass „im Deutschen »Theologie/theologisch / theology, theological« bisher mit »Th, th«, aber im englischen Sprachraum meist mit »T, t« abgekürzt wird", hier z. B.: Bibliotheca Ephemeridum Theologicarum Lovaniensium BEThL *BETL*; Harvard Theological Review HThR *HTR*. Gelegentlich wurden daher auch andere – noch oder daneben geläufige – alternative Abkürzungen aufgenommen (einschließlich derer des SBL Handbook of Style der Society of Biblical Literature; bei Schwertner *kursiv*).

Weitere Danksagungen

Die vorliegende deutsche Übersetzung ist eine Spätfrucht der – von Dr. Thomas I. Day angeregten – gemeinsamen Lektüre der *Jewish Gospels* Daniel Boyarins in der „Lehrhütte" (Berlin-Halensee) im Jahre 2012, nachdem diese ihre reichlich anderthalb Jahrzehnte währende *Tour d'Horizon* durch die Tora vorläufig beendet hatte.[4]

Nach einer persönlichen Begegnung ermutigte Daniel Boyarin im Frühjahr 2013 den Übersetzer, eine Übertragung des gesamten Buches anzufertigen.

With a Little Help from My Friends… Ohne die tätige Mithilfe vieler wäre diese Übersetzung nicht oder nicht in vorliegender Form zustande gekommen:

Daher gilt mein herzlicher Dank wiederum „Tom" Day sowie Helga Wolf und Liane Wolf-Lindenberg, die durch verständnisvolles Korrekturlesen verschiedener Stufen des Textes in Gänze und wertvolle Hinweise die Übersetzung außerordentlich befördert haben. Sie sind mehr als nur die „eine Meile" (Mt 5,41) mit mir gegangen. Gleich herzlicher Dank geht an Irene Spier-Schwartz, Dr. Wolfgang Kessel und erneut Liane Wolf-Lindenberg für die aufmerksame Durchsicht der Korrekturfahnen. Des Weiteren gilt mein freundlicher Dank den Mitlernenden in der „Lehrhütte" (Berlin-Halensee), darüber hinaus Zofia Nowak, Roland Wolf, Tobias Urban und Akiva Weingarten für hilfreiche Einzelhinweise.

Schließlich sei den Förderern in „chronologischer" Reihenfolge zu gleichen Teilen gebührend gedankt: Johann Ev. Hafner, der die Aufnahme in die Reihe „Judentum – Christentum – Islam. Bamberger interreligiöse Studien" angeregt, nach Vorablektüre Hinweise gegeben, das zum Lesen einladende Geleitwort bereitwillig beigesteuert und die Veröffentlichung aus Mitteln der Professur für Religionswissenschaft mit dem Schwerpunkt Christentum an der Universität Potsdam finanziell großzügig gefördert hat; sowie dem Zentrum für Interreligiöse Studien (ZIS) der Otto-Friedrich-Universität Bamberg, das die Publikation des Werkes in dieser Reihe befürwortet und finanziell mit einem namhaften Beitrag gefördert hat; daneben sei den Mitherausgebern, die die Publikation in diese Reihe aufgenommen haben, aufrichtig Dank gesagt: voran Susanne Talabardon (Professur für Judaistik an der Universität Bamberg), daneben Klaus Bieberstein (Professur für Alttestamentliche Wissenschaften am Institut für Katholische Theologie an der Universität Bamberg), Patrick Franke (Professur für Islamwissenschaft am Institut für Orientalistik an der Universität Bamberg) und Heinz-Günther Schöttler (Professur für Pastoraltheologie an der Fakultät für Katholische Theologie an der Universität Regensburg).

---

[4] Diese „Lehrhütte" wurde vormals von Dr. Helga Krüger-Day sel. A. als gemeinsames Projekt an der Evangelischen Akademie zu Berlin *und* in der Gemeinde der Berliner Hugenotten – Französische Kirche zu Berlin / Communauté protestante francophone de Berlin – begründet und später in Letzterer fortgesetzt.

Mein Dank gilt nicht zuletzt dem Ergon-Verlag (Würzburg), der durch ausdauernde Begleitung sowie umsichtige satzgraphische und drucktechnische Umsetzung die Publikation ermöglicht hat.

Last but not least danke ich Daniel Boyarin, der mir die Übersetzung anvertraut und die Fragen, die sich bei der Übertragung aus der englischen Druckfassung ergaben, geduldig beantwortet hat, so dass das von ihm (nicht nur) im Englischen Gemeinte auch im Deutschen „zur Sprache kommt". Mögen seinem Buch vonseiten der Leserschaft die Worte eines anderen als *renaissance man* gerühmten *Homme de Lettres* zuteil werden: „Mit Genuss und Belehrung gelesen."[5] Dass der Autor dabei mit seinem Thema und seinem Stil auch das dritte der *officia oratoris* – die Hörer-, hier: Leserschaft zu berühren und zu bewegen – nicht verfehlen, vielmehr erfüllen und nicht nur Anstoß, sondern Anstöße für die Diskussion und das Lernen geben wird: dessen bin ich gewiss.

Trotz aller Sorgfalt der Beteiligten kann nicht ausgeschlossen werden, dass Ungenauigkeiten, Versehen und Fehler übersehen worden sind; und sie sind es – zu Lasten des Übersetzers allein gehend – sicher auch.[6] Daher sind Anregungen, Kritiken und Korrekturhinweise zur Übersetzung, die in eine etwaige Neuauflage einfließen könnten, ausdrücklich willkommen: *And I'll try not to sing out of key...*

Berlin-Weißensee, im Juli 2013/Juni 2015

Der Übersetzer

---

[5] Karl Tschuppik zugeschrieben; zit. n. Josef Joffe, Art.: Der Renaissance-Mann. Dieter E. Zimmer zum 80. Geburtstag, in: DIE ZEIT, 67. Jg. (2014), Nr. 49 v. 27.11.2014, 38.

[6] Ebensolche der Originalausgabe wurden, soweit bekanntgeworden, bereits berücksichtigt. – Mit dem humorvollen Augenzwinkern des Autors in seiner Mail vom 31.12.2014: "Happy Sylvester! And thanks for your care. The German will be the definitive edition, not the English."

Register

Das Register umfasst Personen, Sachen und Fachbegriffe; Bibel-, Talmud- und andere Stellen der zitierten religiösen Literatur; Klassiker, mittelalterliche sowie neuzeitliche Autoren und ihre Werke, d. h. Primär- und (in kleiner Auswahl auch) Sekundärliteratur, und wurde vom Übersetzer auf der Grundlage der Schlagwörter des englischen Registers erstellt und unter Berücksichtigung der deutschen Textfassung und Terminologie ergänzt.

NB: Anmerkungen (Anm.) in den Fußnoten werden hier verkürzt mit „A." aufgeführt. – Aus der bloßen Aufnahme von Stichwörtern und thesenartigen Stichwortgruppen kann nicht auf die Meinung des Autors geschlossen werden, da auch die (ggf. entgegengesetzten) Meinungen in der von ihm diskutierten Literatur verzeichnet sind. Es ist also jeweils die angegebene Textstelle in ihrem Zusammenhang aufzusuchen. [– Anm. d. Übers.]

Schlagwörter   *kursiv gesetzt* bezeichnen Buchtitel, Zitate, Begriffe, Fremdwörter u. ä.

Seiten, die vor und nach dem Haupttext D. Boyarins stehen, werden mit Klammern wie folgt vermerkt:

{Seite ...}   aus dem Geleitwort von Johann Ev. Hafner
(Seite ...)   aus dem Vorwort von Jack Miles
[Seite ...]   aus dem Frontispiz, dem Titelblatt, den Anmerkungen d. Übers. und dem Kapitel „Zur deutschen Ausgabe"

Seite ... (A. ...)   die Anmerkung ist zusätzlich zum Text zu vergleichen
Seite... A. ....   die Fundstelle befindet sich nur in der Anmerkung

Halbfette **S.** ...   zur Bezeichnung wichtiger Stellen (bei häufigem Vorkommen)
Kursive S. (...*f*)   zur genaueren Seitenbezeichnung bei seitenübergreifenden Anmerkungen

Abgrenzungen. Die Aufspaltung des Judäo-Christentums (D. Boyarin; → *Border Lines*) 23 (Anm. [**]), 61 Anm. [*], 151 (A. 1)
Abrahamsbund {12}; -kinder (21); -apokalypse → Apokalypse
Adoptianismus (*adoptionism*) 44, 55f, 63, **84**; → Christologie
Agamben, Giorgio 66 A. [*], 79 A. [*]
Ähnlichkeiten → familiäre Ähnlichkeiten (*family resemblances*)
Akiba (Aqiva), Rabbi 52 A. *, 69, 70 A. 38, 71 (A. 39)
Alexander, Philip S.: 60 A. 27

Allegorie/Allegorese {12}
   Menschensohn (k)eine ~ 51, 53f, 86, 101 A. [*]
   Gottesknecht (k)eine ~ 140
Alschech (Alscheich, Alshekh), Rabbi Mose (Kabbalist) 145
Alte, der ~, uralt 50, 53, 82, 84 (A. 6)
Alte der Tage, der ~ {13}, **47**, 50f, **52** (A. *), **53-56**, **57** (A. 17), 59f, 62, 77, 82, 84 (A. 6), 85f, 88, 90, 96, 98
   Gottessohn und ~ 56
   „Haupt der Tage" und ~ 84 A. 6
   Henoch und ~ 85f, **80**, 83f, 90 (A. [*]), 96, 98

in Aphrahats Interpretation 51 (A. 6), 52, 54
in Daniel Vision 47f
in den Bilderreden Henochs 96, 97f
Menschensohn und ~ 85f, 88
mythographische Ähnlichkeiten 56f
Sabbat und ~ 77
Zwei-Throne-Vision und ~ 47, 55
→ Haupt der Tage
Alter, Robert 60f A. 27
alter Gott 58 A. 21, 60-62
Älteste, Tradition(en)/Satzung(en) der ~n (19), 106, 109f, 114, 116 (A. 15), 117, 121; → Paradosis
Ambrosius, Hl. 35 A. *
Amoräer (Lehrer der Gemara) 140, 141 A. [*] u. A. 19
Antijudaismus (11-13), 29f, 35, 72(-74) A. 41
Antisemitismus 30
Aphrahat (persischer Kirchenvater, 4. Jh.) 51-54
Apokalypse 46, 48 A. *, 60 A. 27, 81, 83, 99
  Begriff und neutestamentliches Buch Offenbarung 46
  4. Buch Esra als ~ {13}, 99
  der Tiere (im 1. Henoch) 83
  der zwei Throne/Zwei-Throne-Vision (Dan 7) 47, 50-52, 55f, 60, 62 A. 28, 64 A. 31, 85
  des Abraham 60 A. 27
  in den Bilderreden Henochs 83, 88, 93
  → Offenbarung
apokalyptische Deklaration eines neuen Augenblicks 77
apokalyptische Texte und Binitarismus {13}
apokryphe Texte {16}, [151]
Apostelgeschichte 7,56: 131
  22,3: (21)
Apotheose (des Henoch) vs. Theophanie (in Evangelien) 88, 89-92, 95
A Radical Jew: Paul and the Politics of Identity (D. Boyarin) {12 (A. 2 u. 3), 13}, (21)
Astronomisches Buch (im 1. Henoch 72-82): 83
Äthiopische Orthodoxe Kirche und 1. Henoch: 83
Auferstehung (Jesu) {13}, 35, 50, 64 A. 31, 91, 122, 125, 129f, 133-137, 147, 148 (A. 1), 149

Auferstehungserfahrungen, der Auferstehungsidee nachgeordnet 147-149
  als Folge midraschischen *close readings* 145, 149
Augustinus von Hippo, Hl. 35 (A. *), 37
Auslegungen der Bibel und Menschensohn {13-15}
Auslegungen des Gesetzes (hellenistisch-philosophische ~, rabbinisch-philologische ~, allegorisch-spirituelle ~) {12}
Autorität des Menschensohns 65, 66 (A. 33), 72, 76f, 129

Baʿal (Gottesname) 54, 56f, 59 (A. 20, 21), 60 A. 27
Babylonisches Exil 29, 46, 106
Baeck, Leo {14 (A. 5)}, 48
bar enosch {14}, 48
Bauckham, Richard 82 (A. 2), 87 (A. 16), **98** (A. 26, **27**)
Bauer, Bruno {14}
Beare, F. W. **68** A. 36, 77 A. 46, **78** A. 51
Ben Menasja, Rabbi Schimʿon (Shimʿon) 70 (A. 38), 72 A. 41
Ben Nachman, Rabbi Moses (RaMBaN) 145
Beschneidung {12}, (22), 31f, 69, 70 A. 38
Bilderreden Henochs (*Similitudes*) (1. Henoch 37-71): → (1.) Henoch
  Autorität der ~ 98 A. 27
  Bestimmung des Messias in den ~ 85-87
  Evangelien und ~ 83-88
  Markusevangelium und ~ 102
  palästinische Juden und ~ 83
  über das Jüngste Gericht 88, 92
  → Buch Henoch; Bilderreden-Henoch-Zitate
Binitarianismus (*binitarianism, binitarianness*; *auch:* Binitarismus) 60f A. 27{**}, 61 (A. [*]), 97 A. 25, 102
  vs. Monotheismus {13}
Black, Matthew **52**, 83 A. 3, 84 A. 6, 96 A. 22
Blasphemie 65-67, 130, 131 (A. *), 132
Border Lines (D. Boyarin; → *Abgrenzungen*, dt.) 23 (Anm. [**]), 61 Anm. [*], 151 (A. 1)
Brief (Epistel) Henochs (Mahnreden; 1. Henoch 92 <bzw. 91,11> -106): 83
Buch Daniel: 46-48
  → Daniel
Buch der Sprichwörter → Sprüche Salomos

Buch der Wächter (1. Henoch 1-36): 83, 95f
 → 1. Henoch (Buch)
Buch Henoch (1. Henoch/1Hen/
 äthHen/Hen):
 Erhöhungsszene 88-90
 Teilbücher im ~ 83
 Verschmelzung der Gottheiten im ~ 92f,
  97
 → Henoch; 1. Henoch (Buch); Bilderre-
  den des Henoch; Buch der Wächter;
  3. Henoch; Henoch (Person)
Buch Jesaja: (23)
 → Jesaja
Buch Samuel: 44
 → Samuel
Bultmann, Rudolf 130 A. 6, 158, 159 (A. 1)

Catholic Encyclopedia 35 A. *
Chagall, Marc 125
Chagiga (pChag, Festfeier/Festopfer, Tal-
 mudtraktat) 14a: 52 A. *
Chassidische Bewegung 36
Checklisten für religiöse Zugehörigkeit/Mit-
 gliedschaft 30-39
Chester, Andrew 63, 64 (A. 30, **31**)
Chokhma (Weisheit) 58 A. 22, 86f, 93,
 97 (A. 25), 98; → Frau Weisheit;
 → Weisheit
Christen: Auseinandersetzung mit Juden 22,
  125
 jüdische Gesetze und ~ 32, 78, 105, 108,
  115f, 117f, 120
 Jüngerschaft Jesu 38f
 religiöse Vorstellungen der ~ 27
 Vorstellungen über Juden 30
Christentum: Abspaltung/Trennung vom
  Judentum 33-35, 108, 121 (A. 24),
  129f, 139; → „Trennung der Wege" (*„parting of the ways"*)
 als jüdische, apokalyptische, messianische
  Bewegung 122
 Aneignung jüdischer Texte 147
 Beginn des ~s 106
 „Checklisten" für Mitglieder/Angehörige
  31-33, 37f
 keine Deformation des Judentums, sondern seine Erfüllung {15}
 leidender Christus und ~ 125f, 134
 theologische Differenzen zum Judentum
  {12}, (18), 33, 37f, 109

Ursprünge exegetischer Tradition 133 A. 9
christliche Ideen als Teil ältester jüdischer
 Ideen 30, 54, 56, 147
„christliche Juden": als Begriff 30
 religiöse Gruppierung 36
christlicher, nicht-christlicher Jude 30
Christologie 32, 39, 62-65, 82, 97f
 Adoptianismus (*adoptionism*) in der ~ 63,
  90
 als Auslegung des Christus (Messias) 82
 als jüdischer Diskurs 30f, 85, 87
 Elemente (in den Bilderreden Henochs
  als unabhängige Parallele) 88f, 97f
 Evangelien und ~ 87
 Gelehrsamkeit und ~ 64 A. 31
 gnostische ~ {14}
 Hohe Christologie / ~ von oben/
  Abstiegs-Christologie („*high Christolo-
  gy*") {16}, 62-65, 63 A. [*], 91, 94f, 97f,
  100, 132
 Hohe ~, keine späte Erfindung des Chris-
  tentums {16}
 jüdische Vielfalt und ~ 33
 Leidenschristologie 133; → Leiden u. ä.
 markinische ~ 75
 „Menschensohn"-Begriff in der ~ 49
 Niedrigkeits~ / ~ von unten/Aufstiegs-
  Christologie („*low Christology*") 62-64,
  90f
 Themen/Kontroversen in der ~ 62-64
 Verklärung Jesu (*transfiguration*) in der ~
  135
Christos 43f, 88
Christus: als Jude 29
 Göttlichkeit des ~ {21}, 30, 32, 48, 62,
  64 (A. **31**), 66, 99, 101, 130, 132
 Passion 136 A. 11[*], 141f A. 19, 145
 → Leiden Jesu; leidender Messias
Christus (Messias) Menschensohn 43, 95-98
Chrysostomos, Johannes 35
Cicero 126
close reading/textnahe Interpretation {15}, 66,
 67, 128, 129, 135, 139
Collins, Adela Yarbro
Collins, J. J. 25, 64f (A. 31 u. *), 84 A. 4,
 100 A. *, 108, 119 A. 20, 131 A. *, 147,
 148 (A. 1)
Colpe, Carsten {14}, 57, 102f
Contra Celsum (Gegen Kelsos) (Origenes,
 christlicher Theologe) 140

157

Credo, Christus-/Messiasbekenntnis aus jüdischen Vorstellungen {14}, (21), 29f, 39, 105, 139, 145, 149
Cross, Frank Moore 58 A. 21
„*Cunctos populos*" ([Dreikaiser-]Edikt von Thessaloniki, u. a. des Kaisers Theodosius, 380 n. Chr.) 36

Daniel 7: {15}, 46-48, 49, 95f, 98 A. 27, 99f, 122f, **125ff**, 129f, 134
    7,9.10: 50f, 52 A. *
    7,13: 52, 84, 130 A. 6
    7,13f: 47, 64 A. *, 78, 85 A. 7, 98 A. 27
    7,14: 59, 66f, 76, 92
    7,15-28: 53
    7,24: 54
    7,25: 54, 130
    7,25-27: 134
    7,27: 66, 77
    12,7: 130
Daniel 7: als Allegorie 53f
    als Erzählung → Erzählung
    4. Esra und ~ 98-101, 101 A. *
    Evangeliumserzählung (*Gospel narrrative*) und ~ 132f
    göttliche Figuren in ~ 47, 51, 53-55, 57 A. 16, 59, 61f
    Herr über den Sabbat in ~ 78f
    Messias in ~ 55, 82, 129f
    midraschische Lesart von ~ 125, 133 A. 9, 134f
    prophetische Nachtvision 50f, 79
    thematische Beziehung zu Henoch 14: 95-97
    Vergebung der Sünden 66
    Zwei-Throne-Theophanie in ~ 52, 55
Daniel, Vision des ~ 46f, 53f, 79
David: Haus Davids 44
    als Menschensohn {13}, 76, 78, 100 A. *
    Salbung Davids 44
    Tora/Sabbat-Übertretung 68, 73-76
    Wiederverkörperung (*Anastasia*) {13}, 29
Davidischer König/Davidisches Königreich: {13}, 43, 45, 52, 97 A. 25, 122
    Erwartung der Wiederherstellung 46f, 52, 91, 148
    „Gottessohn"-Sprachgebrauch für ~ {14}, 43ff
    Sabbat und ~ 68
    Verlust 45f

Davidischer Messias {13}, 29, 43-47, 56, 59, 67, 76-79, 100 A. *, 101
Davila, James R. 97 A. 24 u. 25
Demonstratio (Homilie/Unterweisung) 5,21
    → Aphrahat
Deuteronomium (Dtn)/5. Mose 5,22: 51 A. 7
Diasporismus (23)
Ditheismus 60f A. 27((**))
Dodd, C.H. 133 A. 9
Dogma menschlich-göttlicher Natur Jesu bei Supranatualisten, biblischer Nachweis {14}
doppelte Gottheit → Gottheit
Dreieinigkeit/Dreifaltigkeit → Trinität
Dualität (Double, in der Gottheit) {13}, 55, 101f; → Binitarianismus; → Monotheismus
Dunn, James 64 A. 31

ego eimi (ich bin) 130, 131 (A. [*] u. *)
Ein radikaler Jude. Paulus und die Politik der Identität (D. Boyarin) {12 (A. 2 u. 3), 13}, (21)
    → *A Radical Jew: Paul and the Politics of Identity*
ʾEl (Gott) {13}, 54-60, 58 A. 21
Elʿazar, Rabbi 69, 70 A. 38
Elia (Elijah) 129, 135-138
    → Evangelien
Eljon (Gott) 60 A. 27
Elliot, Richard 60f A. 27
Eltern, Unterstützung/Ehrung der ~ 110 (A. 7), 117, 120
Emerton, J. A. 51f
Ende der Tage, der Zeit, der Geschichte {13}, (22), 46, 50, 65, 143
Engel, der/die {13}, 29, 60 (A. 26, 27), 89, 97
    bei Daniel/bei Henoch 43, 84-86, 84 A. 4, 90, 94, 96, 133
    bei Markus 8: 129
    → Erzengel Michael; → Malʾakh; → Metatron; → Michael
Engel-Texte und Binitarismus {10}
Entmythologisierung der Menschensohn-Erzählung 65; → Dan 7 als Allegorie
Epistel Henochs → Brief Henochs
Erasmus {14}
Erhöhung (*exaltation*)
    der Engel 60 A. 27
    Henochs 90

Jesu {13, 15f}, 29, 45, 50, 91, 97, 98 A. 27,
  133, 135, 148f
 eines Königs 59, 97
 eines Menschen 91, 93
 des Menschensohns 132f
 der Patriarchen 97 A. 25
 Selbsterhöhung 20
 → Auferstehungserfahrungen
erlaubt/verboten und rein/unrein: zwei Systeme innerhalb der Speisegebote der Tora 112
 → *muttar, tahor*
Erlöser: Erwartung der Juden eines ~s 134
 Menschensohn als göttlicher ~ {13}, 46-48, 61, 78, 83, 84 (A. 4), 85, 89-92, 94, 96, 100, 101 (A. *), 132, 134, 147
 verheißener ~ 46
 → Messias
Erlösung, jüdische Glaubensvorstellungen zur ~ 29, 46, 48, 55, 59-61, 147;
 → Messias
 durch Jesus 46ff, 62f, 67, 125, 148
Erzählpraxis 27, 39f A. [*], 41, 65, 90, 111, 122, 128f, 147f
Erzählung / Narrativ (*narrative*) → Geschichte (*story*)
 Auferstehungserfahrungen als Folge des midraschischen *close readings*, nicht seine Ursache 149
 Auferstehungs~ bereits vorhanden, nur auf Jesus angewandt 148
 ~ der Theophanie und Apotheose 90
 ~ über den (göttlich-menschlichen) Messias aus Dan 7: 135
 ~ über Jesus 50
 ~ und Midrasch 85 A. *, 133
 ~ und *story* 85 A. *, 89
 ~ von göttlichem Wesen und göttlicher Funktion 148
 Dan 7: 50, 52, 65, 132f, 135
 Entmythologisierung der Menschensohn-~ 65
 Henoch-~ 89ff
 Menschensohn-Geschichte/-Erzählung 50, 82, 132
  erwächst aus dem Lesen, der Interpretation 50
  keine Erfindung zur Erklärung von Jesu Leben und Sterben 82
  später Christologie 82

Mk 7 als ~ 109
Mk 8,29-38 als ~ 132
neue ~en, Bilder und theologische Vorstellungen durch *close reading* 128
Passionsgeschichte 145
 ~ und Babylonischer Talmud 141 A. 19
Perikope (Teil einer ~) als Hervorbringung einer Gemeinschaft 68 A. 36
Erzengel Michael (Großer Engel M.) 51 A. 6, 59 A. 23 u. 25, 60 (A. 27)
eschatologische Wende, aber innerhalb des Judentums 79
 ~r Erlöser, Messias, Richter {13, 16}, 79, 89, 92, 100f, 127 A. 4
4. Esra: {13}, 98-102, 101 A. *, 135 A. 10
 12,32: 84 A. 5, 100 A. *
 13: {13}, 101 (A. [*])
 13,1-10: 99 (A. 28)
 13,12f: 101 (A. [*])
Esra → 4. Esra
ethnische vs. religiöse Kategorien {12}, 28, 34
Evangelien: Beziehung untereinander 106
 Bilderreden Henoch und ~ 83-88
 Christologie der ~ 87f
 Doppelsträngigkeit der Jesus-Geschichte (Theophanie/Apotheose) 90f, 94f
 Erzählfortschritt (*narrative progression*) 132f
 keine *ex eventu*-Erzählung; kein vollkommenes Novum 127, 133, 147f
 „Menschensohn", Gebrauch in den ~ 102
 midraschische Mittel/Arten der ~ 128, 138f
 rabbinische Literatur und ~ {15}, 69 A. *, 73, 111, 116, 127 (A. 4), 128, 135 (A. 10)
 Theologie der ~ 56
 zu Elia (Elijah) 135-138
 zur Jüdischkeit der Jesusgemeinschaften (19), 105
 → die Evangelien-Texte
Evangelien, jüdische ~ 39-41
evangelikale Gelehrte 108
evangelisch [153 A. 4]; → protestantisch
Evangeliumsjudentum (*Gospel Judaism*) 145
Exil, Babylonisches → Babylonisches Exil
Exodus (Ex)/2. Mose 1-15: 81 A. 1
 3: 60f A. 27
 3,14: 131

12-23.31.34: 70
13,21: 51 A. 7
19,16: 51 A. 7
20,12: 110 (A. 7)
20,21: 51 A. 7
21,8: 114
21,14: 70 A. 38, 71 A. 39
21,17: 110 (A. 7)
22,1f: 69, 70 A. 38
31,12ff: 70 (A. 38), 72f A. 41
Ezechiel → Hesekiel
Ezechiel der Tragiker (der Tragödiendichter) 81f

Fackelübergabe in Königszeremonie, in Beziehung zu Göttermythen 47
familiäre Ähnlichkeiten (*family resemblances*), Idee/Modell 38f
Fastenbräuche 119 A. 20
Faust/hohle Hand ('*cupped hands*'), beim Händewaschen 114 (A. 12), 115 (A. 13)
Fitzmyer, Joseph 44
fluchen, den Eltern ~ 110 A. 7
Fourth Ezra: A Commentary on the Book I
Fourth Ezra [4. Esra. Ein Kommentar zum (Teil-)Buch I des 4. Esra] (M. E. Stone) 101 A. *
Frau/Mann-Unterscheidung (21), 141 A. [*]
Frau Weisheit 58 A. 22; → Chokhma; → Weisheit
Fredriksen, Paula 28, 60 A. 26, 64 A. *
Furstenberg, Yair (Yaïr) 115f, 120f A. 21

Galater 3,28f: (21f)
Galiläa/Galiläer/~ Jesus (19), 39 A. 9, 49, 52 A. *, 75 A. 43, 106, 113, 120f, 134, 143f A. 22
Gamaliel (21)
„*Gegen die Juden*" (Chrysostomos) 35
Genesis/1. Mose 1: 77
 5: {13}, 93f
 5,21-24: 93f
 5,24: 88ff
 16,7: 60f A. 27
 22,11-18: 60f A. 27
Gericht → Jüngstes Gericht
gerim 40
Gesalbte, der 43 (A. *), 44, 87f, 141f A. 19
 → Messias

„Gesalbter JHWHs" 44
Geschichte (*story*); → Erzählung / Narrativ (*narrative*)
 abweichende historische ~(n) erzählen 27, 30, 147-149
 Apotheose und Epiphanie: zwei ~n in eine Handlung zusammengeführt 89f, 95
 aus der ~ ein Argument konstruieren 76 A. 44
 Boyarins ~ als eine der von chr. und jüd. Autoritäten abgeschnittenen Möglichkeiten 34, **41**
 Christologie als ~ des göttlich-menschlichen Messias 39
 Christus~ mit weitverbreiteten Variationen bei Juden, die *Jesus* nicht kannten 82f, 90f
 Doppelsträngigkeit, Paradoxie der Christus~ 90f, 94f; → Apotheose
 Einordnung der christlichen ~ als *einer* der jüdischen Wege 127f
 Evangelium als die ~ des jüdischen Christus 145
 ~ bei W. La Barre, säkularer Ansatz 122
 ~ der Götter ʾEl und Baʿal sowie ihrer Rivalen und Begleiter 56
 ~n der Investitur jüngerer Götter durch ihre älteren Götter 52
 ~ der Kirche 134
 ~ der Laufbahn des „Einen wie ein Menschensohn" 50
 ~ des *jüdischen* Menschensohns geprägt von Apotheose bei Henoch *und* der Theophanie in den Evv. 95
 ~ des Kotzker Rabbis 118
 ~ des Menschensohns erzählen 46
 Menschensohn als Protagonist der ganzen ~ bzw. der Christus-Erzählung
 ~ des Vaters und des Sohnes (Gottes) aus Dan 7 entstanden 51
 ~ und Doktrin des Christus (Christologie) 63
 Henochgestalt mit vielen Elementen der Christus~ 84, 93f
 2 Kön 25 erzählt ~ 25
 lebensrettender Aspekt der ~ (Mk 2,23-28): 75

160

Leiden und Sterben des Messias löste ~ des Christentums nicht aus, vielmehr Daniel: 134
Jesus-~ *ex eventu* bzw. gerade nicht 125-127, 134, **147f**
Midrasch: neue ~n nahe den biblischen Erzählungen (*narratives*) und gleichgeachtet 85 A. *
  ~ Jesu kehrt zur Schrift zurück – und zum Midrasch dieser Schrift 135
Mk 2,1-12 (~ des Gelähmten): 78
  2,23-28 (Ährenraufen am Sabbat) als ~ durch *close reading* aus Dan 7: 66f
    im galiläischen Kreis von Disputations~n 75 A. 43
    Interpretation der Mk~: Vorrechte des Messias 75
  7,5: 121
  7,11ff (~ des Händewaschens) 117
  9,11-13 (Verklärungs~ aufschlussreich für die Christologie) 135
1 Sam 21,2-7 erzählt Davids~ 68 A. 37, 75
Gesetz, geistiges ~ {12}; → Auslegungen des ~es
Gesetz/Tora des Moses {19f}, 68 A. 36, 109f, 121f A. 24
  Ausnahmen 66, 79; → Sabbat
The Ghost Dance: The Origins of Religion (W. La Barre) 122
Ginsberg, H. L. 58 A. 21
gnostische Christologie {14}
Gojim (Nichtjuden; Heiden) (22); → Heiden/Juden
Goodman, Martin 113 A. 8
Gospel Judaism → Evangeliumsjudentum
Gott: alter ~ 58 A. 21, 59ff
  seine Gebote 110
  sein Name 60 A. 27, 130f
  → Gottessohn; junger Gott/junge Götter
Gottesfürchtige 40
Gotteslästerung/Blasphemie 53, **65ff**, 110, 119, 121 A. 24, 130, 131 (A. *), 132, 134
Gottessohn 43ff
  als Name für Jesu göttliche Natur {21}
  als Titel Jesu {21}, 43ff
  Menschensohn als stellvertretender Ausdruck für ~ 43, 66f A. **35**
  Zwei-Throne-Vision und ~ 56
Gottessohnvorstellung, jüdisch {13f}
  ~ und Menschensohnvorstellung {14}, 132

Gottheit, doppelte/zweite ~ (*doubled god*) {13}, 27, 29, 47f, **51-55**, **57-60**, 60f A. 27([**]), 61 A. [*], 66f, 80, 82, 84 (A. 4), 85f, 88, 93f, 96f, 100, 101 A. *, 102, 108, 148f
  mythisches Muster (*mythic pattern*) eines Erlösers 59
  Unterdrückung der Tradition; Relikt 53f, 56, **60**, 62, **85f**, 99, 101 A. *, 102
göttliche Wesen/Gestalten/Figuren 46-48, 51f, 59, 83f, 100f
göttlicher Thron, zweite Gestalt auf ~ 47, 50-**52** (A. *), 55f, 60, 64 A. *, 81f, 85, 88, 92-94, 95, 96, 98, 101
Göttlichkeit
  funktionaler vs. ontologischer Begriff der ~ 64 A. *, 66
  Jesu 62-66, 64 A. 31, 91, 98, 130
  Henochs 92
Gott-Mensch
  als vorchristlich-jüdische Idee {13}
  göttliche Christusgestalt, als zwingende Idee {13}
  → Mittlerfigur
Gregor d. Gr., Hl. 35 A. *
Grenzen → Weichzeichnen der ~ 40; → Heiden/Juden
Großer Engel Michael → Erzengel Michael
Guelich, Robert A.: 68 A. 37, 108
Guttenberger, Gudrun 66 A. 35

Hafner, Johann Ev. [2f], 11-16, 102 A. [*], 130 A. [6], [155]
Hagar 60f A. 27
Halacha 37, **39**, 68-**72**, 75 A. 43, 78 (A. **50**), 78f A. 51, 113 A. **8**, 116, **118-121**, 138, 141 A. [*]
Hand → Faust/hohle Hand
Händewaschen: Jesu zum ~ 117-119, 121f A. 24
  Pharisäer und ~ 109f, 116, 117 A. 17
  als Reinheitsbestimmung/-ritual 113, 114 (A. 12)
Häresie 61 A. [*], 67, 90, 107 A. 1
Häretiker 34f; → *minim*; → *Nozrim*
Hartman, Lars 85 A. 7
Haupt der Tage (Der Alte der Tage) 47, 50, 52 (A. *), 53, 84 (A. 6), 85f, 90f, 94 A. [*]
Haus David 29, 46, 91
Hebräerbrief 1,5: 45

161

Heidenchristentum {11}, (22), 30, 40, **63**f, 68 A. 36((*)), **107** (A. 1), **134**
Heiden/Juden, Unterschied zwischen ~ (21), 27f, 30, 32, **36-40**, 63, 106f, 125
Heilen am Sabbat 69 A. *, 72f A. 41, 75f
Hengel, Martin 64 A. 31, 114f A. 12, 127 A. 4, 129 A. 5, 145
Henoch → (1.) Henoch; Henoch (Person); Bilderreden des Henoch; Brief Henochs; Buch der Wächter; 3. Henoch
(1.) Henoch (Buch): 62, 79, **83ff**
   1-36 (Buch der Wächter): 83, 95, 96 (A. 21)
   14: 93, 95f
   14-16: 95, 96 A. [***]
   37-71 (Bilderreden): {13}, 64 A. *, 82, **83-98**, 101 A. *, 102, 134
   46: 84, 85, 89, 92
   46,1-3: 84 (A. 5)
   46,5: 93
   48,1-10: 86f
   als Schlüsseltext für Christologie 87
   48,2f: 91(A. [*])
   48,4-7: 92
   48,5: 93
   61,8: 92
   62,2.5: 92
   62,6.9: 93
   69,26-29: 88
   69,27.29: 92
   70: 90 A. 14
   70f: {13}, 89, 92f
   70,3: 89
   71,14: 90 (A. [*]), 94 (A. [*]), 96f
3. Henoch, hebräischer ~: 60 A. 27, 61 (A. [**]), 97 A. 24, 98 A. 27
Henoch (Person): als Menschensohn 83ff, 89, 90-98
   Apotheose ~s 88-92, 94, 95
   Christus Menschensohn und ~ 83f, 95-98
   Geschichte Henochs 93
   → Buch Henoch; Bilderreden Henochs (*Similitudes*); Brief Henochs; Henochs Vision
Henochs Vision 84
Herr → *Kyrios*
Herr der Geister (Hen 48; 69f): 86-89, 91f
Herr über den Sabbat (Jesus) 49, 68, 72, 76f, 79
Herrschaft, ewige (Dan 7,13): 47, 51, 57, 65, 92

~ Jesu auf Erden 50
kosmische ~ Jesu 98 A. 27
Herrschaftsbereich
   der göttlichen Gestalt 59
   des Menschensohns 77-79, 92
   in Daniels Vision 53, 65
Herrschaftsgebiet (*scholtana, exusía*) 66; → Herrschaft(sbereich); → Hoheitsgewalt
Hesekiel 1f: 96
   40-44: 96
Hesekiel (Prophet) 46, 96 (A. [**])
Hieronymus, Hl. 35-38, 41; *Brief 112*: 35f (A. 6); *Vulgata* 35, 142 A. 20
„*high Christology*" 62, 63 (A. [*]), 64, 100, 132; → Christologie von oben/Abstiegs-Christologie/Hohe Christologie
Hölle/Niederfahrt in das Reich des Todes {13}, 54
Hohe Christologie, keine spätere Erfindung des Christentums {16}
Hoheitsgewalt/Souveränität (*scholtana, exusía*) 47, 65, 66 (A. 33), 76, 79
→ Oberherrschaft/Herrschaftsgebiet
hohle Hand ('*cupped hands*') → Faust
Homousie (Wesensgleichheit des Gottessohnes mit Gottvater) 64 A. [31]
Horbury, William 64 A. 31, 72 A. 41
Hultgren, Arland J. 72f A. 41
Hurtado, Larry 64 A. 31, 97 A. 25

„*Ich bin*" (göttliche Selbstbezeichnung; bei Jesus) 49f, 130-132; → *ego eimi*
Idel, Moshe 54 A. 10, 89, 95
Identitäten, wechselseitig befestigte ~ (17f)
Indifferenz wurde zur Intoleranz {12}
Inkarnation: Archetypen (Personen, Funktionen, Ämter) und ~ 97 A. 25
   der Gottheit im König 45
   des Menschensohns aus Dan 7 in Jesus 50, 79
   Glauben an ~ 27, 29, 31f, 39, 41, 50, 84
Inkarnation Gottes, als jüdische Idee, keine christliche Innovation {15f}, (19, 21), 105
   Lehre der ~ 48 A. *; Ursprünge 91, 105
→ David: Wiederverkörperung (Anastasia); → Menschwerdung Gottes
Interpretation → *close reading*
Inthronisation des Menschensohns, als jüdische Idee {15}, 98

Israel: König Israels {13}, 43-46; → König
    Leiden 126f, 134, 140, 143fA. [22]
    → Volk Israel
Israeliten: als Begriff 27
    Erwartung eines Messias 29, 51, 54
    Paulus {21}
    und Sabbat 70fA. 38
    Tempel in Jerusalem und ~ 28, 112
    → Juden, Judentum, Volk Israel, Messias, Tempel

Jabne (Jawne) → Konzil von ~
Jaho'el (Jahoel) 60 (A. 27)
Jefet ben Ali (karaïtischer Ausleger) 144
Jehoahaz (Joahas) 44
Jehu 44
Jehuda ha-Nasi 143 A. [*] ({*})
Jesaja 29,13: 110, 117
    52f: 140 A. 18 [*], 140
    53: 126, 127 (A. 4), 129, 133 (A. 9), **139-145**
    53,1-12: 139f
    53,3: 133
    53,4: 142 A. [20], 143
    53,5f: 143, 143fA. [22]
    53,10-12: 126f
    56,7.8: {23}
    58,4: 114
    66,20: 101 A. [*]
Jerusalem, Belagerung 45
Jerusalemer Talmud (*Jeruschalmi*)
    → Palästinischer Talmud
Jesus: als Christus 82
    als Denker/Lehrer 130
    als Jude 29, 39
    Anhänger Jesu 27, 31f, 37, **39f**, 81, **82**, 88, 128f, 149
    Auferstehung → Auferstehung (Jesu)
    Einhaltung der Speisevorschriften (*kosher status*) durch den markinischen Jesus (19, 21), 105
    Erzählung über ~ 50, 82
    Glauben an ihn als jüdische Variante, nicht Deviante 40f, 62, 128
    Göttlichkeit **62-65**, 101
    historischer ~, sein Selbstbewusstsein {14}
    Judentum Jesu war konservativ 106f
    jüdischer Glaube an ~ 62-65

Kommen Jesu 27, 82, 103, 125, 127;
    → *parousia*
Leidensankündigung 133, 145; → Leiden;
    → Passion
messianischer/göttlicher Anspruch 48f, **64f, 66**, 66fA. **35**, 72, 76f, 102 A. 31, 119, 130 (A. **6**), 131 A. * u. [*], 132
Natur Jesu (menschliche/göttliche) {14f}, 43, 46, 48f, 56, 63 (A. [*]), 78, 122, 148
Pharisäer und ~ {19f}, 67, **72**, 75 (A. 43), **105-107**, 109f, 113 (A. 8), 114 (A. 10), 115f, 117 A. *, 118-121, 136 A. [11], 138
Reinheitserklärung aller Speisen durch ~ (Interpretation) 111, 118
seine Menschlichkeit vs. gnostische Christologie {14}
Tod → Tod Jesu
→ Christologie, Christus
Jesusbewegung: Anfänge {19}, 30
    Bilderreden Henochs und ~ 86
    in Beziehung zum Judentum 100, 106, **107, 120**
    Jesus und Christus in der ~ 30, 100, 128
    Vorstellungen/Gebräuche der ~ 105-107
Jesusgemeinschaften, Jüdischkeit der ~ {16}, (19), 28, 87, 105, 107, 128, 145 A. 26
JHWH: als „Ich bin" 49f, **130-132**; → *ego eimi*
    Baʿal und ~ 54, 57, 58 A. 20 u. 21
    Engel JHWHs 60f A. 27; → Engel
    Gesalbter JHWHs 44; → Messias;
    → *Christos*/Christus
    Goldenes Kalb als Repräsentation JHWHs 55 A. 12
    Israeliten und ~ 54
    Verschmelzung mit ʾEl {13}, 55, **57, 58** (A. **20**), 59f
Jis(c)hmaʿel (Ishmael), Rabbi 69, 70 A. 38
Joahas (Jehoahaz) 44
Joasch 44
Johannes 1,41: 43
    8,57-59: 131
Johannes der Täufer 119 A. 20, 129, 136 A. 11[*], 138
Johannesevangelium: 30, 40, 43, 64 A. 31
    Judentum und ~ 40
    über den Messias 43
Joma (pJom/yJom, Versöhnungstag, Talmudtraktat) 8,6, 45b: 75 (A. [*]), 78f A. 51(([***]))

Jose Hagelili (ha-Gelili, der Galiläer), Rabbi 40 A. *, 61, 70 (A. 38), 143
Josephus 131 A. [*]
Josia (Reform ~s) 28, 59
„Judäer" (*Ioudaioi*), im Sprachgebrauch vs. „Juden" 114 (A. **10**), 120
Jude/Heide (Nichtjude), Differenz untereinander (22)
Juden:
    Auseinandersetzung mit Christen {11-13, 15}, (22)
    Erwartung des Messias-Christus 65, 128, 134
    Erwartung eines Erlösers {13}, 29, **46ff**, 48, 55, 59-61, 67, 78f, 83-85, **89-96**, 100f, 122, 132, **134**, 147
    Glaube an Jesus als Gott 62-65
    leidender Christus und ~ 125f
    Nizänisches Glaubensbekenntnis und ~ {15 A. [6]}, 33, **34-38**, 37 A. [*], 60 A. 26
    religiöse Glaubensvorstellungen der ~ 27, 29
    Vorstellung über Christen 29f
    Zustimmung zu Jesus 38f, 82
Judentum: Abspaltung/Trennung des Christentums vom ~ {11-13, 16}, (18f), **33-35**, 106, **107ff**, 121*f* (A. 24), 125, 139; → „Trennung der Wege"
    als Begriff 27
    (bestrittene) historische Kontinuität {11}
    „Checklisten" für Mitglieder/Angehörige 30-33, 37f
    christlicher Zweig 46
    ein von Christen gebrauchter Name 27
    rabbinisches ~ und hellenistisches/paulinisches ~ {**12**}, 68 A. 36, 81 A. [1], 122
    theologische Differenzen mit dem Christentum {12}, (18), 38
    ~ und Christentum: zwei Äste der Gabel eines Stammes {11, 13, 15f}
    universalistisches/paulinisches ~ {12}
jüdische Gesetze, Christen und ~ {12}, (19f, 21), **32f**, 37, 68f, 75, **77**, 79, 105f, **108** (A. 1), 114, **119**, 127*f* A. 24
jüdischer Tempel, Zerstörung des ~ {11}, (18, 23), **28f**, 33, 46, 61f, 64 A. 31, 69, 71 (A. 39), 73, 82, 86, 96, 98, 102, 106, 112f, 125, 141, 147
    → Zweiter Tempel (auch Periode)

junger Gott/junge Götter 47, 51f, 53-56, **57-60**, 58 A. 20 u. 21, 62, 65, 85f, 101, 148
Jungfrauengeburt {13}, 35f, 97
Jüngstes Gericht {13}, 50, 53, 55, 59f, 73, 88, 92, 97, 134

Kanaanäer/Kanaaniter 54, 56-58, 60
Kaschrut (Speisegesetze; *laws of kashrut*) 105, 108, 111f, 118
    → koscher leben (*kosher keeping*)
Kategorien, ethnische vs. religiöse {12}, 28, 34
    Juden, Christen, *minaei* und Nazarener (bei Hieronymus) 35-37
Katholiken, römische {20}, 36
    kath. Bibelwissenschaftler 44, [153]
    kath. Kirche 35, 83
Kim, Seyoon 66f A. 35([*])
King and Messiah as Son of God: Divine, Human, and Angelic Messianic Figures in Biblical and Related Literature (A. Y. Collins und J. J. Collins) 100 A. *
Kirchen, hellenistische vs. palästinische (heidenchristliche vs. judenchristliche) 68 A. 36([*])
Kirchenlehrer („*doctors of the Church*") 35
Klage, Klagepsalmen 117 A. *, 120, 133 (A. 9), 140, 141 (A. [*], 19)
Klausner, Joseph 125, 126 (A. [*], [**])
„Kleiner Jahu" 60f (A. 27)
König, davidischer ~ {13}, 45-47, 56f, 59 (A. 25), 78; → Israel
König Israels 43f, 56
König, Messias 143, 145
    als menschlicher ~ 43-46
1. Könige 1,34: 44
    8,10: 51 A. 7
    19,16: 44
2. Könige 11,12: 44
    23,30: 44
    25: 45
Königreiche/Königtum (bei Dan 7): 53
Konstantin (Kaiser) 33, 36f
Konzil von Jawne (Jabne) 33
Konzil von Konstantinopel 33f
Konzil von Nizäa (Nicäa) 33f, 36, 61 A. [*]
koschere Speisen 107, 111-113, 113 A. 7
koscher leben (*kosher keeping*):
    durch die Nachfolger Jesu 27
    für religiöse Zugehörigkeit 31f
    im Matthäusevangelium 105, 121*f* A. 24

im Markusevangelium 105-122,
116 (A. 15), 121f A. 24
→ Verunreinigung; Speisevorschriften
kosher rules (Reinheitsbestimmungen) → Pharisäer und ~
kosher status (koschere Lebensweise) 31f, 37, 105; → Jesus, markinischer ~
Kotzker Rebbe 118
Kreuz(estheologie, -nachfolge) 125f, 129, 132, **145**, 148
Kreuzigung {13}, 36, 63, 65, 125, 126 (A. [*], [**]), 127, 133, 139
kultische Bestimmung (*designation*) und Ethnizität 28
kýrios (Kyrios) 43, 101; → Herr

Lane, William 72-74 A. 41
Le Barre, Weston 122
Leiden(sgeschichte) → Passion Christi
leidender (Gottes-)Knecht {15}, 126, 127 A. 4[*], 133 (A. 9), **139ff**, 144
leidender Jesus: christliche/jüdische Vorstellungen 125f
  Vorhersage durch Propheten 133, 144
leidender Messias: in Jesaja 53: 126ff, 127 A. 4, 129
  in jüdischen Traditionen 135-137, 140-143
  stellvertretendes Leiden des ~ 126, 128f, 133, 143
Levitisches Gesetz (Lev 11-15): 108, 116 A. 15[*]
Lieberman, Saul 114 A. 12, 143f A. 22
Logienquelle (Q, Reden-, Spruchquelle) 106
Logos-Tradition 32, 97 (A. 25), 100, [151 A. 1]
Lohse, Eduard 72(73,74) A. 41
„low Christology" → Christologie, Niedrigkeits~, ~ von unten/Aufstiegschristologie
Lukas, Evangelium nach ~ 40, 106
Lukasevangelium: Judentum und ~ 40, 106f
  Markus-Zitate im ~ 76 A. 44, 106
Luther, Martin: Übersetzuung nach Luther-Bibel 1984: passim [151], vgl. auch (20, 21 A. [*], 22 A. [*], 23 A. [*], 127 A. [*]
  zu Einzelübersetzungen 43 A. [*], 45 A. [*], 106 A. [*], 106 A. [6], 110 A. [**], 119, 131

makkabäische(r) Aufstand/Märtyrer 51, 85
Malʾakh (Engel; Probleme der Abgrenzung zu Gottheiten, zu JHWH) 60f A. 27; → Engel

Maleachi 3,23: 138
Mann/Frau-Unterscheidung (21), 141 A. [*]
Marcus, Joel (Autor) {16}, 25, 72(-74) A. 41, **102** A. **31**, **108**f (A. 4), 110 A. 7, 114f A. 11 u. 12, 115 A. 13, 118, 132 A. 7, **136**f (A. 11 u. **14**), **138**f A. **17**
markinischer Jesus 75, **76**f, **105**, 108f, 114-122, 135
Markus 1,1: 46
  2,1-12: 78
  2,5-10: 65
  2,7: 131 A. *
  2,10: 66f A. 35, 67, 77
  2,23: 115 A. 13
  2,23-28: 67f
  2,27: 68 A. 31, 72 A. 41, 76f
  2,27f: 61 A. 37, 68 (A. 37), **77**
  3,1-6: 78
  7: 71f A. 39, 107ff
  → Erzählung
  7,1-23: 109f
  7,3: 106, 114f (A. 12)
  7,5: 106, 121
  7,6-8: 117 (A. 17)
  7,11-13: 117
  7,14-23: 118f
  7,15: 108
  7,17: 78
  7,18b-19: 108
  7,19: 108, 118
  8: 132
  8,27-38: 129, 132
  → Erzählung
  8,31: 132
  8,38: 129ff
  9,9-11: 135
  9,11-13: 135ff
  9,12: 130, 132
  9,29-31: 130
  9,30: 137; -32: 134
  12,36: 98 A. 27[*]
  13: 85 A. 7
  13,25: 130 A. 6
  14: 139
  14,61f, -64: 45, 50, 130 (A. 6)
  14,62: 45, 130, 132, 139
Markus: als Heide (Nichtjude) angesehen 106, 107 A. 1
  als Jude anzusehen 107, 121

165

Frage nach der „Jüdischkeit" des ~ 105-107, 110 A. 7, 111, 115
→ Markusevangelium
Markusevangelium: als jüdischer Text 122
Bilderreden Henochs und ~ 102
Christologie 75
Erfüllung der Tora durch Jesus 72, 107f
Gottes-/Menschensohn im ~ 43, 46
Judentum und ~ 40
jüdische Kontroversen im ~ 109
koschere Lebensweise Jesu (*kosher status*) im ~ {19}, 105
→ Speisevorschriften
midraschische Funktion des ~ 136*f* A. 14, 137, 138 (A. 17)
Verständnis der Überlieferungen durch Jesus 102
→ Markus-Zitate
Martini, Raymondo (Raimundus) 142*f* A. 20[*]; 143f A. 21 u. 22[*] u. [**]
Maschiach (Messias) JHWHs 43f, 88, 141*f* A. 19
→ der Gesalbte, Messias/*Christos*, Christus
Maschuach 141*f* A. 19
Matthäus 5,41: [153]
12: 71
12,5f: 71
15: 121f A. 24
15,2: 106
15,15-20: 121
23,1-12: {20}
23,2f: 20
23,9: 20
23,15: 113
23,16-22.25f: 120 A. 21
Matthäus → Matthäusevangelium
Matthäusevangelium: Judentum und ~ 40
„Jüdischkeit" des ~ 71 A. 39
koschere Lebensweise (Jesu) im ~ 121f A. 24
Markus-Zitate im ~ 106
sein Portrait Jesu 107 A. 1
→ Matthäus-Zitate
Mechilta → Mekhilta
Meeresvision: in kanaanitischen [ugaritischen] Darstellungen: 57 A. 16
4. Esra 13,1-10: 99
Meier, John Paul 68 A. 37, 75 A. 43, 76 A. 44, 118

Mekhilta/Mechilta 70f (A. 38), 72-74 A. 41, 136*f* A. 15
Mendel, Rabbi (Kotzker Rabbi/Rebbe) 118
Mensch, *der* (4. Esra 13,1-10) 96; (Hen 13,12f) 110f; seine Göttlichkeit 100f
Menschensohn: als bekannte Größe 49, 102 A. 31
als Engel 60 A. 27, 84 A. 4
als eschatologischer Richter 92
als Gesalbter/Messias/Maschiach 47, 88, 94, 97, 132 A. 7
als göttlicher Erlöser **46-48**, 55, 49f, 61, 67, 69, 79, 83f, 89, 90-94, 96, 100f, 125, 128, 132, 134, 143
als Herr über den Sabbat **67-80**, 68, 72, 76-79
als Kollektiv 51, 53, 143*f* A. 22, 53, 85f, 133f
als stellvertretender Ausdruck für Gottessohn 66 A. 35
als Titel Jesu, christologischer Gebrauch (21), 43, 49f, 97
Anspruch auf Autorität 72, 108, 129
Äquivalenz zum bzw. Identität mit dem Messias 78, 130
Blasphemie des ~ **65-67**, 129f
Daniel über den ~ {15}, 47f, 95f, 129, 132-134; → Menschensohn-Begriff
Debatte um den ~ {14f}, 47-50, 102 (A. **31**)
4. Esra und der ~ {15}, 98-103; → Mensch
Evangelium über den ~ 94f, 98, 139
Genesis/1. Mose 5: {13}, 88ff, **93**
Geschichte des/Erzählung über den ~ 50, 82, 95; → Geschichte
Geschick Jesu und ~ 130, 139
Gottessohn und ~ 43ff, 56
1. Henoch und der ~ 79, 83, **90-95**, 102 A. 31
Henoch als ~ 83f, 88f, **90-95**
(hoheitliche) Selbstbezeichnung Jesu {13f}, **48f**, 108
in Mk, Hen 70f, 4 Esra-Apokalypse: {13}
Leiden des ~ {15}, 129f, 132-134, **135-139**; → Leiden
~bekenntnis als Gruppenmerkmal 39, 86, 100f
nur Selbstreferenz (oder nicht) {14, 15 (A. 6)}

Präexistenz des ~ {15f}, 63 A. [*],
  84 A. [5], 87, 90-95, 97f, 101 A. *
Reich des ~ 92
  seine Gegenwart in Jesus als einziges No-
    vum der Evangelien 103
  ~ und leidender Gottesknecht {15}
  Volk Israel und ~; (Repräsentanz) 134
  Vollmacht des ~ 49, 66f (A. 34), 76, 79
  → Messias; → *parousia*/Parusie; → Ent-
    mythologisierung
Menschensohn-Begriff/-Bezeichnung:
  als Name der *gesamten* Christuserzählung
    50, 140
  in Daniel 7: 50ff, 53, 60 (A. 27)
  in der neutestamentlichen Wissenschaft
    {14f}, 49, 102 (A. **31**)
  Sprachgebrauch {14}, **48ff**, 79f, 102
  Ursprünge 49, 56f, **61**, 79f, 85f, 96f, 155f
  (keine) Zuschreibung frühchristlicher Ge-
    meinde (Gemeindebildung) {14}, 49f
„Menschensohn-Problem" {14f}, 49f,
  102 (A. **31**)
Menschwerdung Gottes, keine christliche
  Innovation {13, 15}, (19, 21), **27**, **29**, 32,
  39, 41, **48** A. *, 79, 84, **91**, **102**; → Inkarnation
*Die messianische Idee in Israel/The Messianic
  Idea in Israel* (J. Klausner) 125f
messianische Juden (in der Moderne) 127
Messias:
  als Ben Joseph (Sohn Josefs) 141 A. 19
  als Gott-Mensch in jüdischer Tradition 65
  als menschlicher König 43, **44ff**
  andere Messiasse im 1. Jh.: 81ff
  Äquivalenz zum Menschensohn 130,
    132 A. 7
  Davids 29
  in der chassidischen Bewegung 36
  in der Christologie 39
  Jesus als ~ 27, 30, 39
  Leiden des ~ 129; leidender Messias
    129ff, Vorstellung jüdisch {15}, 139
    oder nicht {15}, 127 A. 4
  Merkmale 47
  Tod 141 A. 19, 147, 149
    als Sühnetod 126f, 133, 140, 143f A. 22
  Übersetzung des Wortes *Maschiach* 27, 43,
    88
  Zustimmung seitens der Juden 82
  → Menschensohn(-Begriff)

Messias/Christus (*Christos*): 27
  als jüdische Vorstellung 54f, 140, 144,
    145 (A. **26**)
  Verständnis des ~ 55, 127f
Messiasvorstellung, neutestamentliche, aus
  dem Judentum {13f}, 149; → Messias
  Belege für leidenden Messias (erst?) im 2.
    Jh. n. Chr. {15}, 128f
  leidender Messias, Vorstellung jüdisch
    {15}, 125ff
  in Mk und Dan 7: {15}, 135
Metatron (Meṭaṭron, hochrangiger Engel)
  59 A. 24, **60** (A. **27**), **61** (A. **29**), 89 A. 11,
  93 A. 17, 95 A. 19, 97 A. 24
Michael (Großer Engel/Erzengel) 51 A. 6,
  60 (A. **27**)
Midrasch:
  Evangelien nutzen ~ 128, 139, 145 A. 26,
    133 A. 9, 139, 149
  eine Definition **85 (A. *)**, 128, 133,
    138 (A. 17), 145
  messianische Hoffnungen aus Ausle-
    gung(smethode) des ~ {15}
  zu Ex 12-23.31.34: 70
  zu Dan 7,13f: 85 A. 7, 133 A. 9
  zu Dan 7,25-27 bei Mk 9,31: {15}, **125ff**,
    134, **135ff**, 136f (A. 14), 137f, [151 A. 1]
  zu Gen 5,24 in Hen 70,3: 89
  zu Jes 53,3.10-13 in Mk 8,29-38: 129,
    133 (A. 9); in Sanh 98a: 143; bei
    RaMBaN 145
  zu Jes 53,5f in den Sifre: 143f (A. 22)
  und leidender Messias 125ff, 129
  → Sifre
  → tannaitischer Midrasch
  → Geschichte(n)/*story*
Minaei (jüdische Sekte) 35 (Anm. [*]), 37f
  → Nazarener, *minim*
minim: Begriff 37
  Kampf gegen die ~ 37f
  → Nazarener, Minaei
Mischna 69 A. *, 78f A. 51(({***}, {****}),
  138 A. *
Mittlerfigur/Gott-Mensch (Messias)/
  Mediation {13, 15}, 30, 39, **46ff**, 47f,
  62ff, **65**, 78, **83f**, 86, 97 A. 25, 128, 135
  als Offenbarungsempfänger {13}
  mit kosmischem Richteramt {13, 16}
Modalismus (christliche Häresie) 61 A. [*]

167

Monotheismus: biblischer, israelitischer, jüdischer; spannungsreich wegen Verschmelzung {13}, 46, **54f, 58**, 60 A. 27, 61 A. [*], 63, 82 (A. 2), 89 A. 11, 97 A. 25, 101
  in der Antike 60 A. 26
  → Subordination; → Binitarianismus; → Dualität
Mord (Hinrichtung wegen ~es) 69, 70 A. 38, 71 A. 39
  von innen verunreinigend (Mk 7,21): 110, 119; (Mt 15,19): 121 A. 24
  Tötungs- oder Diebstahlsabsicht (Mekhilta Rabbi Jischmaels, zu Ki Tissa, Ex 30,11-34,35: Traktat über den Sabbat, Kapitel 1): 69
  → Tötung
2. Mose → Exodus
5. Mose → Deuteronomium
Mose:
  als Gott 81, **82**, ebenso Jesus 82
  Gebote und ~ 109f
  Gesetz des ~ 68 A. 36
  göttlicher Thron und ~ 81f, 92
  in der Verklärung Jesu 135
  Jesu Verteidigung des ~ 20
  JHWH und ~ 60f A. 27, 131
  Speisevorschriften (*kosher laws*) und ~ 108-110, 121f A. 24
muttar (*muṭṭar*, erlaubt [hier: Speisen]) 112
  → erlaubt/verboten und rein/unrein
Mutter: Ehrung der ~ und des Vaters 110 (A. 7)
  Unterstützung der ~ und des Vaters 117
mythisches Formular: göttliches Double {13}
  → Binitarianismus

Natan, Rabbi 70 (A. 38)
Nazaraei → Nazarener
Nazarener (Nazareni, Nozorei) 35 (A. [**]), 37f; → *Nozrim*
Neirynck, Frans 72-74 A. **41**(([*])), 76 A. 44, 77 A. 47
Neues Testament: als (bestrittene) Vereinnahmung des Alten Testaments 147
  zusammen mit Altem Testament durch Christentum dem jüdischen Kontext entrissen 147
  Bezug der Hoheitstitel auf Jesus im ~ {14}, (21), **43f**, 46, 49f, 62, 132f

Buch der Offenbarung 46, 83
Christologie und ~ {14 (A. 4), 16}, 28 A. 1, 29, 39, 49, **62, 63** (A. [*]), 64 (A. 31), 75, 82, 87, 90, 94, **97f**, 100, 122, 132f, **135**
  → Hohe Christologie
leidender Messias im ~ 147
Menschensohn-Begriff im ~ 49, 52, 66, 94f, 98, 102, 139
  → Menschensohn(-Begriff)
zentrale Vorstellungen vorchristlich/jüdisch {13}, 101f, 127 A. 4, 107
  → Altes Testament
The New York Times 27
„nicht-christliche Juden": religiöse Gruppierung 36, 61f, 79
  als Begriff **30ff**
nicht-kanonische Texte und Menschensohn {14}; → Henoch, 4. Esra
Nizänisches Glaubensbekenntnis/ Nicänisches ~ und Konzil von Nizäa {15 A. 6}, 33-38, 60 A. 26, 61 A. [*];
  → Credo
Nozrim, als historische Ausdrucksformen des Judentums 35 (A. [**]), 37f
  → Nazarener

Offenbarung, Begriff (Apokalypse) **46**, 63 A. [*], 65, 89
  ~/Apokalypse Abrahams 60 A. 27
  ~sbekenntnis als Gruppenmerkmal {13}, 29, 38
  in den Bilderreden Henochs: 83, 88
  4. Buch Esra als ~: {13}, 99
  der zwei Throne (Dan 7): 47, 52 A. *, 54f
  → Apokalypse
Offenbarung des Johannes/Apokalypse 83, 101 A. [*]
  1,13: 84 A. 5
  12,14: 130
Offenbarung Gabriels (*Hazon Gabriel*) 141f A. 19
Olson, Daniel 90 A. 14
Operation Shylock (Philip Roth) (22f)
Opfer/Opferhandlung 28f
  Festopfer (→ Chagiga) 52 A. *
  Hinrichtung wegen Mordes verdrängt ~dienst 70 A. 38, 71 A. 39
  Opfer, Gott geweiht/*Korban* 110, 117 (A. 17)

Opfergaben (4 Esra 13,12f): 100f, 101 A. [*]
Passahopfer, Jesus als ~ 32
Schuldopfer/Sühnetod (Jes 53,10-12 u. Kreuzigung): 126f, 140
~ und Erlösung 43
Origenes (christlicher Theologe), *Contra Celsum* 140 (A. 18)
  von Hieronymus übersetzt 35
Orthodoxie, christliche ~ **33-36**, 41, 61 A. [*], 63, 83
  jüdische ~ **33f**, 41, **59**, 61 A. [*], 128, 145, 148
Ostern: Feier 32
  nachösterliche Christologie 63 A. [*]
  ~ und Passah, Konzil von Nizäa/Nicäa und ~ 32, 34
  Termin 32, 34

Palästinische Juden/~s Judentum 29, 39, 68 A. 36, 69 A. *, 75 A. 43, **83**, 86, **120**, 131 A. *, **147**
Palästinischer Talmud (Jerusalemer Talmud, *Jeruschalmi*) 69 A. *((*)), 141 A. 19, 141f A. 19
  → die einzelnen Traktate
Palmer, Gesine {23 A. [**]}, 125 A. [*], 151
parabels → Bilderreden Henochs
paradosis/Parádosis → Tradition der Pharisäer
parousia (Parusie/Wiederkunft Jesu) 49
„*parting of the ways*" → „Trennung der Wege"
Passah, Feier 32
  und Konzil von Nizäa/Nicäa 32, 34
Passion Christi 136 A. 11[*], 141f A. 19, 143f A. 22{***}, 145; → Leiden; → Menschensohn; → Jesus
  Passionserzählungen u. Babylonischer Talmud 141f A. 19
Paulus 11-13, (21f), 39, 43, 64 A. 31, 90, 108 A. 2, 109 A. 5, 121f A. 24
  Ein radikaler Jude. Paulus und die Politik der Identität (D. Boyarin) {12 A. 2 u. 3}, (21)
  kein Erfinder des Christentums {13}
Perikope als Hervorbringung einer Gemeinschaft 68 A. 36
Petrus 121 A. 24, 129, 132 (A. 7)
Pharisäer: als Heuchler (20), 110, 117f, 121
  als Reformbewegung (19), 105f bzw. gefährliche Neuerer bei Jesus (19), 106f, 116 (A. 15), 117, 121
  als Vorläufer des rabbinischen Judentums (19), 37
  Begriffsbestimmung/Beschreibung durch Jesus (20)
  Eifer 113 A. 8, 114; → Kampfeslust; Proselyten
  Jesus und ~ {19}, 78, 107, 115, 119f
  Paulus {12}
  pharisäische (rabbinische) Halacha 39, 68 A. 37{***}, 78, 113 A. 8, 116, 119f; → „Tradition der Ältesten"
  ~ und Midrasch 138
  religiöse Vorstellungen/Vollzüge der ~ 29, 35, 38
  Sabbat und ~ 67f, 72
  Speisegebote (*kosher rules*) und ~ 36, 113
  traditionelle Vollzüge/Praktiken und ~ 108-110
  zur Unreinheit 108, 113-116
Philo 131 A. *
Pilatus, Pontius ~ 35, 122
Polemik, christliche {15}, 143 A. 21 u. 22
  jüdische {15}, (18)
  gegenseitige ~ zur Ausgrenzung {11}, (18)
  paulinische ~ gegen jüdisches Ritualgesetz {12}
Polemiker Jesus (20)
Präexistenz des Gott-Menschen/Menschensohns/Messias 63 A. [*], 84 A. [5], 101
  als jüdische Idee {15f}, 87, 90-95, 97f
Proksch, Otto 66f A. 35
Proselyten 40
  zu ~ machen (*proselytize*) 113 (A. 8)
Protestanten 36, 64
  protestantische Kirche 83, [153]
Psalm 2,2.6f: 44
  29: 58 A. 21
  110: 45
  110,1: 98 A. 27
  110,3: 45
Psalmen der Klage 133; → Klage
Psalmen des leidenden Gerechten (*Righteous Sufferer*) 133 A. 9
Psalmen Salomos 17,34: 101 A. [*]
Psalmen und Binitarismus {13}, 56
Pullman, Philip 30

Q → Logienquelle
qal wachomer/kal wachomer (logischer Schluss vom Leichteren auf das Schwerere) 69, 70 A. 38, 71 A. 39
Qumran (Schriftrollen) 83, 131 A. *;
→ Totes Meer, Gemeinschaft vom ~

Rabbi, Begriffsgebrauch (20)
„Die Rabbinen" {11-13}, (17-19, 21), 29, 33, 37-39, 41, 52 A. *, 59, 61 A. [*], 62, 67, 69 (A. *), 71 (A. 39), 72(73.74) (A. 41), 73, 78 A. 50, 85 A. *, 111, 116, **117** (A. *), 127 A. 4, **128**, 135 A. 10, 140, 141f A. 19, **142** (A. 20), 143 (A. [*] u. 22), 144f, 148
→ Pharisäer
A Radical Jew: Paul and the Politics of Identity (D. Boyarin) {12 A. 2 u. 3}, (21)
RaMBaN → Ben Nachman, Rabbi Mose
„Rassen"-Checklisten 31
→ Checklisten
Rassismus/Anti-Rassismus {12 (A. 3)}
reciprocally settled identities → Identitäten, wechselseitig befestigte ~
reine/unreine Speisen 111-113, 115f, 120
→ koschere Speisen
Religion, Vorstellungen; Idee eines Zugehörigkeitsmerkmals durch ~ 27, 30f, 38f, 102
Religionsmuster (-formular; *pattern of religion*) {13}, 54 A. 10, 57 (A. 16), 59f, 62 (A. 28), 91, 102
religiöse Gruppen, Checklisten für/Zugehörigkeit zu ~ 30-39
religiöse vs. ethnische Kategorien 28, 58 A. 21
Rettung → Erlösung; → Retter
Römer 11,1f: 21
  11,17f: {11}
römische(s) Reich/Periode {11}, 33f, 36, 37 A. 7, 54, 81 A. [1], 113 A. 8, 122, 125, **134**, 135, **148**
Rosen-Zvi, Ishay 25, 66 A. 35
Roth, Philip (22f)

Sabbat: als Gabe 72 A. 41
  halachische Auseinandersetzung und ~ 69-71, 76f, 78
  Lebensrettung am Sabbat 68f, 69 A. *, 70 A. 38, 75, 77

Menschensohn als Herr über den ~ 49, 68, 72, 77, 79
messianische, eschatologische Außerkraftsetzung des ~ 77-79
Rabbinen zum ~ **68-72**
Verletzung des Sabbat(gebote)s, unzulässig/zulässig 72
Vorfall des Ährenraufens am ~
→ Schabbat (Talmudtraktat)
Sabbat(gebot) einhalten (als Religionsmerkmal) 31f, 34, 36, 70-72
Sacharja 8,23: 22
  12,12 (in pT Sukka 5,2 [55b]): 140f (A. 19), 141 A. [*, (41)]
Salbung 43; → Christus; → Maschiach; → Messias
Salomo (23), 44, 46; → Sprüche Salomos
1. Samuel 10,1: 44
  16,3: 44
2. Samuel 7,14: 45
Sanhedrin (bSanh, Gerichtshof, Talmudtraktat) 7,5 [55b]: 131 A. *
  98a: 143
  98b: 142
Saul 44, 45 A. 2
Schabbat (Talmudtraktat) b14a: 116 A. 15;
→ Sabbat
Scham → Sich des Menschensohns schämen
Schmitt, Carl 66 (A. [*]), 79 A. [*]
Schoah, Nazi-Schoah 22
Schriftgelehrte {29}, 106
  Äußerung der ~n bei Mt 23,1-12: {20}; Mk 2,5-10: 65f; Mk 7,1-23: 109f; Mk 8,27-38: 129; Mk 9,9-13: 135-138
  ~ und Midrasch 138 (A. 17)
→ Pharisäer
Septuaginta/LXX: 44 [Erg.], 66, 81 A. [1], **114**, 129 A. 5, 131 A. [*]
Shemesh, Aharon [5], 71*f* A. 39, **72**, 72*f* A. 41, 75 A. 42, 78 A. 50
Shimʿon (Simeon) ben Menasja 70 (A. 38), 72f A. 41
Sich des Menschensohns schämen (Mk 8,38): 129-135, 133
Sifre (halachischer Midrasch, Auslegung zu Numeri/4. Mose; 3./4. Jh.; bei Raymundus Martini) 143f A. 22, 144 A. [*]
Similitudes (of Henoch) → Bilderreden Henochs
Sirach (Jesus Sirach) 45,4: 51 A. 7

Sohn → Gottessohn, Menschensohn
„Sowohl-Juden-als-Christen", bei Hieronymus 37f
Speisen, koschere ~ 111f
   → Speisevorschriften, koscher leben
Speisevorschriften/-gesetze/-gebote (*dietary laws*) (19-21), 27, 31, 36, **105**, **107-122**
   → koscher leben (*kosher keeping*)
Sprüche der Väter (*Pirqe Awot*, Talmudtraktat) 1,6: [5]
Sprüche Salomos 8: 58f A. 22, 97
Stammbaum der Religionen {11}
Steinigung (bei Blasphemie) 131 A. *
stellvertretendes Leiden, ~ des Messias 126, 128f, 133, 143, 143f (A. [22]), 144;
   → Leiden; → Messias
Stephanus 131 A. *
Stone, Michael 99 A. 28, 100, 101 A. *
Subordinationsvorstellung (und Monotheismus) 32, 55, 60f (A. 26), 61 A. [*]
Sühne → Messias, Tod d. M.
Sünde, Vergebung der ~ 49, 65f, 131f;
   → Menschensohn/Vollmacht des ~s
Sukka (pSuk, Laubhütte, Talmudtraktat) 5,2 [55b]: 141 (A. [*])
Supranaturalisten {14}
Synoptische Evangelien 64 A. *, 66f A. [35], 106; → Mt-, Mk-, Lk-Evangelium

Tacitus 126 (A. [**])
Tag des Herrn 138
tahor (*tahor*, rein [hier: Speisen]) 112
   → erlaubt/verboten und rein/unrein
Talabardon, Susanne [2], 85 A. [*]
Talmud, Babylonischer ~ → Babyl. ~;
   → Palästinischer/Jerusalemer ~; → s. div. Traktate
Talmudtraktate {16}
Tannaim/Tannaiten (Lehrer der mischnaischen Zeit) 69 A. *, 70 A. 38, **72**, 127 A. **4**
tannaitischer Midrasch 70 A. 38, 127 A. 4, 136f A. 14, 138 (A. 16 u. 17), 141 A. 19
   → Mekhilta
Targum (aramäische Bibelübersetzung) 127 A. 4
Taufe Jesu (als Adoption, Gottwerdung) 90f
Tempel 28
   → jüdischer Tempel, Zerstörung des jüdischen Tempels, Zweiter-Tempel-Periode

Theodosius (Kaiser) 36 (A. [*])
   → „*Cunctos populos*"
Theophanie (und Apotheose) **51**, 52 A. *, 55, 58 A. 21, 59, 60f A. **27**, **89f**, 92, **95**
Theosis (Vergöttlichung) 89
   Lehre der ~ 52; ihre Ursprünge 105
   Sohn Gottes in der ~ 43
   theologische Sicht auf die ~ 63
   Vater/Sohn-Beziehung ~ 34
   Vorstellung der ~ {19, 21}, 93, 105
Thron 55, 81f
   → Alte der Tage; Apokalypse; Daniel, Gottessohn; göttlicher Thron; Wolken in der Zwei-Throne-Vision; Zweiter-Tempel-Periode
Tiere, in Daniels Vision 53f, 131
   koschere/nicht-koschere 111f, 118
   Schlachtung, schmerzlos 111
   → Apokalypse der ~
Timotheus (22)
Titus (22)
Tora: Außerkraftsetzung der ~ 77, 105, 109
   Jesus als Ausleger der ~ 78, 119
   Jesus als Verteidiger der ~ 105, 108, **118-120**
   Jesu Wertschätzung der ~ 107f
Tod Jesu 32, **38**, **49f**, 54, **82**, 91, **125-127**, 129, 133f, 147, 149; → *ex eventu*
Tötung des Menschensohns (Mk 8,31): 129, 134; (Mk 9,31): 137
   ~ des Messias 141f A. 19
   ~ des sexuellen Verlangens im messianischen Zeitalter 141
Totes Meer, Gemeinschaft vom ~ 72;
   → Qumran
   Schriftrollen, Leute der ~ 28
Tradition (*Parádosis*) der Pharisäer 106 (A. [*]), 113 (A. 9), 116 (A. 15), 117, 120f
Traditionen, semantische und organisatorische ~ des Judentums und Christentums {11f}
Transfiguration → Verklärung
„Trennung der Wege" („*parting of the ways*") 32-34, 107f, 139
Trinität: Glauben an die ~ (Dreieinigkeit Gottes) 27, 31, 43
   Ursprung des Dogmas jüdisch {19, 21}, 29, 32, 48 A. *, 52, 61 A. [*], 105

ṭum'ah weṭaharah/Unreinheit und Reinheit 112
   → erlaubt und rein

Übergänge, Periode fließender religiöser ~; (*fluidity*) 33, 38
„*unholy alliance*"/unheilige Allianz von Judentum und Christentum {13}
Universalismus, paulinischer ~ {13}
   ~ wird zum Rassismus {13}
unreine/reine Speisen 111f
Urchristentum als konkurrierender Zweig des Judentums {11}, 46, 107
   als radikale Version des Judentums {12}, 69, 72, 75-79, 88, **105-107**, 118, 122
   keine radikale Innovation 56, 71, **106**

Vater: Begriffsgebrauch {20}
   den ~ und die Mutter ehren 110 (A. 7)
   Gott~ (20), 27, 32, 34f, 41, 43, 45, **51**, 52 A. *, **54f**, 86, 129, **147**
   Unterstützung des ~ und der Mutter 117
   → Sohn
Vergebung 49, 65f, 131f; → Sünde
Vergeltung 71 A. 39, 143
Vergessen der religionsgeschichtlichen Gabelung {13}
Verklärung Jesu (*Transfiguration*) 135
Vermes, Geza {14, 15 A. 6}, 130 A. [6]
Verunreinigung (*defilement*) 69, 70 A. 38, 108-112, 113 (A. 9), **114-118**
   Gesetze zur ~ (*laws of pollution*) 112
   → Speisevorschriften; koscher leben (*kosher keeping*)
Volk der Heiligen Gottes 133 A. 9
„Volk des Landes" (*am ha-aretz*) 29
Volk Israel: Evangelien und ~ 39
   Geschichte des ~ 33, 45, 53, 148f
   Jesaja 53 und ~: 126
   Leiden des ~ 126f, 140
   Menschensohn und ~ 51, 134
   vs. Judentum 27
Vulgata, als lateinische Umgangssprache und Bibelübersetzung des Hieronymus' **35**, 43 A. [*], 99f A. 28, 142f A. [20], 143f A. [22]

Weherufe 120 A. 21
weiblich/männlich, Unterscheidung (21), 141 A. [*]

Weichzeichnen der Grenzen zwischen Juden und Christen (*blurring the boundaries*) 40
Weisheit → Frau Weisheit; → Chokhma
Wolken: der auf ~ Fahrende 47, 50, 54-57, 100 (A. *), 139
   des Himmels 47
   göttliche Wesen und ~ 50f, 64 A. *, 100
   in Daniels Vision 47, 50, 52, 55f, 96
   in der Zwei-Throne-Vision 47, 96
   in 4. Esra: 99-101
   in Henochs Vision 95f
   in Mk 14: 130-132, 139
   Kommen Jesu und ~ 49f, 131 A. *, 139
   Menschensohn und ~ 103, 130-132, 139

Zabim (bZab, Ausflussbehaftete, Talmudtraktat) 5,12: 116
Zedekia 45
DIE ZEIT (Wochenzeitung) {11 (A. 1)}, [154 A. 5]
Zellentin, Holger 141f A. 19
Zerstörung des jüdischen Tempels {11}, 18, **28f**, 46, 106, 125; → jüdischer Tempel
Zwei-Naturen-Lehre (zu Jesus Christus) {14, **15**}, 43, 46, 48f, 56, **63** (A. [*]), 78
zweite, doppelte Gottheit → Gottheit
Zweiter-Tempel-Periode: (18), 46, 60, 61f, 64 A. 31, 82, **86**, 98, **102**, **113**, 125, 141, **147**
   Bild des göttlichen Thrones und ~ 81f
   binitarische Theologie in der ~ 82, 101f
   Christologie und ~ 64 A. 31
   Erscheinungsformen eines jüngeren Gottes in der ~ 61f, 86
   halbgöttliche Vermittlergestalten 64 A. 31, 98 A. 27, 125
   Judentum in der ~ 86
   koscher leben (*kosher keeping*) in der ~ 113
   Neues Testament und ~ 147
   Tempelzerstörung {11}, 28, 106, 125; → jüdischer Tempel
   verheißener Erlöser in ~ 46, 86, 125
Zwei-Throne-Apokalypse/-Theophanie/-Vision 55
Zunz, Leopold 143f A. 22